청년신학아카데미 자료집 ❸

변혁적 제자도와 넥스트 복음주의

청년신학아카데미 자료집 ❸
변혁적 제자도와 넥스트 복음주의

지은이   정용성 외
편집인   김대만 문지웅 오형국 이영섭
초판발행   2025년 10월 8일

펴낸이   배용하

등록   제364-2008-000013호
펴낸 곳   도서출판 대장간
    www.daejanggan.org
등록한 곳   충청남도 논산시 가야곡면 매죽헌로1176번길 8-54
편집부   전화 (041) 742-1424
영업부   전화 (041) 742-1424 · 전송 0303 0959-1424
ISBN   978-89-7071-773-9 03230

분류   기독교 | 복음주의 | 대안신학

 값 18,000원

변혁적 제자도와 넥스트 복음주의

청년신학아카데미

목차

III. 예언자적 목회

IV. 공동선 경제학의 탐구

서문: 복음주의의 새 길을 위한 대안신학

2021년 말에 〈청년신학아카데미 자료집〉 1권을 내고 난 뒤, 2022-2024년 3년 간의 청년신학아카데미청신아에서 생산된 콘텐츠를 모아 두 권2, 3권의 신학자료집을 출간하게 되었습니다. 2권의 제목은 "포스트 성장시대의 전도와 신학", 3권의 제목은 "변혁적 제자도와 21C 복음주의의 새 길"로 정했습니다.

교회 내적으로 이 시대의 중요한 특징은 '포스트 성장주의'라고 부를 수 있습니다. 교회 성장이 멈춘지 오래 되었고, 한국 사회의 청년 및 장년 세대에게 기독교는 이미 소수의 종교가 되어버렸습니다. 사회로부터 신뢰도와 호감도가 낮아진 교회는 다시 '존중'을 회복할 기미도 보이지 않는 것이 사실입니다. 사역현장에서 우선적으로 체감되는 것은 전도가 어려워진 것입니다. 심지어 말도 꺼내지 못할 정도라고도 합니다. 가장 심각한 문제는 이러한 여러 가지 변화와 난관 속에서 교회는 여전히 신학과 실천에서 성장주의 시대의 틀을 대신할 비전과 콘텐츠를 준비하지 못하고 있다는 것입니다.

청신아는 '포스트 성장 시대'에 전도의 신학이 어떻게 결합되고 새로워져야 할 것인가에 주목했습니다. 성장 시대를 지나는 동안, 교회와 성도들의 주요 관심사는 단연코 전도였고, 많은 사람을 빠른 시간에 전도하여 교회로 데리고 나와 빈자리를 채우는 것이 제일의 목적이었습니다. 그러기 위해 복음은 단순하고, 재미있게, 현실적으로 유익/유리한 내용으로 도식화되었습니다. 성장기에는 이것이 매우 성공적인 방법인 듯 보였습니다. 그러나 한국사회에서 기독교가 새로운 종교로서 각광 받던 기간은 기대만큼 오래 가지 않았습니다. 그 이후의 국면에서 이것은 오히려 지속 불가능한 방식이었음이 드러났습니다. 단기간의 성공 속에 치명적인 실패의 요인이 숨어있었던 것입니다. 교회의 인기가 떨어지고 전도가 어려워지면서 복음 증거에 대한 관심과 열정도 약화되었습니다. 이제 전도 자체의 포기나 부정에 빠지지 않고 부적절한 전도 방식에 대한 비판을 넘어 진실한 복음 증거에 대한 신학적 성찰, 새로운 창발적 자세와 접근, 방법이 필요해 졌습니다. 종래의 내세 지향으로 단순화된 복음, '느껴지는 필요felt needs'만을 만족시키려는 소비주의적 메시지가 아니라, '대립의 복합'을 특징으로 하는 기독교 진리의 전모를 제시함으로써 복음을 증거해야 한다고 생각합니다. 약간의 설명을 필요로 하는 표현이지만 우리의 논지는 이제 '신학이 전도하는 시대'라는 것입니다. 이 말은 전도사역의 방법과 언어가 학문적이어야 한다는 말은 아닙니다. 우리가 지향하는 신학이란 이 시대 사람들이 묻는 물음에 대한 기독교 신앙의 답변이 무엇인가를 제시하는 작업입니다. 과거 신학의 목적이 정통 교리를 재진술하고 전승시키는 것이었다면, 이제는 교회가 시대의 물음에 답할 메시지를 제시하는 신학을 할 때입니다. 젊은 세대가 중시하는 효능성의 요구에 답하면서 기독교 신앙이 무엇인가를 알릴 수 있어야 할 것입니다.

2권에서는, 성장주의 시대의 산물인 교회 중심적 제자도의 대안으로서 '변혁적 제자도'를 조명하며, 한 걸음 더 나아가 시효만료에 직면한 20C 복음주의 전통의 대안으로서 '넥스트 복음주의Next Evangelicalism'의 담론을 소개합니다.

오늘날 세계교회의 또 하나의 특징으로 지적되는 것은 제자도의 결핍입니다. 한 선교 지도자는 오늘날 많은 교회의 영적 수준이 '1마일의 폭에 1인치 깊이의 강'과 같다고 표현한 바 있습니다. 하나님의 통치에 대한 열망 없이 신앙의 초보만으로 만족하도록 조장하며히5:12 외형적 성장에만 치중한 결과입니다. 명목 신앙이나 교회 내부용에 그치고 말았던 성장주의 시대의 제자도를 넘어 하나님의 통치를 살아가도록 격려하는 변혁적 제자도의 탐구를 함께 나누고자 합니다.

한편, 제자도의 갱신에서 한 걸음 더 나아가 좀 더 체계적으로 신앙의 새로운 버전version을 수립하려는 모색을 할 때입니다. 한국의 다수 보수적인 교회들을 포함하는 기존의 '복음주의' 전통은 20세기 중엽 이후 미국을 기반으로 광범위하게 확산되었기 때문에 미국식 복음주의 또는 빌리 그래함식 복음주의로 불렸습니다. 이는 기독교의 대중화, 세계선교의 기반을 형성한 기여가 크지만 21세기의 4분기를 넘어선 오늘날 문명 전환기의 영적 필요에 부응할 신학적 역량과 사회적 감수성을 상실하였습니다. 청신아의 주요 텍스트였던 짐 월리스의 지적대로, 웨슬리와 윌버포스의 역동적이고 총체적인 19세기 복음주의 전통에서 이탈한 20세기의 복음주의는, 구원론과 세계관에서 과잉된 개인주의, 사회정의에 관한 둔감성과 온정주의적 한계, 중상류층 중심의 메가 처치 교회론, 개종주의와 교회 확장의 좁은 선교신학, 좌우 이데올로기에 매몰되어 기독교와 자본주의를 동일시 하는 입장, 무엇보다 나사렛 예수의 복음에서 떠난 강자 지향성 등의 특성을 보입니다. 이러한 20C 복음주의의 한계는 다름 아닌 근래 한국교회의 심각한 신학적, 윤리적 퇴행에서 적나라하게 드러났습니다. 한국 기독교는 놀랍도록 풍성한 하나님의 은혜와 성도들의 유례없는 충성과 헌신으로 교회사에 기록될만한 부흥과 성장을 성취했습니다. 그러나 한국교회의 급속한 퇴조의 원인은 무엇일까요? 그것은 실패의 요인을 내장한 지속불가능한 성장 방식 때문이라는 뼈아픈 지적이 있습니다. 한국교회가 그러한 길로 간 중요한 이유 한가지는 시대의 변화와 신앙의 성장에 따라 의거할 신앙전통의 특성을 분별할 역량을 갖지 못했기 때문입니다.

　미국교회는 자신들의 주된 신앙전통인 복음주의Evangelicalism에 대하여 2000년대 초부터, 특히 교회의 정치화가 심해진 2016년을 전후하여 솔직한 반성과 깊이 있는 성찰을 내어놓고 있습니다. 주류 신학자들과 교회지도자들이 적극적으로 발언하고 연구물을 내고 있으며 그 내용은 미국교회에 의지해 온 한국교회에도 매우 높은 적실성을 갖습니다. 다만 한국의 신학계와 기독언론, 출판에서 다루지 않고 있는 것이 문제입니다. 그것이 교회와 신학계, 선교계 전반에 작용하는 헤게모니에 대한 자기검열 때문이라면 심각히 우려할 현상입니다.

　이번 3권에서 초안으로 제시된 '21C 복음주의의 새 길'의 문제의식에 공감이 일어나 좀 더 치밀한 신학적 지형도를 그려나가는 작업을 시작하게 되기를 기대합니다. 특히 청년 세대가 '아재 복음주의'라 부르는 비호감의 전통에 대해서도 관심을 더 해 주기를 바랍니다. 지도 밖으로 행군하기 위해서도 지도는 필요하기 때문입니다.

　한국교회는 현장의 긴급한 필요에 쫓겨 신학 콘텐츠의 생산에 관심과 힘을 기울이지 못하고 있습니다. 그러나 이미 90년대에 세계의 선교지도자들이 고언을 주신 바 있습니다. "한국교회는 'young church'이므로 thinker가 필요해" Van Engen, "한국교회가 연구와 훈련의 인프라를 구축하지 못한다면 향후 세계 선교에 기여하기 어려울 것" Ralph Winter 등의 교훈은 여전히 유효할 뿐 아니라 마지막 경고처럼 새겨야 할 것입니다.

대중성이 없어 보이는 청년신학아카데미 사역이 지난 9년간 지속된 것은 하나님의 은혜와 여러 동역자들의 도움 덕분입니다. 청신아의 주제에 공감하고 요청을 수락해 주신 강사님들과 문제의식을 공유하고 세미나에 등록해 주신 분들, GBS선교회와 보성교회, 샬롬교회 및 후원자님들께 감사를 드립니다. 편집을 위해 수고한 기획위원들과 이영섭 총무님에게도 감사를 전합니다.

2025.7.4.

청년신학아카데미 공동대표 문지웅, 오형국 드림

I. 21세기 선교와 변혁적 제자도

1. Rethinking Mission 시대의 변혁적 제자도

박보경 교수(장로회신학대학교)

들어가는 말

한국교회는 코로나-19 팬데믹을 통과하면서 대전환기를 맞이하였다. 대전환기를 맞이하면서 한국교회는 과거의 선교 이해를 넘어서 새로운 방식으로 선교를 접근해야 할 필요가 있다. 본 글에서는 새로운 시대의 선교를 논함에 있어서 변혁적 제자도Transforming Discipleship의 중요성을 강조하고자 한다.

변혁적 제자도는 2018년 CWMEConference on World Mission and Evangelism에서의 대주제로서 오늘날과 같은 대전환 시기에 주목해야 할 주제이다. 필자는 2018년 아루샤 대회에 참석했다. CWME 대회를 처음 참석했던 필자에게 이 대회는 깊은 인상을 남겼다. 변혁적 제자도Transforming Discipleship는 복음주의와 에큐메니컬 양진영의 수렴을 보여 주는 주제였다. 그동안의 개인적이며 수직적인 개념의 제자도를 선교적으로 새롭게 해석함으로써, 제자도에 대한 새로운 신학적 돌파가 이루어진 셈이다. 변혁적 제자도는 수평적 차원의 변화를 주목한다. 즉, 제자도의 선교적 차원을 강조하는 것이다.

본 발제는 팬데믹을 통과한 한국교회가 기존의 선교관을 재고하고 새로운 시대에 맞는 선교로서, 변혁적 제자도를 강조해야 함을 주장하고자 한다. 이 글은 다음과 같이 전개한다. 먼저, 변혁적 제자도의 개념이 무엇인지를 살피고, 다음으로, 변혁적 제자도의 구체적인 실천 방안과 마지막으로 구체적 실천사례로 필자가 시도하는 아둘람의 집에서 진행되는 사역을 소개하고자 한다.

1. 변혁적 제자도란 무엇인가?

2018년 CWME 아루샤 대회의 주제는 변혁적 제자도였다. 이 주제는 그동안의 제자도의 개념이 지나치게 그리스도와의 개인적이며 수직적인 차원만 강조된 것에 대한 반성에 서 나온 것이었다. 즉 제자도의 선교적인 차원을 강조하는 것이다. 진정한 제자도란 세상 속으로 들어가서 하나님의 선교에 참여하는 예수 그리스도의 선교를 이어가는 것이며, 따라서 제자도는 근본적으로 세상참여적이다. 또한 변혁적 제자도란 제자도 자체가 지속적인 변혁의 과정 속에 있어야 함을 강조한다. 그것이 개인적인 차원이든, 공동체적인 차원이든, 변혁의 주체일뿐 아니라, 변혁의 대상이 될 수 있다.Being Transformed 제자됨을 통해서 그리스도인이 이제 영적 여정을 시작하며 기도와 실천으로, 또 인격과 마음으로 기독교적 증인의 삶을 살도록 요청받는다. 따라서 제자도는 그리스도인의 지속적 과제이다. 변혁적 제자도가 강조하는 것은 이 제자도의 실천과정 중에 하나님 나라의 가치를 세상 속에서 실천하며, 주변으로부터의 선교를 실천 중에, 하나님의 선교에 결국 참여하게 됨을 강조하는 것이다. 다시 말해 변혁적 제자도는 선교적 제자도를 의미한다. 변혁적 제자도는 자신과 교회를 변혁시키며, 또한 세상을 변혁시키는 제자도를 의미한다.

변혁적 제자도의 신학적 의미를 발전시킨 학자는 스티브 베반스 Steve Bevans다. 그는 그동안의 제자도가 지나치게 교회 안의 일부 특정집단을 위해 오용되어왔음을 지적한다. 그는 제자도라는 단어가 교회된 에클레시아 전체에게 주어진 과제임을 강조한다. 이러한 제자도는 교회 자신의 변화를 수용하는 것이며, 따라서 교회는 세상을 향하여 닫힌 공동체가 아니라, 열린 공동체가 된다.

또한 변혁적 제자도는 세상의 다양한 문제들에 적극적으로 응답하는 제자도이다. 인간사회 안에서 발생하는 불의와 억압, 인종차별과 경제적 탐욕 등을 없애기 위한 노력에 참여하는 것이며, 인간들에 의해서 자행된 생태계 파괴로부터 창조세계의 모든 존재를 존중하고 보호하는 것을 포함한다. 대회의 의장이었던 쿠릴로스 주교는 변혁적 제자도를 세상을 뒤집는 것Turning the World Up-side Down이라고 명명한다. 이것은 변혁적 제자도의 혁명적 차원을 주목하는 것인데, 다시 말해 변혁적 제자도는 제국Empire의 문화를 저항하는 것이다.

쿠릴로스에 따르면 지금 우리는 새로운 황제의 등장의 시대에 살고 있다. 새로운 헤롯의 아바타들이 등장하고 있는 시대이다. 우리 시대는 거대한 제국과 함께 그 궤도를 함께 돌고 있는 작은 제국들이 패권주의적 방식으로 세계를 운영하는 시대에 살고 있다고 주장하며, 변혁적 제자도는 바로 이러한 제국들의 문화에 저항하는 것이라고 하였다. 따라서 오늘날의 변혁적 제자도는 오늘날의 새로운 형태의 제국들이 이 제국의 문화를 재생산하면서 자신들의 권력을 유지하기 위해 지속적으로 펼치는 모든 종류의 억압적 조치에 대항하고, 불의한 제국들이 무너지도록 헌신하는 것이라고 하였다. 즉, 돈과 권력으로 이 세상을 통치하려는 제국의 문화에 저항하고, 하나님의 통치를 이루는 일이기에, 변혁적 제자도는 당연히 세상을 뒤집는 것이다.

2. 변혁적 제자도의 요소들

다음으로 변혁적 제자도의 구체적인 요소들을 살펴보자. 아루샤 대회에서는 변혁적 제자도를 실천하기 위하여 적어도 네 가지 요소가 필요하다고 파악했다. 첫째, 전도Evangelism, 둘째, 주변부로부터의 선교Mission from the Margin, 셋째, 선교적 형성Missional Formation, 넷째, 십자가 품기Embracing the Cross이다. 각각의 소주제들은 변혁적 제자도를 실천하기 위한 네 가지 차원과 같은 것이다. 각각의 주제들은 대회 중에 매일 한가지씩 다루어졌다. 네 가지 주제의 선정에도 변혁적 제자도의 수직적이며, 수평적인 접근의 균형, 즉, 통전적/총체적 선교가 반영되어 있다.

먼저, 변혁적 제자도를 실천하기 위해서 전도에 대하여 생각해보자. 변혁적 제자도에서 말하는 참다운 전도Authentic Evangelism는 케노시스적 전도Kenotic Evangelism이다. 이것은 예수께서 자신을 비워 온전히 인간이 되신 것처럼, 우리들이 만나는 사람들의 삶의 자리로 온전히 들어가고 자신을 비우는 복음소통을 의미한다. 다시 말해 복음전도자가 근본적으로 자기를 비우는 접근이다. 이것은 먼저 깊이 있는 경청과 전달자의 삶을 통한 정직함이 중요할 것이다. 전도자는 자기부인의 십자가를 지게 된다. 우리들의 제자도의 실천에 담겨있는 정직성과 진정성이야말로 우리의 전도의 내용이 된다.The integrity and authenticity of our discipleship is our evangelism. 따라서, 진정한 변혁적 제자도를 실천하기 위해 전도자는 자기를 비우는 끊임없는 노력이 필요하다. 종래의 전도가 일방적이며, 침입적이라는 지적이 많았다. 그러나 참다운 전도는 우리의 언어가 아니라, 우리의 존재와 삶으로 소통된다. 상대방을 향한 존중의 경청, 거짓 없는 만남은 변혁적 제자도가 추구해야 할 케노시스적 전도가 된다.

둘째, 변혁적 제자도에 있어서 또다른 핵심요소가 바로 '주변부로부터의 선교'이다. 변혁적 제자도를 실천하는 것은 하나님의 선교가 주변부에서부터 일어난다는 사실을 받아들이는 것이다. 따라서 중심을 향하는 모든 권력의 방향에 저항하며, 주변부에서 일하시는 하나님의 선교에 동참하는 것이다. 따라서 변혁적 제자도는 주변부에서 일하시는 하나님을 만나는 것에서 시작되며, 주변부야말로 하나님의 선교의 현장이며, 변방은 하나님의 일꾼이 만들어지는 곳이라는 확신과 함께 이루어진다. 따라서 변혁적 제자도는 주변성을 열등한 곳으로 치부하지 말고 변방에서 일하시는 하나님의 선교에 참여할 때 참다운 변혁적 제자도가 실천된다.

셋째, 선교적 형성은 변혁적 제자도의 핵심요소가 된다. 선교적 형성이라 함은 그리스도의 제자를 세우는Equipping 과정이라고 할 수 있다. 이것은 배움과 변혁의 긴 과정인데, 그리스도의 신앙과 선교적 소명을 이해하도록 부드럽게 이끄는 과정이다. 또한 선교적 형성은 제자도와 리더십의 실천이 서로 상호적으로 깊게 관련있음을 인정하는 것이다. 결국 모든 그리스도인들은 타인을 그리스도에게로 또한 복음에로의 더 깊은 이해로 이끌 책임이 있다. 이것은 신학적 성찰과 관련있다. 필자가 생각할 때 변혁적 제자도를 실천하기 위한 요소로서의 선교적 형성은 개인적인 차원뿐 아니라, 공동체적 차원도 포함한다. 두 사람 이상이 선교적 형성을 위해 관여해야 하기 때문이다. 따라서 여기서 에클레시아가 탄생한다. 선교적 형성을 위해 에클레시아가 탄생한다. 즉, 제자도의 실천은 결국 에클레시아를 일으키고, 에클레시아는 선교적 실천을 위해 존재한다.

넷째, 변혁적 제자도는 십자가 품기의 요소에 기초한다. 여기서 말하는 십자가 품기는 변혁적 제자도의 영성을 의미하는데, 이 영성은 기도뿐 아니라, 정의를 위한 투쟁도 포함된다. 나아가 연약함의 상징인 십자가를 품는 것이야말로 변혁적 제자도의 기초가 된다. 다시 말해 변혁적 제자도의 영성은 십자가의 영성이다. 따라서 십자가 품기는 고난을 각오하는 것이다. 십자가 품기의 영성은 기도뿐 아니라, 참여를 포함한다. 참다운 제자도는 영성이 없이 불가능하다.

3. 변혁적 제자도를 구체적으로 실천하기

아루샤 선언문에는 변혁적 제자도가 하나님이 주신 은사a gift이면서도 동시에 소명a calling이라는 점을 강조한다. 선물로서의 변혁적 제자도는 동방정교회의 신학에서 발견되는 데오시스Theosis, Deification과 관련있다. 이것은 그리스도인의 성화의 여정을 의미하는 표현으로, 신성한 성품에 참여하는 자가 되는 여정이다.벧후 1:4 이것은 원래의 창조된 모습으로의 회귀 이상을 의미한다.

동시에 변혁적 제자도는 그리스도인이라면 추구해야 할 소명a calling이다. 아루샤 선언문은 소명으로서의 변혁적 제자도의 구체적인 실천내용을 12가지 제시했다. 물론 변혁적 제자도의 실천은 다음의 12가지만으로 제한될 수 없지만, 그 출발점이 될 수 있다. 그 12가지는 다음과 같다.

1) 세계를 통한 변혁적 제자도에로의 부르심

2) 삼위일체 하나님을 예배하도록 부르심

3) 예수 그리스도를 말과 행위로 선포하도록 부르심

4) 주변부에 있는 사람들을 북돋아 세우는 일로 부르심

5) 하나님의 말씀을 분별하도록 부르심

6) 창조세계를 돌보며, 기후변화로 고통받는 사람들과 연대하도록 부르심

7) 정의롭고 포용적인 공동체를 만들기 위해 일하도록 부르심

8) 다른 신앙을 가진 자들과 대화하면서 하나님의 신실한 증인 되도록 부르심

9) 그리스도의 방식을 드러내는 섬김의 지도자가 되도록 부르심

10) 난민들, 이주민들, 자신의 땅에서 쫓겨난 자들을 위한 정의를 위해 싸우도록, 또한 분리하는 장벽을 무너뜨리도록 부르심

11) 십자가의 길을 따라가며, 잘못된 권력 (개인적 혹은 집단적)에 도전하도록 부르심

12) 부활의 빛 아래서 희망 넘치는 변혁의 가능성을 제공하는 자들이 되도록 부르심

요약하면, 과거의 제자도가 하나님과 인간과의 수직적인 관계만을 강조한 반면, 변혁적 제자도는 제자도의 수평적 차원을 강조하며, 세상 안에서 일어나는 다양한 죄악과 폭력의 문제에 대항하며 하나님의 나라를 구현하는 일을 적극적으로 실천하는 선교적 제자도를 의미한다고 하겠다. 그리고 이러한 제자도의 목적은 개인의 성화뿐 아니라, 사회적 책임을 다하려 는 노력을 함께 펼친다는 점에서 복음주의 진영의 총체적 선교개념과 연결되어 있다.

4. 구체적 실천 사례: 아둘람의 집에서 변혁적 제자도 실천을 모색함

아둘람의 집은 필자가 양평의 산속에 마련한 작은 공간이다. 다윗이 아둘람 굴에서 자신을 돌아보며 하나님을 다시 만나 재충전되고, 억울한 자, 원통한 자, 빚진 자들을 보듬어 다윗 왕조의 핵심 리더로 다시 태어나게 한 바로 그 동굴이다. 아둘람 굴은 다윗이 경험한 변혁적 제자도의 실천의 현장이라고도 할 수 있겠다. 필자는 아둘람 굴에서의 다윗처럼, 절망 속에서 희망을 찾고 하나님의 선교를

위한 항해자로 다시 태어나는 존재, 변혁적 제자도의 삶을 실천하기 위해서 아둘람의 집을 시작하게 되었다.

필자는 아둘람의 집을 '지친 영적 구도자를 위한 주막집 주모의 환대'를 경험하는 곳 이라고 말한다. 필자가 시도하는 아둘람의 집은 아직 만들어져 가는 중이다. 개인의 신학적 여정에 따라 변혁적 제자도의 구현된 모습이 다양할 수 있다. 여성 목회자로서, 세 자녀의 어머니로서, 신학교의 교수로서 나만의 변혁적 제자도 실천은 나의 삶의 자리 안에서 가장 나답게 형성되어간다.

아둘람의 집에는 독대의 공간과 환대의 공간으로 구성되었다. 아둘람의 집은 독대자가 자신에게 주어진 독대의 숙제를 통해서 과거의 자신과 만나고, 그 속에서 일하신 주님과 독대하며, 자신의 인생의 미래를 전망하며, 하나님의 일꾼으로 다시 태어나도록 격려하는 곳이다. 필자는 이곳을 찾은 독대자들이 예수 그리스도와의 독대를 통해서 치유되고 회복되는데 그의 곁에서 환대자로 돕는다. 로뎀나무 아래서 좌절한 엘리야에게 천사가 그에게 먹을 것을 제공한 것처럼 말이다. 독대자는 고요한 기도와 독대의 시간을 통해서 자신에게 주어진 영적 숙제를 풀어내며, 조금씩 어두움의 시간을 통과한다. 이제 독대자는 이제 환대자로 거듭난다.

필자는 아둘람의 집에서 진행되는 만남들이 변혁적 제자도가 실천되는 만남이라는 것을 알게되었다. 첫째로, 독대자로 아둘람의 집에 찾아온 하나님의 일꾼을 섬기는 환대자의 모습은 케노시스적 전도자의 모습과 공명한다. 진정한 환대는 사실 매우 어려운 일이다. 자신을 잃어버릴 정도로 타인을 향한 온전한 집중이 필요하기 때문이다. 자신의 문제를 뒤로하고, 독대자를 위한 환대에 집중하는 것은 어쩌면 케노시스적이다.

둘째로, 아둘람의 집은 하나님의 선교를 위한 일꾼으로 부름받았으나, 정작 주변인으로서의 정체성을 지닌 하나님의 일꾼들을 우선적으로 환대한다. 원래 필자가 아둘람의 집을 시작하게 된 것은 트럭운전하며 이민사회의 소외된 주변인들을 돌보다 과로로 일찍 죽음너머로 건너간 필자의 남편의 유일한 유산을 정리하면서 시작되었다. 필자의 남편이 생전에 늘 괴로워했던 것, 나는 실패한 목회자인가? 라는 질문을 또다른 주변인 정체성을 지닌 하나님의 일꾼들이 반복해서 자문하는 것을 보면서, 필자는 이들을 위한 재충전의 공간을 꿈꾸게 되었다. 하나님의 선교는 중심에 있는 기득권자들에 의해서 진행되기보다는 전혀 뜻밖의 자리, 주변부에서 발생한다. 아둘람의 집은 바로 이러한 주변성의 현장에서 탄생하고, 주변인들을 위해 존재하는 셈이다.

셋째로, 아둘람의 집은 선교적 형성을 위한 공간이 되었다. 아둘람의 집은 뜻하지 않게 선교적 공동체로서의 에클레시아의 탄생을 경험하기에 이르렀다. 독대자와 환대자 개개인들이 모여 형성된 이 작은 에클레시아는 하나님의 선교에로 부름받은 일꾼들의 모임이 되었고, 자신들의 선교적 소명을 재확인하는 육성이 이 에클레시아를 통해서 이루어졌다.

넷째로, 아둘람의 집은 십자가 품기의 수도원적 영성에 기초하고자 노력했다. 독대의 공간은 자기비움의 십자가 영성의 훈련의 공간이 된다. 그리고 마침내 이곳에서의 여정을 마친 독대자들은 변화된 자신과 만나고, 재충전되고, 회복되어 재발견된 자신의 사명을 이 세상에서 구현하고자 자신의 여정을 이어간다.

이제 필자는 아둘람의 집에서 진행되는 변혁적 제자도의 여정이 구체적으로 어떻게 전개되는지를 아둘람의 집을 방문한 한 사역자의 이야기를 통해서 소개하려고 한다. 김계영 씨는 OM International을 통해서 이스라엘에서의 몇 년간의 사역을 마치고 한국으로 귀국한 지 몇 년간 선교사역과 관련된 직장생활을 이어갔다. 50대 초반에 갑자기 찾아온 해고 통보를 받고 큰 충격을 받았다. 그는 자신이 이제 사회에 필요없는 존재가 되었다는 생각에 깊은 우울감 속에 지냈다. 뿐만 아니라 극심한 생활고에도 시달렸다. 우울감과 고독감에 사로잡혀 있었던 2022년 여름에 그는 처음 필자를 만났다. 김계영 씨는 이후 필자가 속한 한국얌스펠로쉽의 이벤트 코디네이터로 활동하면서 자신의 과거 경력과 재능을 활용하여 일을 할 수 있는 기회를 가졌다. 적지만 재정적 지원도 제공되었다. 그러나, 여전히 우울감은 컸고, 미래는 불투명했다. 무엇보다 그녀를 괴롭히는 것은 이유 없이 막연한 두려움이었다 아직도 일어나지 않았는데도 불구하고 먼 미래에 대한 막연한 두려움으로 사로잡힐 때는 갑작스러운 두려움이 엄습해 한밤중에도 잠을 이루지 못하는 상황이 지속되었다.

아둘람의 집을 개원한 후 김계영 씨가 아둘람의 집에 독대자로 초청되었다. 재정적 압박으로 적합한 식사도 하지 않고 지낸 터라 환대의 식탁을 통한 적합한 영양공급부터 제공했다. 며칠 간의 휴식과 재충전의 시간, 허심탄회한 대화를 통한 성찰, 기도와 묵상의 시간이 몇 차례 이어졌고, 그의 마음의 힘이 조금씩 회복되었다. 독대의 시간을 통해서 막연한 먼 미래에 대한 두려움의 근원이 자신의 어린 시절의 경험과 깊은 관련이 있음을 알게 되었다. 필자와의 만남이 이어지면서 그는 선교적 소명을 다시 회복하기 시작했고, 조금씩 새로운 소명에 대한 희망이 살아나기 시작했다.

얼마 전에는 독대자로서의 자신의 숙제를 조금씩 풀어가기 시작한 김계영 씨는 또다른 비슷한 어려움을 경험하는 사람을 위한 환대를 제공할 수 있었다. 조금씩 환대자가 되어가고 있다. 바로 사회초년생으로 직장 안에서의 상사와의 관계로 인해 고민하는 청년을 위한 상담을 아끼지 않고 제공했다. 오랜 직장생활의 경험을 토대로 자신만의 따뜻하고 적합한 조언이 가능했다. 이제 독대자로 찾아온 김계영 씨는 또다른 사람의 환대자로 다시 태어나고 있다. 그리고 이렇게 연결된 개개인들은 아둘람의 집이라는 새로운 에클레시아 안에서 신적 코이노니아를 경험하고 있다.

아둘람의 집에서 며칠을 지낸 후 김계영 씨는 그동안 잊고 있었던 자신의 소명을 다시 확인하고 선교관련 학업을 위한 대학원에 진학하기로 결심하고 준비중이다. 여기 아둘람의 집을 찾아온 독대자는 이제 하나님의 선교를 위한 항해를 다시 시작할 준비가 되어가고 있다.

5. 나가는 말

대전환시기를 살아가는 우리에게 변혁적 제자도Transforming Discipleship는 어떤 의미가 있을까? 필자는 이 짧은 글에서 2018년 아루샤 선교대회에서 제시한 변혁적 제자 도의 의미와 그 신학적 근거, 세부 요소들, 실천 과제 등을 살폈다. 또한 이 신학적 담론이 구 체적인 현장에서 어떻게 실천될 수 있을지 필자의 작은 경험을 나누었다.

과거의 제자도가 수직적이며 개인적이라면, 변혁적 제자도는 제자도의 수평적 차원을 회복하고, 공동체성에 주목한다. 바라기는 이러한 선교적 제자도가 우리 시대의 한국교회와 아시아교회, 나아가 세계교회에 새로운 희망적 담론으로 소통되고 구체적인 실천으로 이어지길 바란다.

2. 변혁적 제자도로 성경읽기

: 누가 행전을 어떻게 읽어야 하는가?

정용성 교수(백석대학교신학대학원)

들어가기: 변혁적 제자도

제자도란 무엇인가?

"제자는 태어나는 것이 아니라 만들어진다."네비게이토 그래서 수많은 제자 훈련 프로그램이 생겼다. 그런데 무엇이 바뀌었고, 누구에게 헌신을 하게 됐는가? 진정으로 하나님 나라에 헌신하는 제자훈련은 거의 찾아보기가 어렵다.

변혁적 제자도란 무엇인가?

세상을 하나님 나라로 변혁시키는 제자들이 걷는 길이다. 마가복음의 가이샤랴 빌립보 신앙고백 이후 수난예고, 마태복음의 산상수훈, 누가복음 9장 57-62에 등장한 세 부류의 제자 지망생들 이야기, 요한복음에서 세례요한 제자들이 예수의 제자가 되는 과정, 예수님은 이들에게 무엇을 가르치셨나?

예수의 하나님 나라 가치 혁명을 가장 잘 드러내는 책이 누가 행전이다. 누가 행전을 읽는 키워드는 주변부의 반란과 가치 혁명이다. 주변이 중심을 무너뜨리고 변혁시킨다. 로마 제국이 뿌리를 확고하게 내리던 1세기 지중해 세계에서 팔레스타인의 나사렛은 주변부의 주변부의 주변부이다.

이 주변부에서 출발한 하나님 나라 복음은 예루살렘이라는 당대 유대의 중심에 도전하고 전복시키고, 그 다음으로 로마 이데올로기가 창궐하고 뿌리를 내리던 마케도니아와 소아시아 지역에 에클레시아를 심어놓고, 로마 제국의 중심으로 향하여, 네로 황제가 통치하던 수도에서 하나님 나라를 담대하게 선포하며 급작스럽게 마무리 된다. 일종의 open-ended 기법

예수 당시에 기록상으로 적어도 18가지의 혁명 운동들이 일어났다. 이들 운동은 대중의 지지를 받고, 어떤 운동은 무장도 하였다. 그런데 이들 운동들은 모두 소멸하였는데, 왜 예수 운동은 나사렛에서 시작하여 예루살렘의 중심성을 무너뜨리고 당대 세계의 중심인 로마에까지 이르러 '담대하게' 하나님 나라를 선포하는가? 예수 운동이 이들 운동과 분명히 달랐던 것은 지향하는 가치에 급진적인 차이가 있었다. 가치의 차이가 변혁을 일으킨다.

예수의 하나님 나라 가치는 무엇인가?

첫째로 나사렛 예수 운동은 '새로운 명예'를 추구한다.

둘째로 나사렛 예수 운동은 경제생활에 '가족의 가치'를 드러낸다.

셋째로 나사렛 예수는 로마 황제가 아닌 이스라엘의 하나님을 '최고의 후견인'으로 삼는다.

넷째로 나사렛 예수의 하나님 나라 복음은 가난한 자를 우선적인 수혜자로 삼는다.

다섯째로 나사렛 예수 운동은 예루살렘 성전의 공간 구별을 원천으로 삼는 '정결법'의 가치 판단 기준을 무효화시킨다. 대신에 나사렛 예수를 근원으로 삼는 새로운 정결법을 창출한다. 나사렛은 차별을 만들기 위함이 아니라 없애기 위한 가치이다.

여섯째로 나사렛 예수 운동은 '소그룹 운동'이다: 작은 것이 아름답다.

일곱째로 예수 운동의 가치의 핵심은 '십자가'와 부활이다.

누가복음 읽기

누가복음은 주변부 나사렛에서 시작된 예수의 하나님 나라 운동이 갈릴리 사역에 뿌리를 내려서 기반을 닿고, 이스라엘의 중심 역할을 하던 예루살렘에 도전하여, 야훼가 시온으로 귀환하여 이스라엘의 진정한 왕으로 등극하는 변혁 이야기이다.

1) 누가 행전은 한나와 사무엘 이야기로 구약과의 연속선상에서 복음 이야기를 서술한다. 한나와 사무엘은 다윗을 왕으로 등극시키는 역할을 한다. 다윗은 약속의 땅에 득실거리는 이방인들을 완전히 야훼의 통치에 종속시키며, 여호수아의 정복 프로그램을 진정으로 완성시킨다.

스가랴와 엘리사벳을 통해 등장한 세례 요한은 예수 그리스도의 길을 준비하는 역할을 한다. 따라서 예수의 등장은 다윗과 같이 이방인의 통치를 종식시키고 야훼가 진정으로 왕이 되시는 하나님 나라를 실현하기 위한 "주"이자 "하나님의 아들"이다. 이는 이사야 40-55장을 비롯한 예언자들이 기대하여왔던 "야훼의 시온으로 귀환"을 성취하며 "이스라엘의 유배 생활죄와 사망에 대한 은유로 이해"을 종식시키는 하나님 나라 프로그램이다. 유배는 신명기 28-30장에 선포된 야훼의 언약의 일부이다.

누가의 유아기 이야기에서 핵심은 마리아 찬가와 스가랴의 찬송시이다. 둘 다 이스라엘의 회복과 하나님 나라의 가치 혁명을 노래한다. 예수의 하나님 나라가 로마제국의 통치를 전복시키기 위하여 이스라엘의 다윗과 같은 주 예수 그리스도가 로마제국의 아우구스투스와 라이벌 관계로 누가는 등장시킨다.

2) 누가복음에서 예수 사역의 전체 프로그램을 제시하는 단락은 "나사렛 선언"1:18-20이다. 나사렛 선언은 이사야 58장과 61장을 복

합 인용한 희년의 선포이다. 이스라엘이 왜 유배를 당하게 되었는가 왜 죄악으로 사망에 이르게 되었는가? 안식일-안식년-희년으로 이어지는 하나님 나라의 비전을 바알 신앙으로 대체하였기 때문이다. 이는 역대하 36장 21절의 결론이다.

그렇다면 예수의 나사렛 선언은 희년 사회를 통해 바알 신앙에 굴복한 당시 이스라엘의 죄악에서 돌이켜서 진정으로 희년을 통한 하나님 나라를 세우겠다는 정치 경제적 선언이다. 물론 종교적 혁신도 포함된다.

3) 예수의 갈릴리 사역 4:14-9:50은 하나님 나라의 메트릭스모판를 세우는 사역이다. 예수는 새로운 이스라엘의 대표로 열 둘을 세우신다. 하나님 나라가 예수를 통해 친히 임하였음을 치유, 축사 사역을 통해 증언한다. 사 35장 예언의 실현 예수는 하나님 나라가 무엇인지, 희년 사회의 전망평지 설교 6:20-49을 통해 가르치신다. 또한 세례 요한의 의구심에 대한 대답도 이사야 35장과 61장으로 대답하신다. 그러면서 당대 기득권자들의 저항에도 불구하고, 가난한 자에게 하나님 나라 복음을 전한다. 당시 사회의 주변부에 있던 사람들, 가난한 자, 병자, 여인들, 세리들을 하나님 나라 잔치로 초대한다.

4) 소위 말하는 여행 기사 9:51-19:27는 급진적 제자도가 펼쳐지는 무대이다. "길"ὁδός은 도道이다. 제자들이 갈릴리에서 예루살렘으로

향하는 길은 마치 이스라엘의 광야 40년과 같다. 여기서 각종 도전을 통해 하나님 나라 가치에 대한 훈련을 받는다. 여행 기사에서 주요 주제는 세 가지이다.

첫째, 부에 대한 태도이다. 예수는 선한 사마리아 비유를 비롯하여 수많은 사례로 부에 대한 가치로 부자들에게 도전하신다. 부자들뿐 아니라 하나님 나라의 종 된 제자들에게 청지기의 도로 도전하신다. 둘째, 사회적으로 소외된 자들에게 대한 태도이다. 당대 유대인, 특히 바리새인이 가지고 있던 민족적 특권이라는 예외 의식이 얼마나 허구인지를 무너뜨리신다. 가난한 자, 병든 자, 신체적으로 결함이 있는 자, 세리, 사마리아인 이들을 하나님 나라를 상징하는 잔치에 초대하신다. 복음서에서 잔치는 광야 이스라엘에게 하나님이 베푸신 광야의 식탁을 기억하고, 다른 한편으로 메시아의 대★ 잔치를 전망하는 사회 종교적 의식이다. 셋째, 기도에 대한 가르침이다. 주기도문은 새로운 출애굽을 위한 기도이자, 희년 사회를 통한 하나님 나라 구현을 위한 기도이다. 기도는 인간의 한계를 돌파하며, 하늘의 자원을 이 땅에 가져오는 신성한 수단이다. 유대인은 성전이 없는 상태에서도 하나님을 경외하는 법을 유배 기간 동안 발견했는데, 바로 토라 연구와 기도이다. 따라서 기도는 단지 경건의 도구가 아니라, 유배 생활을 종식시키는 혁명적 도구이다.

여행 기사에서 펼쳤던 가치 혁명을 통한 제자도는 두 가지 사건에서 검증을 받는다. 하나는 삭개오 이야기이다. 삭개오 이야기는 예수의 세리를 하나님 나라에 포용하는 사역이 어떻게 열매를 맺는지, 결말을 보여준다. 동시에 부자가 예수의 희년 사회 전망에 어떻게 응답해야할지, 증명한다. 삭개오는 세리이자 부자로서 예수의 도전에 신실하게 응답했다. 다른 하나는 므나 비유다. 한때 한국 사회에 "청매" 사건으로 논란이 많았던 비유이다. 이 비유는 일종의 "공포의 본문a text of terror"로 읽을 수도 있다. 이는 당대 농민들의 시각과는 전혀 다른 견해를 제시하는 듯이 보이기 때문이다. 하지만 이 비유에서 핵심은 돌아온 왕이 누구인지, 질문을 던져 보면 해결책이 보인다. 먼 곳에 왕위를 받으러 갔다가 돌아온 왕은 하나님이 아니다. 당대 유대인들이 잘 알고 있었던 헤롯 아켈라오스에 대한 회상이다. 아켈라오스가 자신의 종들을 그렇게 대하였다는 것이다. 이 비유는 삭개오와는 달리 당대 예루살렘의 지배 엘리트들이 예수의 메시지에 어떻게 반응했는지를 폭로한다. 그들은 온 백성의 원성을 샀다가 폐위를 당한 아켈라오스처럼 행동했다. 만일 예루살렘 엘리트들이 삭개오처럼 반응했다면, 예루살렘은 멸망을 당하지 않았을 것이다. 이는 하나님이 친히 예루살렘을 예수의 인격을 통해 방문하심을 알지 못했기 때문이다.

5) 누가복음의 마지막 부분은 예루살렘 사역이다. 예루살렘 사역은 예수의 십자가 처형과 부활이 핵심이다. 하지만 예수가 왜 예루살렘에서 십자가형로 처형을 당했는가? 이는 당대 유대인들에게 신

성한 중심이었던 예루살렘 성전에 도전하였기 때문이다. 그리고 예수는 예루살렘에 대한 심판을 내린다. 예수의 감람산 담화는 종말론적이자 않고 역사적이다. 주후 70년에 성취된 이야기이다.

누가는 예수의 십자가 처형을 마치 왕의 대관식처럼 묘사하고 있다. 십자가는 하나님께 저주 받은 자가 되게 하는 처형 방식이다. 예수가 재판을 받고 로마의 정치적 도구에 잔혹하게 처벌을 받는다. 하지만 복음서 기자들은 그 인상을 전복시킨다. 실상은 십자가에서 처형을 받은 것은 로마 제국을 대리자로 내세운 사탄이다. 사탄은 죄와 사망으로 통치하는데, 십자가에서 하나님 아들 예수가 아니라 사탄이 처형을 받았다. 이 의미를 가장 잘 간파한 사람은 바울이다. 참고. 골 2:12-15

그러면 왜 예수의 이야기가 하나님 이야기, 이스라엘 이야기의 절정이 되는가? 즉, 어떻게 야훼가 시온으로 귀환하고 이스라엘의 진정한 왕이 되시는가? 이 장면은 예수의 십자가 위에 달린 죄명패에 명확하게 드러난다. 라틴어에서는 Iesus Nazarenus Rex Iudaeorum "유대인의 나사렛 왕 예수"이라고 읽는다.

하나님께 저주받은 자의 죽음으로 처형당했던 예수를 하나님이 살리셨다. 위대한 신적 반전이 일어났다. 예수를 처형했던 모든 제도와 가치에 전복이 일어났다. 유대 지도부와 로마는 틀렸고 예수는 옳다고 입증되었다. 롬 1:3-4 십자가 처형은 새로운 출애굽 사건이다. 눅 9:31 ἔξοδος 부활은 새로운 창조의 시작이다. 승천은 하나님 나라가 본격적으로 이 땅에 가동되기 시작됨을 알린다.

사도행전 읽기

사도행전은 예수 그리스도를 통해 절정에 이른 이스라엘의 하나님 이야기가 어떻게 로마 제국의 이데올로기에 도전하고 전복시키는지 보여준다. 사도행전의 흐름은 이스라엘 하나님의 이야기가 로마 제국의 내러티브에 도전하여 제국의 심장부 로마에 복음이 "담대하게"παρρησία 선포되는 것에 주시해야 한다. 사도행전에서 배울 수 있는 변혁적 제자도의 교훈 중 가장 중요한 것은 "담대함"παρρησία이다.

먼저 사도행전의 중요한 지점을 짚어봅시다.

1) 1장. 서언: 새로운 이스라엘의 확립

예수의 십자가 죽음과 부활 그리고 승천은 예수가 하나님 보좌 우편에 좌정하셔서 하나님 나라를 본격적으로 개시할 시점을 알린다. 땅에서 예수 공동체는 새로운 이스라엘의 기둥으로서 12사도 중에 하나를 보충한다.

2) 2장: 오순절 성령 강림

오순절의 의의가 무엇인가?

⑴ 구약 오순절은 시내산에서 토라를 주신 날을 기념하는 절기이다. 신약의 오순절은 토라의 비전을 실현하도록 성령을 부으셨다.

⑵ 오순절은 바벨탑 사건의 반전이다.

⑶ 오순절은 하나님 나라가 본격적으로 가동되는 시점이다.

⑷ 오순절은 희년 사회가 실현되는 능력을 부어주었다. 성령은 희년 사회를 실현시키는 능력이다. (눅 4:18; 행 2-4장)

⑸ 역사적으로 오순절 운동은 근대 사회의 한계를 돌파하는 힘이 있었다. 포스트모던 시대에 성령 운동은 근대성을 극복하여 하나님 나라를 진전시키는 엄청난 자원이다.

3) 성전 중심성과 유대 지도부에 대한 저항과 도전 (3-5장)
가말리엘 원칙이 옳은가? 아니면 잘못된 체제에 대한 저항과 도전이 옳은가?

4) 예루살렘 중심성의 해체 (6-7장) 헬라파의 등장과 스데반의 설교

5) 복음이 예루살렘으로부터 주변으로 확장 (8-10장)

6) 바울의 급작스런 캐스팅

7) 베드로의 고넬료 방문과 그 정치적 파장 (10-12장): 여러 의의와
  영향력

  ⑴ 사도들이 이방인도 할례 없이 하나님의 백성에 들어올 수 있
    음을 성령의 증언으로 확증했다.

  ⑵ 당대 유대 세계에 엄청난 정치적 파장을 불러온다. 헤롯 아
    그립바 1세의 정치적 입지를 유대 사회 내부에서 견고하게
    하는 역할.

  ⑶ 사도들에 대한 대중의 여론이 돌변하여, 사도들이 핍박의
    대상이 됨. 세베대의 아들 야고보의 처형과 베드로의 투옥.

  ⑷ 예루살렘 교회 지도부의 교체: 12사도 체제에서 12장로 체
    제로 변화.

  ⑸ 보수적인 야고보(예수의 형제)의 등장.

8) 바울의 제1차 선교 여행 (13-14장): 복음이 이방인 지역에 전파되
  다.

9) 예루살렘 공의회 (15장): 바울의 이방인 선교 여파에 대한 논의와
  합의 도출

10) 바울의 제2차 선교 여행 (16:1-18:17)

11) 바울의 제3차 선교여행 (18:18-19장)

12) 바울의 예루살렘 방문 (20-21장)

13) 예루살렘과 유대에서 2년에 걸친 재판 (22-26장)

14) 바울의 오딧세이: 로마로의 여정 (27장)

15) 바울의 로마 도착(28장)

16) 사도행전 29장을 쓸 자는 누구인가?

사도행전을 읽을 때, 몇 가지 유의할 점이 있다.

1) 바울이 서쪽으로 간 까닭은?

1세기 당시에 복음은 동서남북으로 활발하게 퍼지고 있었다. 그런데 왜 누가는 복음이 예루살렘에서 로마에 도착하는 경로를 서술하고 있을까? 사행전은 로마제국이 통치하는 지중해 사회의 주변부에서 일어난 예수 운동이 어떻게 로마에까지 도달하게 되었는지를 묘사하는데, 당시의 전체 예수 운동이 다방면으로 펼쳐지는 가운데, 매우 선별적이며 의도적으로 복음이 로마 이데올로기에 도전하는 형태로 서술하고 있다.

2) 로마가 땅끝인가?

중심이다. 모든 길을 로마로 통한다. 역설적으로 로마로부터 모든 곳에 이를 수 있다. 사도행전은 복음이 로마에 도착한 것으로 서술하고 갑자기 마무리 된다. 이유는? 독자로 하여금 그 다음 사역에 참여하도록 초청하는 것이다. 요한계시록은 사도행전에 대한 답변일 수 있다. 어떻게 일곱 교회가 '모든 족속과 백성과 방언과 나라'^열방에 대한 숙어에 복음을 전하여 바벨론_{로마}가 멸망을 당하고 새 하늘과 새 땅이 도래할지, 두 증인의 모델_{11장}과 하나님 나라 복음 _{12-15장}을 핵심으로 배치하여 기술하고 있다. 복음은 한계 상황을 돌파라는 힘이 있다. 인종적, 종교적, 정치적 울타리를 뛰어넘고 전복하여 하나님 나라를 이루는 자원과 능력이 있다

3) 하나님 나라 복음이 그렇게 전복적인가?

⑴ 오순절 이후 초기 공동체는 희년 사회의 이상을 실현한다. (2-4장)

⑵ 초기 예수 운동은 산헤드린을 비롯한 유대 권세들에 담대하게 대항한다. (5장)

⑶ 예수의 복음은 예루살렘 중심성을 무너뜨린다. 성전 중심의 유대 이데올로기를 제자들은 허들 게임을 하듯이 넘어선다. 스데반의 설교_(7장)는 예루살렘 성전을 이교 신전으로 묘사한다._(행 7:48)

⑷ 복음은 지리적, 인종적 경계선을 뛰어넘는다. (9-10장)

⑸ 복음은 유대인의 반대와 이방 무속 신앙의 반대를 극복한다. (1차

⑹ 복음은 가이사의 통치영역을 전복시킨다는 정치적 혐의로 고소를 당한다.

⑺ 복음은 당대 그리스 철학의 양대 산맥과 논쟁을 한다.(바울의 아레오바고 변증)

⑻ 복음은 당시 로마 황제 숭배와 이교 제의의 핵심인 에베소를 뒤흔들어 놓는다. (19장)

⑼ 바울은 전염병으로 취급을 받는다. (24:5)

⑽ 복음전도자 바울은 유대 사회가 감당할 수 없는 존재가 된다. (21-26장)

⑾ 바울은 바다도 어떻게 할 수 없는 존재이다. (27장)

사도행전에서 읽는 변혁적 제자도는 무엇인가?

1) 제자는 체제 순응적인가? 전복적인가? 성령을 받은 초기 그리스도인들은 유대 사회의 기존 가치와 체제에 순응하지 않았다. 이는 무조건 반항적이어서가 아니라, 그 가치와 체제가 토라와 예수의 하나님 나라에 맞지 않았기 때문이다. 무엇보다도 성령을 통해 드러나시는 하나님의 통치와 결이 맞지 않았기 때문이다. 예수의 복음을 들고 로마 세계에 도전한 바울은 로마 제국의 체제에 순응, 침묵, 동조, 활용하였는가?

바울은 열심당원으로서 자신의 이전 행동으로부터 돌이켜서 복음 전도자가 되었다. 바울에게는 그 열정ʒῆλος을 하나님 나라를 위해서 방향 설정하였다. 그리고 로마 세계를 열심당원처럼 정치적, 군사적으로 전복시키는 것이 아니라, 복음의 가치 혁명으로 전복시키기 위해 전략을 바꾼다.

어쩌면 하나님 나라가 누룩과 겨자씨와 같다는 점을 바울 사역에서 가장 잘 볼 수 있다. 역사적으로 진정한 제자도가 있는 곳에는 변혁이 일어났다. 변혁적 제자도는 바벨탑을 쌓는 제국에 저항한다.

2) 제자는 죽음을 두려워하지 않고 '파레시아' 권력 앞에 진리를 담대하게 말하다를 실천한다. 제자들은 유대 지도부나 로마 권세자들에게 매우 정중하지만, 결코 굴종적이지 않았다.

3) 제자는 성령 공동체이다. 성령은 방언을 중심으로 은사를 주시지만, 본질은 체제 변혁적이다. 한국 오순절 운동은 철저하게 체제 순응적이다.

4) 제자는 한계를 돌파하기 위해, 안정된 곳에 머물지 않고 움직인다. 초기 교회는 성령이 임했음에도 불구하고 예루살렘 중심성이었다. 스데반은 그 중심성을 무너뜨리는 선교신학을 역설하다 순교를 당한다. 열 두 제자들은 고넬료 사건 이후에 모두 순회 선교사로 활동한다. 예루살렘 교회의 지도력은 12장로 체제에서 12 장로 체제

로 전환된다. 제자들이 가는 곳에서는 문화 속의 장벽들과 편견들이 무너지기 시작했다

5) 선교는 이스라엘의 역사 안에서 드러난 창조주 하나님의 이야기이며, 예수 그리스도의 십자가 죽음과 부활, 승천에서 그 절정을 이룬다. 이 이야기는 특정 민족이나 부족의 전승이 아니라, 모든 피조 세계가 들어야 할 창조주의 이야기다. 따라서 선교는 이 이야기를 통해 각 민족과 족속, 방언과 나라의 건국 신화와 기원 이야기에 도전하고 그것을 전복하여, 창조주 하나님을 예배하고 하나님 나라의 백성이 되도록 초대하고 변화시키는 사역이다.

[소그룹 토의를 위한 질문]

1. 주변부의 반란과 가치 혁명을 통해 하나님 나라^{희년 사회}가 하늘에서와 같이 땅에서도 이루어진다면, 우리의 삶에 어떤 도전을 주는가?

2. 나사렛 선언^{눅 4:18-20}에서 선포된 희년 사상에 대한 비전은 누가-행전에서 어떻게 펼쳐지는가?

3. 1세기 당시 다방면으로 복음이 전파되고 있는 가운데, 누가-행전의 전체 구도^{나사렛에서 예루살렘 그리고 로마로}의 진행은 어떤 의의가 있는가? 즉, 통상적으로 사도행전을 복음의 서진 또는 확장으로 보지만, 하나님이 바울을 선택하신 시기와 목적은 분명히 로마 제국 이데올로기에 대한 대항을 염두에 두고 있다. 이는 단지 교회의 성장론에 맞춰 누가-행전 읽기를 경

계하도록 변혁적 성경 읽기는 요구한다.

4. 제자도의 측면에서, 누가복음의 여행기사와 사도행전의 바울 사역은 어떤 측면에 도전을 주는가? 누가-행전은 단지 종교적인 문제를 다루는가? 아니면 인간 세계에 대한 통전적 시각을 제시하는가?

5. 사도행전은 성령을 받은 공동체는 파레시아^{권력 앞에 진리를 담대하게 말하다}를 실천한다. 그러면 오늘날 우리는 무엇을 어떻게 말해야 하는가?

6. 예수와 바울은 단지 종교적인 문제를 위해 헌신했는가? 하나님 나라를 위해 삶을 풀어냈는가?

7. 사도행전은 성장주의 담론에 많이 활용되어왔다. 변혁적 제자도로 누가-행전 읽기는 이런 담론과 어떤 차이점이 있는가? 서구의 선교가 지리적 확장사로 변형된 것이 누가행전 오독^{misreading}의 원인으로 볼 수 있는가? 그 치료책으로 누가행전 새로 읽기에 대한 가이드라인은 무엇인가?

3. 탈성장과 가치지향의 선교

이도영 목사(더불어숲동산)

1. 탈성장, 성장 없는 번영

코로나19 팬데믹은 우리에게 문명사적 전환이라는 거대한 시대적 과제를 던져주었다. 『코로나 사피엔스』인플루엔셜, 2020에서 정치경제학자 홍기빈 칼폴라니연구소 소장이 말하길, 코로나19로 말미암아 지구적 자본주의를 떠받쳐온 4개의 체제, 즉 산업의 지구화, 생활의 도시화, 가치의 금융화, 그리고 환경의 시장화가 근본부터 흔들렸다. 코로나19로 지구적 자본주의가 흔들리자 도리어 생태계가 회복되는 모습은 인류세가 곧 자본세라는 걸 보여주었다. 물론 코로나19 팬데믹은 해제되었고 우리는 안도의 한숨을 내쉬었다. 하지만 진정한 문제는 기후위기가 또 다른 코로나19를 계속해서 만들어 낼 것이라는 점이다. 『코로나19 이후 시대와 한국교회의 과제』새물결플러스, 2020에서 심각하게 언급하였듯이, 사실상 인류는 여섯 번째 멸절의 위기 앞에 있다. 전문가들은 기후변화로 말미암아 '자연재해'가 아니라 '대량 학살'이 일어날 것이라고 말한다. 이로 인해 지금 전 세계에서 '멸종 저항' 운동이 들불처럼 일어나고 있다.

코로나19가 던지는 문명사적 전환이라는 도전에 대한 응답은 근본적이고 급진적인 것이어야 한다. 한마디로 표현하면 그것은 '탈성장'이다. 자본주의의 핵심에 '성장'이 있기 때문이다. 자본은 스스로 자기 증식하는 가치이다. 자본주의는 교환가치, 즉 화폐의 증식을 위해 존재한다. 필요를 채우는 것이 목적이 아니라 가치를 증식하는 것 자체가 목적이다. 자전거 페달을 밟지 않으면 넘어지는 것처럼 성장하지 않으면 자본주의는 무너진다. 따라서 자본은 무한성장을 추구한다. '성장의 한계'가 없다. 무한성장만이 선善이다. 사회가 발전하고 기술 혁신이 일어나면 우리가 좀 더 편해질까? 전혀 그렇지 않다. 아무리 기술이 발달해도 자원을 더 많이 사용하게 된다. 아무리 부가 증가하고 기술이 발달해도 노동 강도는 더 강해진다. 성장이라는 정언명령은 아무리 부가 증가해도 만족하는 것이 아니라 더 큰 부를 창출하는 곳에 재투자해야만 하며, 아무리 기술이 발달해도 적은 시간에 같은 양의 일을 하는 것이 아니라 같은 시간에 더 많은 일을 하도록 만든다. 왜냐하면 국민의 행복이나 삶의 질이 아니라 성장 그 자체가 절대 진리이기 때문이다.

텍사스 대학 공공정책대학원LBJ School 연구교수 라즈 파텔Raj Patel과 미국 빙엄턴 대학 사회학과 교수 제이슨 무어Jason W. Moore가 『저렴한 것들의 세계사』에서 말한 것처럼, 무한성장은 모든 것들의 저렴화가 이루어져야 가능하다. 저렴한 자연, 저렴한 돈, 저렴한 노동, 저렴한 돌봄, 저렴한 식량, 저렴한 에너지 그리고 저렴한 생명을 통해 성장이 가능하게 되며 가장 기초가 되는 것이 '저렴한 자연'이다. '자연과 사회의 분리' 혹은 '자연과 문명의 분리'라는 이데올로기를 만들어내 마음껏 저렴한 자연을 수탈하는 것에서 자본주의는 시작되었고 저렴한 자연과 저렴한 노동을 얻기 위해 자본주의는 식민지를 개척할 수밖에 없었다. 식민화는 해외 인클로저인 셈이다. 더군다나 식민화는 외부화이기도 하다. 제국들은 식민지에 환경 부하까지 전가시킬 수 있었다. 자원은 수탈하고 환경 부하는 전가했다. 이것이 기후위기의 실상이다. 그러므로 성장 자체를 추구하는 성장주의를 벗어나 탈성장 패러다임으로 새로운 문명을 만들지 않으면 기후위기를 해결할 수 없다.

영국 지속가능개발위원회 경제위원인 생태경제학자 팀 잭슨Tim Jackson은 『성장 없는 번영』착한책가게, 2013에서 자본주의 사회가 결국 부채를 통해서만 유지되는 '부채사회'이기에 금융부채와 생태부채의 문제를 해결할 수 없고, 결국 사회와 생태계를 붕괴시키는 금융위기와 생태위기는 성장에 의해 발생하였으므로 성장 그 자체가 해결되지 않으면 안 된다고 말한다. 원죄와도 같은 성장주의를 벗어나지 않으면 진정한 번영을 이룰 수 없다. 이제 '성장이 곧 번영'이라는 공식을 '성장 없는 번영'으로 바꾸지 않으면 안 된다. '성장 없는 번영'의 길이 바로 '탈성장'이다. 바르셀로나 자치대학교 환경과학기술연구소 교수인 경제인류학자 히켈Jason Hickel은 『적을수록 풍요롭다』창비, 2021에서 다음과 같이 말한다. "탈성장은 땅과 사람 심지어 우리 마음의 탈식민화를 나타낸다. 커먼즈의 인클로저 해체, 공공재의 탈상품화, 노동과 삶의 탈집약화를 나타낸다. 인간과 자연의 탈물화를, 그리고 생태 위기의 가속화 중단을 나타낸다. 탈성장은 덜 취하는 과정으로부터 시작되지만 결국 가능성의 지평 전체를 열어젖힌다. 탈성장은 우리를 결핍에서 풍요로, 추출에서 재생으로, 지배에서 호혜로, 외로움과 분리에서 생명이 약동하는 세계와의 연결로 데려다준다. 결국 우리가 경제라고 부르는 것은 우리가 서로와 맺는, 그리고 생명세계의 나머지와 맺는 물질적 관계다. 우리는 스스로에게 물어야 한다. 이 관계가 어떠하기를 바라는가? 지배와 추출의 관계이기를 바라는가 아니면 호혜와 돌봄의 관계이기를 바라는가?"

2. 통전적 복음을 위한 재창조의 구원론

코로나19가 새롭게 던진 문명사적 전환이라는 도전 앞에 기독교도 근본적으로 변하지 않으면 안 된다. 영지주의화, 맥도널드화, 사사화privatization된 복음을 넘어 통전적인 복음을 회복해야 한다. 생태정의 평화의 가치를 실현하는 복음의 공공성을 회복해야 한다. 특히 자연과 문화, 인간과 비인간, 주체와 객체의 이분법을 넘어서 전일적이고 생태주의적인 세계관을 적용할 수 있는 총체적인 구원관을 회복해야 한다. 이를 위해 구원을 '재창조'로 이해할 필요가 있다. 서방기독교의 '창조-타락-구속' 구도와 동방기독교의 '창조-성육신-재창조' 구도를 통합해야 한다. '창조-문화명령-타락-소小재창조-족장-출애굽-이스라엘-바벨론유수-성육신-공생애-십자가-부활-선교-재창조'라는 하나님의 구원 이야기의 구조로 확장해야 한다.

주님은 우리를 죄의 결과에서 건지시기 위해 오셨을 뿐 아니라 무엇보다 재창조를 위해 오셨다. 재창조란 하늘과 땅이 만나는 일이다. 재창조는 온 우주가 하나님이 거하는 지성소가 되는 사건이요, 그것은 곧 하늘과 땅의 온전한 연합이다. 재창조를 통해 처음 창조의 목적이 온전히 성취된다. 인간과 비인간 동물, 비유기체 물질 모두를 포함한 온 우주가 성령을 통해 그리스도 안에서 영화롭게 된다. 주님은 바로 그 재창조를 성육신을 통해 먼저 선취하셨다. 예수님의 성육신 자체가 재창조다. 성육신은 하늘과 땅이 만나는 경이로운 사건이다. 첫 아담의 궁극적 목적인 마지막 아담 안에서 하늘과 땅이 온전히 만났다. 첫 아담의 창조 자체가 하늘과 땅의 연합으로서 마지막 아담을 예표하고 지향한다. 마지막 아담 안에서 첫 창조의 목적이 성취된다. 성육신 안에서 온 우주는 성례전이 된다. 예수 안에서 하늘과 땅이 만났기 때문에 주님의 재림 때에 새 하늘과 새 땅도 온전히 연합하게 된다.

성육신 자체가 하늘과 땅의 연합이지만 주님의 공생애와 십자가와 부활이 그것을 실체적이고 가시적으로 성취했다. 십자가에서 창조질서를 왜곡하고 우상숭배와 불의를 저지르도록 만드는 정사와 권세의 정체가 밝히 드러나고 궁극적으로 패배하면서 공평과 정의, 생명과 평화, 자유와 기쁨의 나라가 출범하였다. 새 창조가 세상 한 가운데로 도래하였다. 피조물 전체를 위한 사건인 부활은 십자가의 확증이요 성육신의 절정이자 창조의 완성이며 종말의 첫 열매이자 전피조물의 변형의 시작이다. "하늘에 있는 것이나 땅에 있는 것이 다 그리스도 안에서 통일되게 하려 하심이라"엡 1:10 이처럼 우리의 복음은 재창조의 복음이다.

"너희는 온 천하에 다니며 만민에게 복음을 전파하라"막 16:15에서 만민으로 번역한 단어는 영어로 'all creation'이다. 주님은 모든 창조물들에게 복음을 전파하라고 말씀하셨다. 왜 그럴까? 바울이 로마서 8장에서 말하는 것처럼 피조물도 썩어짐의 종노릇 한 데서 해방되어 하나님의 자녀들의 영광의 자유에 이르기를 바라고 있는데 예수 그리스도를 통해 이사야 11장의 비전이 성취되었으니 그 기쁜 소식은 만민뿐만이 아닌 만물에게 선포되어야 했다. 그렇기에 바울은 골로새서 1:23에서 이렇게 말한다. "이 복음은 천하 만민에게 전파된 바요 나 바울은 이 복음의 일꾼이 되었노라" 여기 천하 만민도 'every creature'이다. 복음은 모든 피조물을 위해 성취되었고 모든 피조물에게 선포되었다.

교회는 '재창조'의 복음을 받아들이고 실천해야 한다. 교회는 그리스도의 몸일 뿐 아니라 에베소서 2:19 말씀처럼 '하나님의 집'이다. 여기서 '집'은 그리스어 '오이코스oikos'이다. 오이코스는 경제학economic, 생태학ecology 그리고 세계성ecumenics의 어원이다. 그러므로 하나님의 집은 경제학과 생태학 그리고 세계성을 함께 연결시키는 중요한 은유이며 그렇게 이해할 때 교회의 정체성을 통전적으로 이해할 수 있다. 하나님의 집으로서의 교회는 경제적이고 생태적이며 세계적인 실천을 할 수밖에 없는 정체성을 가지고 있다. 하나님의 집으로서의 교회는 경제적인 정의와 생태적인 전환과 세계적인 평화를 드러내는 선교적 사명을 감당해야 한다.

미국 그리스도연합교회UCC의 기후변화 전국 대변인인 짐 안탈Jim Antal이 『기후 교회』생태문명연구소, 2019에서 말한 것처럼 이를 실천하기 위해서는 생태적 사고방식으로의 전환을 위한 '황금률 2.0'이 필요하다. '황금률 2.0' 버전은 '이웃의 범위를 넓히는 것'이다. 지금 당장 내 눈앞에 있는 상처입고 소외된 이웃만이 아니라 당장은 보이지 않는 존재나 비인간과 비유기체까지 포함해야 한다. 첫째, 이웃의 범위에 미래 세대를 포함시켜야 한다. 둘째, 이웃의 범위에 만물을 포함시켜야 한다. 이제 교회는 "황금률 2.0"을 실천하는 녹색교회 기후교회 생태교회가 되어야 한다.

3. 탈성장 선교적 교회

무엇보다 교회는 '성장주의'를 벗어나 '탈성장 교회'가 되어야 한다. '탈성장 교회'는 탈성장 담론을 받아들이고 실천하는 교회이다. '탈성장 교회'는 성장하고 싶은데 성장하지 못한 교회나 성장할 수 없어서 성장을 포기한 교회가 아니다. 혹은 '역逆-성장', 즉 마이너스 성장을 주장하는 교회가 아니다. 탈성장교회는 말 그대로 '성장주의를 벗어난 교회'다. 탈성장 교회는 성장 자체를 반대하는 것이 아니라 '성장의 한계'가 필요하다고 말한다. 적당히 성장하였으면 질적 성숙의 단계로 나아가야 한다. 한국사회와 마찬가지로 한국교회도 실상 성장주의의 산물이다. 성장주의야말로 한국교회의 다양한 차원을 설명해주는 핵심 키워드다. 강남형 교회나 강북형 교회를 통틀어 성장주의적이지 않은 교회는 없을 것이다. 한국교회에는 두 부류의 교회밖에 없다고 한다. '대형교회와 아직 대형교회가 되지 못한 교회!' 바로 그 기독교가 지금 위기를 맞고 있다. 그렇다면 이제 완전히 새로운 패러다임을 가지고 새로운 길을 모색해야 하지 않을까? 한국교회를 떠받치고 있는 성장주의를 벗어나지 못하면 결코 교회의 본질을 회복할 수 없다.

규모의 차원에서 말하자면, 작은 교회들은 다양한 형태의 '공유교회'를 만들어가야 하고 중대형교회들은 분립 등을 통해 의도적으로 규모를 줄일 수 있는 만큼 줄여 가면서 '적정 교회'를 만들어가야 한다. 『탈성장 교회』새물결플러스, 2023에서 말한 것처럼 일차적으로 '적정 교회'는 자립이 가능하고 교육체계를 갖추고 복음의 공공성을 실천하기에 충분하며 공동체의 지속가능성을 유지할 수 있는 규모를 말하며, 넓은 의미에서는 모든 교회가 탈성장의 방향으로 나아가며 규모를 줄여나가되 각 교회의 형편에 맞게 단계적인 과제를 위해 적정 규모를 유지하는 교회를 말한다. 교회론적 차원에서 말하자면, 탈성장 교회는 성장주의를 벗어나 가치지향적인 선교를 하는 교회를 뜻한다. 즉 '선교적 교회missional church'를 말한다. 『페어 처치』새물결플러스, 2017에서 말한 것처럼 선교적 교회는 강북교회나 강남교회 패러다임을 넘어서는 제3의 대안으로 제시되었다. 이제 한국교회는 단순한 선교적 교회를 넘어 '탈성장 선교적 교회'가 되어야 한다. '탈성장 선교적 교회'란 공교회성과 공동체성과 공공성을 실천하는 교회이되 "탈성장 담론"을 적극적으로 수용하는 교회를 뜻한다.

4. 탈성장 교회가 추구하는 생태·정의·평화라는 가치

탈성장 교회의 실천은 생태·정의·평화라는 세 가지 가치로 드러날 것이다. 코로나19 이후 시대는 생태적 문명으로의 전환이 요청될 것이고, 이전과는 다른 좀 더 급진적인 정의가 주장될 것이며, 실제 세계역사의 중심이 오리엔트였고 적게는 근대의 1~200년 많게는 2~300년 정도만 서방이 동방을 압도하였지만 최근 다시 오리엔트가 역사의 중심으로 복귀하고 있는 '리오리엔트ReORIENT', 유럽과 영미에 새롭게 대두되고 있는 '신극우주의', 정치적 입장에 따라 극단적 분열로 치닫고 있는 '정치적 부족주의', 세계 3차 대전으로 몰고 갈지도 모르는 '신냉전' 등으로 인한 극한 대립의 상황에서 참 평화의 가치가 요청될 것이기에 여기에 책임 있게 응답하는 교회가 되어야 한다.

1) 생태를 위해서는 교회가 녹색교회 기후교회 생태교회로서 구체적인 대안을 보여주어야 한다. 교회 건물을 재생에너지 시스템으로 바꾸고, 교회 내에 환경위원회와 환경선교사를 세우고, '지구돌봄서클' 같은 다양한 교육모임을 만들어 생태적 사고에 대해 배우며, 여건이 된다면 환경 운동 단체를 만들고, 생태마을이나 생태도시를 만들기 위한 친환경활동을 하고, 주보를 없애거나 재생용지를 사용하고 일회용품 사용을 금지하며 음식을 남기지 않고 로컬 푸드를 이용하는 등 교회 문화를 바꿔 나가야 한다. 농-도 연결망을 통한 '녹색마켓'을 개교회 혹은 교회들의 연합으로 만들어 내고, 동물권 운동이나 채식주의 운동을 펼치며, '플라스틱 프리 운동'을 펼치거나 환경주일예배를 드리거나 창조절기를 지키거나 지구를 위한 기도를 생활화해야 한다. '공유 냉장고', '공유찬장', '그릇도서관', '텀블러도서관', '무포장가게'나 '제로 웨이스트 카페'를 운영할 수 있다. 사순절을 맞아 '경건한 40일 탄소금식'을 실천하거나 4월 22일 지구의 날에서 6월 5일 환경의 날까지 45일간 진행되는 '마을에서 지구를 생각하는 한걸음'을 지역단위로 진행할 수 있다.

'공장식 축산' 문제와 환경오염까지 유발하는 '종차별주의'를 넘어서 고통을 느끼는 존재들에 대한 '평등한 고려'뿐 아니라 약자와 상처입기 쉬운 존재들에 대한 도덕적 우선순위를 가지는 '관대함의 윤리'와 '돌봄의 윤리'와 '모두를 위한 정의'를 주장하는 동물권 animal rights, 비인간 사물과 물질의 행위성, 생동성, 능동성, 횡단성, 창조성을 인정하는 신유물론neomaterialism, 그리고 과학과 기술에 의해 창조되는 사물들을 위한 정치적 대표를 인정하여 민주주의를 사물에까지 확장하는 '사물의 의회'Parliament of Things를 통한 지구정치 cosmopolitics에 대한 도전까지 수용하는 녹색교회 기후교회 생태교회가 되어야 한다. 제러미 리프킨이 『회복력 시대』민음사, 2022에서 제시한 '생태 지역 거버넌스' 모델인 '분산형 동료 시민 정치peerocracy', 추첨에 의한 선발된 시민의회, 윤번제, 감시제도, 추첨으로 선출된 공무원, 국민투표, 국민발안, 국민 소환, 마을공화국 등을 실현하는 참된 민주주의로서의 아나키즘Anarchism, 그리고 헬레나 노르베리-호지가 『로컬의 미래』남해의봄날, 2018에서 제시한 "내가 걸어서 갈 수 있는 곳에 내가 원하는 모든 것이 다 있는 마을을 만들고 싶다."라는 말로 대표되는 "로컬의 미래"를 책임지며 지역생태계와 교회생태계를 함께 살리는 "마을 커뮤니티 센터"의 역할을 해야 한다.

2) 정의를 위해서는 기본소득과 기본자산과 최고임금에 대한 고민을 해야 한다. 기본소득은 한마디로 소득 및 자산 조사를 하거나 근로 여부를 따지지 않고 모든 구성원에게 정기적으로 일정 현금을 지급하는 제도다. '기본자산'에 대한 고민도 시작해야 한다. 피케티

도 『21세기 자본』의 후속작 『자본과 이데올로기』문학동네, 2020에서 불평등 해소를 위해 정부가 모든 젊은이에게 종자돈을 주자는 도발적인 주장을 내놨다. 25세가 되는 모든 남녀에게 성인 1인당 평균 자산의 60%인 12만 유로약 1억 6,000만원를 지급하자고 했다. '최고임금'은 원천적으로 최고임금 이상의 소득을 인정하지 않거나 최고임금 이상의 소득을 인정하되 그것에 100% 최고과세를 적용하는 방법 등을 사용할 수 있다. 샘 피지개티는 『최고임금』루아크, 2018에서 최고임금에서 가장 중요한 것이 최저임금과 최고임금을 연동하는 것이라고 말한다. 최저임금과 최고임금의 비율을 정함으로써 상한선을 제한하는 법을 제정하여 중산층을 확대하고 불평등의 구조를 해소하도록 만든다. 불평등을 일으키는 경제를 '바꿀 수 없는 상태'이자 '주어진 상태'로 간주하고 재분배 정책을 나중에 펴지 말고, 부의 '재분배'가 아니라 부의 '사전분배'를 통해 부의 불평등을 예방하여야 한다. 교회는 이상의 가치를 공동체 내에서 현실과 형편에 맞게 먼저 실천해보아야 한다.

무엇보다 탈성장 마인드로 정의를 실천해야 한다. 에코페미니즘의 자급적 관점과 탈성장 코뮤니즘과 물질이나 비물질적인 것을 인간 집단이 공동으로 관리하는 특별한 사회관계 양식인 커먼즈와 생태 사회주의 등의 도전을 적절하게 수용하는, 많이 거둔 자도 남음이 없고 적게 거둔 자도 모자람이 없는, 초대교회처럼 진정한 자유와 해방, 소통과 하나됨 그리고 유무상통의 모습을 실현하는 '절대공동체'가 되어야 한다. 무엇보다 돌봄의 공동체를 세워야 한다. '더 케어 콜렉티브'가 『돌봄 선언』니케북스, 2021에서 말하는 것처럼 이제 보편적 돌봄을 이야기해야 할 때이다. 보편적 돌봄은 돌봄을 삶의 모든 수준에서 우선시하며 중심에 놓고, 직접적인 대인 돌봄뿐 아니라 공동체를 유지하고 지구 자체를 유지하는 데 필요한 모든 종류의 돌봄에 대해 모두가 공동의 책임을 지는 사회적 이상을 말한다. 낸시 폴브레가 『보이지 않는 가슴』또하나의문화, 2007에서 말한 것처럼 이제 우리는 '보이지 않는 손'이 아닌 '보이지 않는 가슴'을 생각해야 한다. 교회는 '보이지 않는 가슴'으로 이루어지는 돌봄사회를 실현하는 '지역 돌봄 공동체'가 되어야 한다.

3) 평화를 위해서는 리오리엔트, 좌파와 우파의 균형, 신냉전과 세계의 평화에 대해 고민해야 한다. 전 세계는 '리오리엔트', '신극우주의', '정치적 부족주의', '신냉전' 등으로 몸살을 앓고 있다. 가자-이스라엘 전쟁, 우크라이나 전쟁 뿐 아니라 전 세계 곳곳에서 극단적인 대립과 분열과 혐오가 과잉 실행되고 있다. 더군다나 한반도는 대륙세력과 해양세력, 인도양시스템과 태평양시스템, 사회주의와 자본주의, 서방과 동방이 충돌하는 지정학적 위치에 있다. 그렇기에 한국교회의 사명은 분명하다. 기독교는 십자가의 종교인 동시에 부활의 종교다. 십자가와 부활은 에스겔서 37장의 '마른 뼈의 환상'과 '두 막대기의 환상'의 성취이다. 십자가와 부활을 통해 헬라인과 유

대인, 자유자와 종, 남자와 여자가 하나 되며, 막힌 담이 헐리고 대적하던 두 세력이 '한 새사람'이 된다. 십자가와 부활을 믿는 교회는 어떻게든 한반도에 평화체제를 구축해야 하고, 한반도의 평화를 넘어 동북아의 평화체제를 구축하는 방향으로 나아가야 하며, 리오리엔트 추세에서 중심적 역할을 해야 하고, 더 나아가 세계 평화에 기여할 수 있어야 한다. 뿐만 아니라 정의로운 사회와 생태친화적 문명을 이루는 동시에 서구와 동구만이 아니라 서방과 동방을 아우르는 비전을 제시해야 한다. 한국교회가 공교회성과 공공성과 공동체성을 회복하지 않으면 안 되는 이유이기도 하다.

한국 사회는 내적으로도 큰 분열과 대립을 경험하고 있다. 이럴 때일수록 '아디아포라'와 '중용'의 정신을 실현하여 하나 되도록 하는 미학적인 교회가 되어야 한다. 미학적 능력이란 다름을 수용하는 능력이자 타자를 수용하는 능력이다. 기존의 것도 아니면서 그것을 부정하는 것도 아닌, 동일하지도 않으면서 반대도 아닌, 정체불명의 삶이면서 기존의 것들을 매력적으로 견인해내고 변용시키는 능력이다. 그것은 곧 서로 대립되어 있는 사람들을 한 새사람이 되게 하는 능력이다. '미학적 능력'을 회복할 때 교회는 '상식의 중간지대'가 될 수 있다. 조선희 작가가 『상식의 재구성』한빛비즈, 2021에서 말한 것처럼 독일 사회는 넓은 시야를 가지고 다양한 논의를 거쳐 사회적 합의에 이른다는 것을 경험한 사회, 즉 상식의 중간지대를 두텁게 가진 사회이다. 십자가와 부활을 믿는 교회야말로 '상식의 중간지대' 역할을 가장 잘할 수 있는 곳이다. 교회는 공동체와 사회로 하여금 분열과 대립을 넘어서게 하여 정치적 부족주의로 분열된 좌파와 우파를 하나 되게 하고, 산업화 세대와 민주화 세대와 MZ 세대를 하나 되게 하며, 이대남과 이대녀를 하나 되게 할 수 있다. 교회는 계급이나 계층, 신분이나 인종, 지역이나 국가, 재산이나 직업, 학벌이나 세대, 젠더나 장애의 영역과 차원에서 차별과 배제, 분열과 분쟁 없이 하나 되게 하는 '상식의 중간지대'가 되어야 한다. 상식의 중간지대로서의 교회공동체를 세우는 것이야말로 '모두를 위한 마을'을 만드는 전략이자 유기체가 생존 가능성을 높이기 위해 자신의 주변 환경을 변화시키는 과정인 '적소 구축niche construction'의 전략이다.

4. INFEMIT와 변혁적 제자도 Mission as Transformation

알 티존 교수(Al Tizon, 노스팍신학대학원)

2024년 베디아코 포럼의 주제는 '다시 상상하는 변혁적 선교: 선교와 복음의 상상력'Re-imagining Mission as Transformation입니다. 이것은 INFEMIT 40주년을 기념하기 위해 정해진 것입니다. 먼저 INFEMIT의 역사적인 신학 여정을 돌아보고자 합니다.

20세기 대부분의 개신교 신학자들과 선교사들 사이에는 격렬한 논쟁이 있었습니다. 교회의 사명은 세계 복음화입니까, 아니면 사회적 긍휼, 평화, 정의, 해방입니까? 이 논쟁이 북미에서 폭발적으로 격화되는 동안, 서구 선교운동은 이 논쟁을 전 세계로 확산시키는 데 일조했으며, 선교사들이 가는 곳마다 복음전도와 사회적 관심 사이의 논쟁이 있었다. 그렇다면 거의 100년에 걸친 논쟁 끝난 지금 '교회의 선교'란 전도인가요 아니면 사회적인 관심인가요? 1980년대 전 세계의 진보적인 복음주의 선교 신학자들의 답은 "네"였습니다. 이 진보적 복음주의자들은 양측의 논쟁에 도전하면서 보다 총체적으로 사고하고 실천하도록 이끄는 '둘 다/그리고'라는 선교 패러다임을 발전시키는 운동을 촉발시켰습니다.

1. 변혁으로서의 선교: 신학적 역사

이 신학자들은 이 패러다임을 설명하기 위해 "변혁transformation"이라는 용어를 사용했습니다. 이 말은 1983년 일리노이주 휘튼Wheaton에서 열린 협의회에서 "인간의 필요에 대한 교회의 대응The Church in Response to Human Need"이라는 세 가지 주요 트랙 중 하나에서 나온 것입니다. 협의회 최종 문서인 '휘튼 83 성명서'에 따르면, "변혁transformation이란 하나님의 목적에 반하는 인간 존재의 상태에서 벗어나 사람들이 하나님과 조화를 이루며 충만한 삶을 누릴 수 있는 상태로 변화하는 것을 의미합니다."1

물론, "변혁"이라는 단어를 독점할 사람은 아무도 없으며, 이 단어는 다양한 그룹에서 다양한 방식으로 사용됩니다. 이들 복음주의 선교 신학자들편의상 변혁주의자라고 부르겠습니다의 변혁에 대한 이해는 변혁이 시작된 이래로 발전해 왔습니다.2 그것은 사회 윤리에 대한 성찰을 통해 나타났으나 나중에는 총체적 선교학에 대한 성찰로 확

---

1) 'Wheaton'83: Statement onTransformation', in Vinay Samuel and Chris Sugden (eds), *The Church in Response to Human Need* (Oxford, UK: Regnum and GrandRapids, MI: Eerdmans, 1987), p. 257.

2) 1983년 이후 변혁의 정의에 대한 발전은 ChrisSugden, 'Transformational Development: Current state of understanding and practice', *Transformation* 20.2 (April 2003), pp. 70-72.을 참조.

장되었습니다. 그 결과 '변혁'에서 '변혁으로서의 선교'로 명칭이 확장되었습니다.[3]

이 운동의 초기 주요 인물로는 아시아의 비나이 사무엘Vinay Samuel과 멜바 맥게이Melba Maggay, 라틴 아메리카의 사무엘 에스코바르 Samuel Escobar와 르네 파딜라Rene Padilla, 아프리카의 크와메 베디아코 Kwame Bediako와 데이비드 기타리David Gitari, 동유럽의 피터 쿠즈믹 Peter Kuzmic, 서유럽의 크리스 숙덴Chris Sugden, 북미의 로널드 사이더 Ronald Sider와 미리암 애드니Miriam Adeney 등이 있습니다.

이들과 세계 각지에서 증가하는 학자-실천가들은 "해방 없는 복음화, 구조의 변화 없는 마음의 변화, 하나님과 사람 사이의 수직적 화해 없이 사람들 간의 수평적 화해, 공동체 형성 없는 교회 개척"을 이해하기를 거부합니다. 그들은 이와 같은 총체적 선교 이해의 원천이자 추진력으로 하나님의 통치 또는 하나님 나라의 성경적 패러다임을 지목합니다.[4]

비나이 사무엘Vinay Samuel은 1999년에 "변혁"의 정의를 업데이트하며 다음과 같이 썼습니다. "변혁이란 사회, 경제, 영적 모든 관계

---

3) Vinay Samuel, 'Missionas Transformation', in Vinay Samuel and Chris Sugden (eds), *Missionas Transformation* (Oxford, UK: Regnum, 1999), p. 228.

4) 일부 신학자들은 '왕국'이 '하나님 나라'라는 광범위한 성경적 현실이 반드시 전달하려는 의도가 아니었다는 이유로 '왕국'이라는 용어 대신 '통치'라는 용어를 사용해야 한다는 주장을 펼쳤다. 이에 대한 자세한 내용은 MortimerArias, Announcing the Reign of God (Minneapolis,MN: Fortress, 1984), p. xvi.을 참조하라. 이 연구에서는 더 친숙한 '하나님 나라'가 변혁 문헌을 압도하기 때문에 나는 그것을 유지하기로 선택했다.

에서 하나님의 사회에 대한 비전이 실현되도록 하여, 하나님의 뜻이 인간 사회에 반영되고 그의 사랑이 모든 공동체, 특히 가난한 이들에게 경험되도록 하는 것입니다.⁵"

변혁주의자들이 왜 그 시점에서 선교를 재구상할 필요를 느꼈는지를 이해하는 것이 중요합니다. 당시 복음주의 교회 안에 사회적 성격을 띤 사역은 부차적이었고, 명백한 우선순위는 복음 전도에 있었습니다. 일부 복음주의 지도자들은 사회 사역을 복음의 "진정한" 사역, 즉 세계 복음화의 방해물로까지 취급했습니다. 그러나 변혁주의자들은 이러한 한쪽으로 치우친 선교학에 점점 더 불만을 느끼며, 복음 전도사역을 포기하지 않으면서도 사회적 이슈를 진지하게 다루는 새로운 형태의 선교를 모색하기 시작했습니다.

그들은 말씀과 행위, 개인과 사회, 육체와 영혼이 교회의 선교 영역을 구성하는 보다 총체적이고 통전적인 신학과 선교 실천을 추구했습니다. 공동의 노력을 극대화하기 위해 이들은 조직을 결성하고 국제 복음주의 선교신학자 협의회International Fellowship of Evangelical Mission Theologians, INFEMIT를 창립했습니다. 2009년, 2세대 지도자들은 이름을 변경할 필요성을 느끼고 변혁으로서의 선교를 위한 국제 협의회International Fellowship for Mission as Transformation라는 이름을 채택했습니다. 이는 선교신학자를 넘어 더 넓은 기반을 아우르는 명칭이었

---

5) Vinay Samuel quoted in Chris Sugden, "Mission as Transformation Journey Since Lausanne I," in Holistic Mission: God's Plan for God's People, eds. Brian Woolnough and Wonsuk Ma (Oxford, UK: Regnum, 2010), 33.

으나, 약어는 그대로 유지되었습니다.

세계 복음주의 선교 공동체의 의제에 긍휼과 정의를 회복할 필요성이 내부적 동인으로 작용하여 변혁으로서의 선교가 형성되었다면, 외부적 동인은 해방신학의 도전이었습니다. 해방신학은 1960년대 후반과 70년대 초반에 전 세계에 큰 반향을 일으켰으며, 그 지속적이고 광범위한 영향력은 오늘날까지 교회에 지침을 제공하고 있습니다.

이 새로운 운동이 가장 활발하게 성장한 곳은 남미의 혁명적 토양이었고, 1968년 콜롬비아 메데인에서 열린 가톨릭 주교회의에서 두각을 나타냈습니다6. 우리가 지금 콜롬비아 메데인에서 변혁으로서의 선교Mission as Transformation 40주년을 기념하고 있는 것도 결코 우연이 아닙니다. 이 운동은 라틴아메리카의 로마 가톨릭교회에서 시작되었지만, 해방의 비전은 교파나 국가의 경계를 넘어서 모든 전통—가톨릭, 정교회, 에큐메니컬, 복음주의, 오순절주의—에서 영향을 미치고 그 모습을 드러냈습니다.

많은 사람들이 해방신학의 창시자로 여기는 구스타보 구티에레즈Gustavo Gutierrez는 해방신학의 시도를 다음과 같이 정의합니다. "불의를 철폐하고 새로운 사회를 건설하겠다는 헌신에 기반하여 기독교 신앙의 경험과 의미를 성찰하는 것; 이 신학은 그러한 헌신의 실천과 착취받는 사회 계층이 억압자에 맞서 벌이는 투쟁에 적극적으

---

6) C.Smith, The Emergence of Liberation Theology, pp. 150-164.

로 참여함으로써 검증되어야 한다7."

대다수 복음주의자들은 해방신학을 자유주의적이고, 마르크스주의적이며, 이단적인 신학으로 쉽게 거부했지만, 변혁주의자들은 가난하고 억압받는 자들에 대한 해방신학의 헌신을 수용했습니다. 그들은 이러한 헌신이 단순히 성경과 일치할 뿐만 아니라, 성경의 중심적인 가르침이라고 보았습니다.

그러나 변혁주의자들은 당시 주장되던 해방신학을 온전히 수용할 수는 없었습니다. 만약 그랬다면, 그저 해방신학 운동에 합류하는 문제에 불과했을 것입니다. 그들이 한 일은 "변혁"이라는 용어로 표현되는 새로운 패러다임을 구축하는 것이었습니다. 이 패러다임은 복음 전도와 가난한 자들에 대한 우선적 선택을 결합한 것으로, 로널드 사이더가 도발적으로 "복음주의적 해방신학"이라고 불렀습니다. 이 명칭이 유지되었다면, "변혁으로서의 선교Mission as Transformation"라는 용어와 서로 교환 가능했을 것입니다

2. 변혁으로서의 선교의 특징

이 운동의 신학적 윤곽을 규정하는 여덟 가지 핵심 특징 또는 가치들을 간략히 소개하겠습니다. 이 가치들 중 일부는 처음부터 명확하게 표현되지 않았을 수 있지만, 초기부터 분명히 작동하고 결정적인 역할을 했습니다. 이러한 특징들은 설명적이면서도 지향적입니

---

7) Gustavo Gutierrez, A Theology of Liberation, p. 307.

다. 즉, 변혁주의자들의 이상적인 모습을 묘사하지만, 현실에서는 항상 그렇게 이루어지지는 않는다는 점을 감안해야 합니다.

1) 관계 지향(Relational)

첫 번째 특징은 관계에 대한 헌신입니다. MT변혁으로서의 선교는 본질적으로 관계적입니다. 즉, 관계나 우정이 복음의 핵심이며, 따라서 복음 선교의 핵심이라는 확신 위에 세워져 있습니다. 만약 우리가 선교에서 성과라고 여기는 것이 조직 내에서나 파송된 문화와의 관계 단절을 초래한다면, 그 과정에서 무언가 잘못된 것입니다. 이는 우리가 선교의 본질을 놓친 것과 다름없습니다.

이 관계에 대한 헌신은 사람을 과업보다, 우정을 전문성보다 우선시합니다. 또 다른 방식으로 표현하면, 우리가 참여하는 사역과 프로젝트는 풀뿌리 공동체를 섬기기 위한 것이지, 그 반대가 되어서는 안 된다는 뜻입니다. 만약 풀뿌리 공동체의 사람들이 조직을 보호하거나 유지하기 위해 섬겨야 한다는 부담을 느끼게 된다면, 그 순간부터 선교의 본질은 점차 관료화의 고착된 냄새로 대체되고 맙니다.

INFEMIT의 "F"는 항상 "교제Fellowship"를 의미해 왔습니다. 우리는 네트워크, 조직, 파트너십, 혹은 비영리단체 이전에 교제 공동체입니다. 즉, 우리는 하나님과 서로에 대한 사랑 속에서 성장하는 예수님의 제자들로 이루어진 세계적 공동체입니다.

2) 영성(Spiritual)

MT의 두 번째 특징은 영적 기초에 있습니다. 제 메모에서 "Spiritual"을 대문자로 쓴 이유는 중요한데, 이는 단순히 영적인 상태에 대한 일반적인 개념이 아니라 성령님을 가리키기 때문입니다. MT는 성령의 인도하심을 따르려 하며, 이는 적어도 두 가지 방식으로 이루어집니다.

첫째로, 변혁주의자들은 예배와 선교가 동일한 동전의 양면과 같다고 이해합니다. 이 둘은 마치 큰 계명의 두 사랑처럼 분리될 수 없습니다. 예배가 하나님께 대한 우리의 사랑의 헌신을 표현한다면, 선교는 가까이 있는 이웃과 멀리 있는 이웃에 대한 우리의 사랑을 표현합니다. 이웃을 사랑하는 것즉, 선교를 실천하는 것은 하나님을 향한 사랑이 성장하지 않고서는 불가능합니다. 또한, 아모스 5:21-24와 같은 구절에서 알 수 있듯이, 정의와 공의를 실천하지 않는 예배는 하나님을 분노하게 합니다. 변혁주의자들은 선교적 영성이라고 부를 수 있는 것을 계발합니다.

둘째로, 변혁주의자들은 예술을 통해 성령의 인도하심을 따르고자 합니다. 선교를 수행하는 것은 성령님의 창조적이고 아름다우며 변혁적인 능력에 의존하는 것을 필요로 합니다. 노래, 춤, 시각 예술, 창의적인 예전 등 다양한 예술적 표현을 통해 MT는 머리와 마음, 손을 아우르는 전인적 참여를 지지합니다. 이는 신학의 지나친 지성화과도한 이성 중심와는 대조를 이룹니다.

포이에시스poiesis, 창조적 활동는 선교에서 어떤 역할을 할까요? 우리의 정서적이고 직관적인 측면을 진지하게 고려하는 것이 선교의 신학과 실천에 어떤 영향을 미칠까요? 변혁주의자들은 이러한 질문을 통해 성령님의 창조적이고 변혁적인 역사를 세상에 증언하고자 노력합니다.

3) 통전성(Integral)

MT의 세 번째 특징은 통전성integral에 있습니다. 이는 복음의 모든 함의에 충실하고자 성령 안에서 노력하는 것을 의미합니다. 교회가 복음의 한 측면을 강조하면서 다른 측면을 소홀히 하는 경향에 도전합니다. 앞서 언급했듯이, 20세기의 대부분 동안 복음주의자들은 복음 전도에 사회적 관심을 희생시켰고, 에큐메니컬 운동은 사회적 관심을 복음 전도보다 중시했습니다. 지난 50년간 이 두 입장 간에 중요한 융합이 이루어지긴 했지만, 복음 전도와 사회적 관심 간의 논쟁은 사실상 끝난 것으로 볼 수 있음에도 북미 개신교 내에서 일어난 악명 높은 근본주의-모더니즘 분열의 여파는 여전히 남아 있습니다. 오늘날에도 많은 교회와 선교 단체들은 신학과 실천에서 전체적이고 통합적인 선교를 유지하는 데 어려움을 겪고 있습니다. 이런 맥락에서 INFEMIT과 다른 변혁주의 단체들은 통합적 선교를 지속적으로 촉진하고 실천하며 살아가고 있습니다.

통전적 선교는 고정된 개념이 아니라, 지속적으로 재검토해야 하는 역동적인 개념입니다. 예를 들어, 제가 『Whole & Reconciled』에서 주장했듯이, 우리는 화해의 관점에서 통전적 선교를 재구성할 필요가 있습니다. 하나님의 선교를 그리스도 안에서 만물을 화해시키는 사역으로 이해할 때, 교회의 통전적 선교는 세 가지 차원을 가집니다. 첫째, 하나님과의 화해복음 전도, 둘째, 서로 간의 화해정의와 평화만들기, 셋째, 창조 세계와의 화해청지기 직분입니다.

4) 상황화(contextual)

MT의 또 다른 중요한 특징은 상황화contextual에 있습니다. 이는 특정 지역에서 신학을 올바르게 수행하기 위해 그 지역의 문화적, 사회적 맥락을 매우 진지하게 고려하는 것을 의미합니다. 변혁주의자들은 처음부터 모든 신학이 상황 신학임을 주장해왔습니다. 기독교 역사에서 오랫동안 세계 교회는 서구를 신학의 기준으로 여겨왔고, 서구 역시 스스로를 그렇게 보았습니다. 저의 신학 교육 과정에서도 조직 신학Systematic Theology 필수 과목에서는 유럽과 북미 학자들의 저서를 읽었고, 상황 신학Contextual Theology 과목은 선택 과목으로서 흥미롭지만 필수적이지 않은 이국적인 신학 표현을 접하는 데 그쳤습니다.

INFEMIT의 기원은 사실 이러한 개념에 대한 직접적인 거부에서 시작되었습니다. 다수 세계majority world 출신 창립자들은 그들 맥락에서 복음의 진정성과 존엄성, 그리고 효과성을 위해 스스로 신학을 해야 한다고 주장했습니다. INFEMIT의 조직 설립은 실제로 다수 세계에서 온 복음주의 신념을 가진 신학자들에 의해 처음으로 기획되고 조직된 국제 모임에서 이루어졌습니다. 이 신학자들은 1982년 태국 방콕에서 모여 "삼분의 이 세계에서 예수를 나누기"라는 주제를 성찰하며 INFEMIT 설립의 움직임을 시작했습니다.

다행히 오늘날 모든 신학이 상황 신학이라는 개념은 최소한 이론적으로 널리 받아들여지고 있습니다. 그러나 교회의 선교 실천 측면에서는 여전히 많은 발전이 필요합니다. 오늘날 맥락적 신학이 제기하는 가장 강력한 선교적 요구 중 하나는 세계 교회가 선교의 영역에서 가부장주의, 민족중심주의, 인종차별주의, 그리고 식민주의적 선교의 모든 형태를 조사하고 거부하는 것입니다.

5) 가난한 자들에 대한 우선적 선택(Preferential Option for the Poor)

MT의 또 다른 특징은 하나님의 가난한 자들에 대한 우선적 선택 preferential option for the poor 사상을 따르는 것입니다. 여기서 가난한 자들은 신체적, 개인적, 사회 정치적, 경제적, 정신 감정적, 도덕적, 영적 결핍을 겪는 모든 사람들로 폭넓게 정의되며, 이들 중 어느 한 분야 혹은 여러 분야에서 고통받는 자들이 포함됩니다. 이들은 전통적인 신학 담론에서 종종 간과되지만, MT에서는 중심에 있습니다. 예수님 자신도 그가 가난한 자들에게 복음을 전하러 오셨다고 말씀하셨습니다.눅 4:18 교회는 하나님의 가난한 자들에 대한 마음을 일깨

워준 해방 신학자들에게 빚을 지고 있습니다. 이러한 사고방식은 항상 변혁 운동의 핵심에 자리해 왔습니다.

하나님께서 가난한 자들에게 특별한 관심을 두신다는 것은 하나님이 가난한 자들을 사랑하고 부자를 미워한다는 의미가 아닙니다. 오히려, 하나님께서 모든 사람을 사랑하시기 때문에 교회가 어려움에 처한 이들을 돌봐야 한다는 것을 의미합니다. 농부가 잃어버린 한 마리 양을 찾으러 간 것은 나머지 아흔아홉 마리를 사랑하지 않아서가 아닙니다. 농부는 백 마리 모두를 사랑했지만, 그중 한 마리가 어려움에 처했기에 그것을 구하기 위해 집중해야 했던 것입니다.

6) 지역교회에 헌신(Ecclesial)

MT의 여섯 번째 특징은 교회에 대한 헌신입니다. 이는 보편적으로는 전 세계 교회의 일치를 확고히 지지하며, 지역적으로는 지역 교회들이 다양한 방식으로 선교에 참여하는 실천적 측면을 지지하는 것입니다. 보편적인 관점에서 교회는 모든 다양성 속에서 하나의 교회이며, 그 일치를 통해 복음의 능력을 증언합니다. 이런 의미에서 성별, 인종, 민족, 문화, 전통, 신학적 차이를 초월한 일치는 선교적 사명이며, 성령 안에서 이를 위해 노력할 가치가 있습니다. MT는 로잔 운동부터 세계교회협의회WCC에 이르기까지 다양한 단체와 협력하며 일치의 사역에 헌신해 왔습니다8.

---

8) Al Tizon, "Creating a Third Space: AHistory of the Oxford Centre for Mis-

지역적으로, MT는 그리스도의 가시적인 지역 공동체가 변혁의 기본 단위라고 믿습니다. 지역 교회는 하나님의 근본적인 변화의 도구입니다. 선교 단체, 인도주의 단체, 활동가 단체, 비영리 기관, 그리고 교단까지도 모두 지역 교회에서 시작되고, 지역 교회의 선교를 섬기기 위해 존재해야 합니다. 변혁주의자들은 하나님의 선교에서 지역 교회가 중심적 역할을 한다는 것을 확고히 지지합니다.

7) 에큐메니컬(Ecumenical)

MT의 또 다른 특징은 에큐메니컬ecumenical이라는 점입니다. 이는 하나님의 교회의 크고 넓은 범위를 인정하며, 세상에서 하나님의 일을 하는 모든 사람들과 협력하려는 자세를 의미합니다. 에큐메니컬은 단순히 교단 간 협력을 넘어, 복음주의 전통을 초월하여 로마 가톨릭, 동방 정교회, 비복음주의 개신교와도 협력하는 것을 포함합니다. 또한 종교 간 대화에 열려 있으며, 종교 간 전쟁이 증가하는 세상에서 평화를 추구합니다.

이런 방식으로 변혁주의자들은 세계교회협의회WCC, 동방 정교회, 그리고 다른 여러 그룹과의 다리 역할을 기꺼이 수행해 왔습니다. 또한 필리핀 마닐라에서 도시 변혁을 위한 전국 연합National Coalition of Urban Transformation과 같은 연대를 촉진했습니다. 이 연합에서는

---

sion Studies amid Evangelical-EcumenicalTensions," in *The Future of Mission Cooperation,* ed. Risto Jukko (Geneva:WCC Publications, 2022), 212-13.

복음주의자, 에큐메니컬 운동가, 로마 가톨릭 신자들이 함께 도시 변혁을 위한 공동 비전을 이루기 위해 협력했습니다.

8) 실천 신학적(Praxiological)

마지막으로, MT는 실천 신학적praxiological 입니다. 이는 행동과 성찰의 역동적인 순환에 헌신하며, 목회와 선교 실천 그리고 신학적 성찰이 함께 어우러져 세상의 변혁을 이루는 것을 의미합니다. 교회는 행동과 성찰이라는 두 가지 상호 보완적인 측면을 진지하게 다루는 실천적practical 신학 모델을 소개해 준 해방 신학자들에게 다시금 빚을 지고 있습니다.

전통적인 교육 접근 방식은 직선으로 설명할 수 있습니다. 학생들은 이론과 원칙을 배우고 졸업한 후, 남은 삶 동안 배운 내용을 적용하며, 잘해야 매년 교육을 이어갑니다. 반면, 실천적 모델은 이 직선의 양 끝을 이어 원을 형성합니다. 이 모델에서는 이론이 실천에 영향을 미칠 뿐만 아니라, 실천도 이론에 영향을 미치는 순환적 교육이 이루어집니다. 파울로 프레이리Paulo Freire의 실천에 대한 정의는 신학과 선교를 잘 요약합니다. 그는 실천praxis을 "세상을 변혁하기 위해 세상에 대한 행동과 성찰"이라고 정의합니다.

MT는 신학과 선교에 대한 접근 방식으로 실천적 모델을 채택했으며, 처음부터 단순한 학자나 실천가가 아닌 학자-실천가scholar-practitioner를 양성하는 것을 목표로 삼아 왔습니다. 옥스퍼드 선교

연구소Oxford Centre for Mission Studies와 CETIComunidad de Estudios Teologicos Interdisciplinarios와 같은 기관들은 이와 같은 실천적 접근에 대한 헌신을 잘 보여주는 예입니다.

이 여덟 가지 MT의 특징들을 종합하면, 이는 세상에서 독특한 신학과 선교 실천을 구성합니다. 이 운동의 40주년을 맞아 하나님의 신실하심과 우리를 예수님과 함께 하나님의 세상을 변혁하는 사역에 초대하신 하나님께 감사드리는 것은 마땅한 일입니다. 아멘.

5. 계급사회 속의 그리스도

: 양극화 시대의 경제적 제자도

알 티존 교수(Al Tizon, 노스팍신학대학원)

1. 들어가는 말

오늘 저는 『계급사회 속의 그리스도』Christ Among the Classes의 저자로서 이 책의 몇 가지 통찰을 여러분과 공유하려고 합니다. 7년간의 연구와 집필을 통해 완성된 결과물을 보는 것은 기분 좋은 일이지만 솔직히 말씀드리면, 이 책의 주제를 말할 때 조금 긴장됩니다. 사람들과 돈과 부에 관해 이야기하다 보면 동네에서 쫓겨날 위험이 있습니다. 오늘날 교회에서 돈 이야기는 금기시되는 주제 중 하나입니다. 재정적 안정과 여유를 가르치고 자산 증식, 자금 관리법 등은 얘기해도 되지만, 다른 이야기를 하면 큰 문제가 생길 수 있습니다.

이 책에 대한 부정적 반응을 몇 개 받긴 했습니다만, 대부분은 이 책이 '가난한 시대를 사는 부유한 그리스도인'인 우리에게 던지는 도전을 진지하게 받아들였습니다. "가난한 시대를 사는 부유한 그리스도인"은 멘토이자 친구인 로널드 사이더Ronald J. Sider의 책 제목이기도 하고, 저는 그를 기리기 위해 이 책을 썼습니다. 이 책은 가난하든 부자든, 가난한 이들 사이에서 신실하게 사는 방법을 가르치고 보여주신 예수님처럼 살고자 하는 사람들을 위한 것입니다. 이 책은 저처럼 가난하지 않은 사람들에게 쓴 책입니다.

가난이 아니라 부가 문제입니다.

사실 저는 무엇보다도 복음의 급진적인 요구에 스스로 충실하려고 이 책을 썼습니다. 저는 우리 부유한 그리스도인들이 계급사회에서 그리스도를 본받으려면 제자도의 경제적 측면을 더 잘 인식할 필요가 있다고 확신합니다. 제자도가 예수를 따르는 것이라면, 경제적 제자도는 예수께서 당시에 부자와 가난한 사람들과 맺으신 관계나 가르침에서 그리스도를 닮는 것을 의미합니다. 이 책의 전제는 국제 개발로 인한 경제 불평등 혹은 사회적 불의의 원인은 가난이 아니라 부라는 것입니다. 가난은 원인이 아니라 부를 추구한 결과입니다.

부와 가난에 관한 예수의 가르침을 진지하게 받아들인 사람이라면 누구나 그분이 계급사회에서 살았던 방식과 우리가 계급사회에서 사는 방식 사이에 격차가 있음을 느낄 것입니다. 예수는 부자들에게 경고했지만 우리는 그들에게 구애하려 합니다. 예수는 가난한 이들의 친구였지만 우리는 그들을 피합니다. 예수는 돈으로 하나님을 섬길 수 없다고 가르쳤지만 우리는 원론적으로는 동의하지만 실제로는 그 분이 틀렸다는 것을 증명하려 합니다. 돈 문제에 관해서는 우리는 내 맘대로 살려고 합니다. 만약 돈 있는 사람들에게 이런 말을 하면 문제가 됩니다. 왜냐하면 부자들은 자신이 빈곤 문제의 해결책이라고 믿기 때문입니다. 그래서 책에서는 당신이 해결책이 아니고 사실은 문제라고 지적합니다. 끊임없는 부의 추구로 가난한 사람들을 만들었다는 것이죠. 이 책의 앞 부분1부은 계급사회에서 사신 그리스도의 모습을 그립니다. 이 책은 묻습니다. 예수님은 그 시대의 가난한 사람들과 어떻게 관계를 맺었는가? 당시의 부자들과 어떻게 관계를 맺었는가? 부와 가난에 대해 무엇을 가르쳤는가? 예수께서 가난한 사람들을 옹호한 친구이자 가난한 사람들의 이익을 위해 사신 분이셨습니다. 비록 가난한 자의 편에 서서 부자들에게 부의 위험을 경고했지만 우리는 예수님이 가난한 자와 부자 모두를 사랑하고 사랑하신 것을 기억해야 합니다.

2. 계급사회 속의 6가지 생명운동

2부 '계급사회 속의 교회'는 이런 질문들을 던집니다. 계급사회 속에 사신 그리스도의 모습이 교회인 우리에게 거울 역할을 하고 있는가? 우리 자신의 실천으로 계급사회 속에서 그리스도를 반영하는 데 조금이라도 가까워지고 있는가? 그렇지 않다면 어떻게 계급사회 속에서 조금 더 그리스도의 교회답게 될 것인가? 이 책의 두 번째 부분에는 여섯 가지 생명의 움직임이 나옵니다. 저는 이 움직임이 옳은 방향을 제시할 것이라고 믿습니다. 이 생명 운동을 살피면서 계급사회 안에서 우리 삶을 통해 그리스도를 더 잘 드러낼 수 있는가 생각해보려 합니다. 이 여섯 가지 생명운동은 본질적으로 각자가 실천할 수 있는 것들입니다. 저는 단호하게 계급사회의 문제 해결방식을 제안하려고 합니다. 계급 문제 해결에 물론 교회 차원의 대응이 있겠지만, 개인적인 것이 먼저일 것입니다. 여섯 가지 생명운동도 본질적으로 개인적인 것이고, 모든 진정한 사회 변화도 여기서 출발합니다.

1) 무지에서 공감의 각성으로

생명운동은 우선 무엇보다 우리 마음에서 시작됩니다. 첫 번째 생명운동은 무지에서 공감의 각성으로 이어지는 것입니다. 안타깝지만 책에서는 이 움직임을 각성에서 공감으로 가는 거라고 했습니다. 하지만 무지에서 공감의 각성으로 가는 것이 더 정확한 표현입니다. 우리는 머리 속으로 세상에 가난한 사람들이 있다는 걸 알고 있습니다. 하지만 성령께서 우리의 머리 속 지식을 가난한 사람들의 고통과 고난에 공감하는 마음의 지식으로 변화시킵니다. 처음부터 눈이 열려 있던 예수님과 달리 우리들 대부분은 아메리칸 드림 같은 것에서 깨어나 하나님의 꿈이 보여주는 공감에 눈을 떠야 합니다. 우리 중 눈을 뜬 일부는 세계 인구의 거의 절반이 하루 5.5 달러로 살고 있다는 사실을 알고 있습니다. 또한 코로나의 파괴력을 무시하지 마십시오. 코로나로 약 8천 8백만에서 1억 천5백만 명의 인구가 세계은행이 분류하는 극빈층 범주로 추락해 전 세계의 절박한 빈곤층을 약 7억 2천 9백만 명으로 늘릴 수 있다고 전망했습니다. 실제로 10억 이상의 사람들이 하루 벌어 하루 먹고 사는 사람들입니다. 가난한 사람들에 대한 학문적 정의는 많지만, 성경이 말하는 가난한 사람들은 이런 사람들입니다. 배고프고, 무력하고, 글을 모르고, 갇혀 있고, 빚지고, 병들고, 소외되고, 배척당하고, 학대받고, 팔려가는 사람들입니다.

만약 예수님이 지금 육신으로 계셨다면 그들 가운데 계실 것이라고 확신합니다. 더욱이 예수님은 성령의 사역을 통해 그들 중에 있습니다. 깨어난 사람들은 예수님이 계신 곳에 있기를 원합니다. 깨어난 사람들은 현실 세계의 필요가 그들을 사로잡을 수 있도록 허용합니다. 눈을 질끈 감고 외면하며 사는 게 아니라 성령께서 그들의 눈을 뜨도록 허용합니다. 일단 눈을 한번 뜨면 감을 수 없습니다. 인간의 고통으로 인해 그들의 마음도 무너집니다. 하나님은 인간의 필요를 보며 무너진 마음을 사용하십니다. 따라서 이것은 세상의 필요에 대해 눈감고 냉담했고 무관심했던 우리 자신이 계급사회에서 그리스도께 나아가는 첫 번째 움직임입니다.

2) 자기 이익에서 관대함으로

두 번째 생명의 움직임은 자기 이익에서 관대함으로 나아가는 것입니다. 각성된 공감에는 양면이 있습니다. 우리는 세상의 필요를 새롭고 심오하게 볼 뿐만 아니라, 우리가 얼마나 풍요로운 사회에 살고 있고, 나머지 세계에 비해 얼마나 부유한지 보게 됩니다. 우리의 상황을 나머지 세상과 비교하면 우리 모두가 부자에 속할 것입니다. 이 상대적인 부는 우리가 1등을 추구한 결과로 얻었습니다. 아메리칸 드림을 잘 설명해 주는 표어도 '최고가 되자'입니다. 하나님의 긍휼에 눈을 뜰 때 우리는 성경이 주의하고 경고하는 부자로 살아온 것을 깨닫게 됩니다.

이 깨달음은 가난한 사람들에 대한 긍휼과 만나 관대함으로 이어집니다. 관대함은 기부의 동의어가 아닙니다. 그것은 기꺼이 아낌없이 주는 것을 말합니다. 누가복음 19장 8절의 세리 삭개오는 예수께 와서 "내가 누구에게서 착취한 것이 있다면 네 배로 갚겠다"고 했습니다. 착취한 걸 그대로 돌려주는 게 아니라 네 배로 갚는다고 한 것입니다. 그리고 마가복음 10장에서 예수께서 젊은 부자 청년을 만났을 때, 21절에서 이렇게 말씀하셨습니다. "너의 소유의 일부가 아니라 전부를 팔아 그 돈의 전부를 가난한 사람들에게 주라"셨습니다. 이런 사례가 성경이 말하는 관대함입니다. 관대함은 노숙자에게 1달러 대신 100달러를 건네는 것입니다. 반드시 그렇게 하라는 게 아

니라 관대함이 단순히 주는 것 이상이라는 점을 강조하려고 말씀
드립니다. 관대함은 자유롭게 아낌없이 퍼주는 것입니다. 관대함은
'최고가 되자'는 사상을 정면으로 거부하며 다른 사람들의 복지를
위해 아낌없이 기부하게 만듭니다.

3) 축적에서 검약적 단순함으로

세 번째 생명의 움직임은 축적하는 삶에서 단순함으로 가는 것입
니다. 진정으로 관대해지려면 얼마면 충분한가 스스로 질문하면서
생활 방식을 단순화해야 합니다. 우리의 생활방식이 가난한 사람들
에 대한 진정한 관심을 반영하는가 물어야 합니다. 우리는 집안 가
득 물건으로 채웁니다. 저희 가족이 필리핀에서 선교사로 첫 임기를
시작할 때 가져갔던 수많은 물건들을 생각하면 얼굴이 화끈거립니
다. 사실 거길 간 이유는 제 조국의 가난한 사람들을 섬기기 위해서
였습니다. 이건 예수님이 누가복음 9장 3절에서 전도자들에게 여행
을 위해 아무것도 가져가지 말라고 하신 말씀과 완전히 동떨어진 것
입니다. 지팡이도, 가방도, 빵도, 돈도, 심지어 여분의 옷도 가져가지
말라고 하셨습니다. 우리는 항로, 육로, 해로를 거쳐 우리의 모든 소
유물을 포장한 80파운드 상자 10개를 신주단지처럼 모시고 다녔습
니다. 두려움과 선배 선교사들의 조언 때문이기도 했지만, 주로 미
국 문화가 많은 것을 필수품이라고 주입한 것을 그대로 따랐기 때문
일 것입니다.

예수님이 휴가 때 서구식 생활을 누리기 위해 자동차에 트레일러를 끌고 갈릴리 주변을 여행하시는 것을 상상할 수 있습니까? 부에 관해 더욱 그리스도를 닮아야 한다는 부르심은 우리가 쌓아 놓는 생활에서 단순한 삶으로 변화될 것을 요구합니다. 단조롭고 지루한 삶이 되는 것이 아닙니다. 도리어 단순함은 자유를 낳습니다. 물건이 없으면 자유는 더 커집니다. 집착할 것도 걱정할 것도 적기 때문입니다. 우리가 가진 게 많을수록 우리는 더 애착을 갖게 되고 이 땅의 문제에 더 매입니다. 반대로 덜 가지고 살면 시간과 자원의 여유가 생기면서 하나님의 선교에 동참할 여지도 더 커집니다.

더 나아가 단순함은 치열한 경쟁에 시간낭비를 하지 않고, 물건보다 사람을 중심에 두게 합니다. 사람들은 경쟁하느라 관계를 망각하고 사람도 잊어버립니다. 만일 우리가 경쟁에 참여하지 않으면 우리는 주위 사람들에게 더 많은 관심을 기울이고 그들을 알아갈 수 있고, 쌓아 놓는 삶을 멈춘다면, 우리가 할 수 있는 일이 사실 더 많아질 것입니다. 단순성은 계급사회 속에서 더욱 예수를 닮고자 하는 정신으로 애쓰는 사람들에게 중요한 움직임입니다.

4) 소유권에서 환대로

계급사회 속에서 그리스도에 대한 제 이해에 더 잘 맞출 수 있도록 도운 네 번째 생명의 움직임은 소유권에서 환대로 이동하는 것입니다. 그럼 소유권이 무엇을 의미합니까? 기본적으로 내가 가진 것은 내 것이니 내 맘대로 해도 된다는 믿음입니다. 그것은 합법적인 소유권에서 탐욕적인 개인 소유로 선을 넘는 것입니다. 맑시스트는 개인 소유가 문제라고 말할 수도 있겠죠. 하지만 저는 소유권 자체는 문제가 아니라고 봅니다. 성경에는 우리의 개인적 소유가 분명히 인정합니다. 하지만 개인 소유권이 우리의 돈과 물건으로 우리가 원하는 것은 무엇이든 할 수 있는 절대적인 권리라고 생각하면 합법적인 소유권에서 독점권이라는 죄로 선을 넘는 것입니다.

제가 인도하던 성경공부 모임의 한 부부가 집을 샀습니다. 그들은 이듬해 새 집과 새로운 살림살이를 허락하신 하나님께 감사를 드렸습니다. 그 가정의 경사를 우리 모두 진심으로 기뻐했지만 조금씩 과하다는 느낌이 들기 시작했습니다. 집에 보안 시스템을 설치하고 건물 주변에 울타리를 세우는 것은 당연하다고 하겠습니다. 하지만 자기 집에 여러 명 모이는 걸 원치 않고 청지기 직분을 내세워 교회 모임도 허용하지 않았습니다. 그들 생각에 청지기직은 분명히 깔끔하게 집을 보존하는 것을 의미했습니다. 여분의 방들도 있었지만 오직 가족 방문 용도로만 썼습니다. 그렇게 애지중지 하며 지내던 어느 날, 저는 그들이 집을 돌보는 태도를 놓고 사랑하는 마음으로 이야기했습니다. "하나님이 그 집으로 그대들을 축복했다면 그것을 조금 개방하는 건 어떨까요?" 그들은 대답했습니다. "이건 우리 집이고 우리가 원하는 대로 하면 되는 겁니다." 굳이 번역해보자면 "목사님은 당신 일이나 신경 쓰시죠"라는 말입니다.

하지만 여러분 우리 소유가 정말 우리 맘대로 해도 되는 것입니까? 아닙니다. 궁극적인 소유권은 하나님의 것입니다. 우리가 가진 것은 그리스도와 그분의 뜻에 따라 사용하도록 관리하도록 맡아둔 것입니다. 이것이 바로 성경적 청지기 정신입니다. 만일 우리가 이 사실을 정말로 믿는다면 소유에 대해 매우 다른 태도를 갖게 될 것이며, 사도행전 2장과 4장에 등장하는 초대교회 제자들처럼 더 환대를 베풀 것입니다. 그들은 모든 것을 공유했고, 자신의 소유물과 물건을 팔고 그 수익금을 필요가 있던 사람들에게 나눠줬습니다. 이게 바로 청지기 정신이죠. 그들은 물건과 돈을 사람들을 섬기는 데 사용했습니다. 재산권의 반대 개념인 환대를 이해하는 좋은 방법입니다.

우리가 물건을 절대적으로 소유하고 있다고 믿는 재산권에서, 그 물건으로 무엇을 할지 생각하게 되고, 절대적으로 우리 맘대로 할 수 있다는 생각에서 열린 맘으로 우리 소유를 나누는 지점까지. 이 것이 바로 소유권에서 환대로의 이동입니다. 우리의 소유, 재물, 재산, 집 등을 그리스도와 그리스도의 뜻을 위해 공유하는 개방성이 바로 환대입니다. 이 움직임이 계급사회에서 우리가 그리스도를 닮고자 할 때 필요한 변화입니다.

5) 구세주 콤플렉스에서 우정으로

다섯 번째 생명의 움직임은 구세주 콤플렉스 속에서 빠져나와 우리의 망토를 벗고 가난한 사람들과 우정을 맺는 변화입니다. 환대가하는 일은 부자든 가난하든 문을 열어 서로와 진정한 우정을 맺는 것입니다. 진정한 관계는 서로 존중하고, 서로에게 배우고 서로를 통해 변화되는 것입니다. 여기서 핵심은 "서로"입니다. 다른 사람의 삶에 함께 하다 보면 이런 일들이 일어나게 됩니다. 이게 노력 없이 저절로 되지 않습니다. 부유한 사회를 당연시 하는 사람들과 살며 삶을 변화시켜줄 우정을 개발하려면 의도성이 필요하고 적극적이어야 합니다. 안 그러면 우리 계급에만 머물게 되고, 섞이지 않게 됩니다. 이 이동도 계급사회에서 그리스도를 닮는 일에 중요합니다. 이 변화 없이는 부자와 가난한 사람들은 겨우 특별행사에서나 만나는 관계에 머물고 서로를 변화시키는 우정으로 가질 못합니다. 그 관계 속에서는 가난한 사람들은 우리가 주는 도움을 받는 수동적 수혜자로 머물기 십상입니다. 이것은 우리에게 구세주 콤플렉스를 주입해 우리 같은 부자의 너그럽고 영웅적인 행동이 있어야 그들이 가난의 굴레를 벗을 수 있다는 생각을 갖게 합니다.

가난한 자들에게는 구세주가 필요하고, 이제 그들을 구원할 사람들이 바로 우리 의로운 부자란 착각을 합니다. 심지어 실제 구원자이신 예수님도 구세주 콤플렉스는 없었습니다. 오히려 우리는 그가소외된 사람들, 종교 지도자들을 화나게 한 죄인들과 친구가 되는것을 봅니다. 우리가 계층사회에서 그리스도를 본받고 싶다면, 구세주 콤플렉스를 버리고 가난한 사람들 사이에서 서로 친구가 되어 서로를 변화시키는 우정을 발전시켜야 합니다. 가난한 사람들도 우리에게 줄 것이 있습니다. 가난한 사람들은 도움 받을 대상 이상의 의미를 갖습니다. 그들도 하나님의 형상으로 창조된 사람들이고 하나님 보시기에 똑같이 귀한 존재입니다. 그들은 하나님의 소중함에 대해 우리에게 가르칠 수 있는 사람들입니다. 부자와 가난한 자의 관계에는 구세주 콤플렉스가 자리할 틈이 없습니다.

6) 안전한 곳에서 연대의 장소로

여섯 가지 생명의 움직임 중 마지막은 안전한 곳에서 가난한 이들과 함께 연대하는 곳으로의 이동입니다. 우리가 가난한 자들 곁에 나란히 설 때 우리는 예수님과 함께 있게 됩니다. 사람이 자기 친구를 위해 목숨을 바치는 것보다 더 큰 사랑이 없다고 말씀하신 분이 바로 예수님이죠. 앞서 구세주 콤플렉스에서 우정으로 가는 이동의 우정이었습니다. 이제 안전에서 연대로 가는 마지막 움직임은 우리 목숨까지 내려놓는 것이 초점입니다. 이것이 연대의 의미입니다. 그리스도께서 친구를 위해 고난을 받으신 것과 같이 그리스도의 교회도 그렇게 하도록 부르심을 받았습니다. 누구든지 십자가를 지고 나를 따르지 않는 사람은 내 제자가 될 수 없다고 말합니다. 그리스도인으로 연대하며 살기 위해서는 가능한 한 안전하게 살아야 한다는 가치관을 극복해야 합니다.

안전과 연대가 반드시 반대의 개념일 이유는 없습니다. 하지만 연대는 종종 희생과 고통을 요구합니다. 우리가 계급사회 속에서 그리스도를 닮으려 애쓸 때, 개인의 안전이 궁극적일 수 없음을 알아야 합니다. 복음 사역, 특히 가난한 자들과의 연대는 본질적으로 위험한 일입니다. 여러분도 잘 아는 간디, 디트리히 본회퍼, 넬슨 만델라, 오스카 로메로, 말콤X, 모세 같은 이들은 안전한 삶을 버린 사람들입니다. 그만큼 알려진 이름은 아니지만 동일하게 신실했고 감동을 주는 삶을 실천하며 가난하고 압제 받는 사람들과 연대했던 사람들 중에 필리핀의 베니그노 벨트란Benigno Beltran신부가 있습니다. 그는 마닐라의 '스모키 마운틴' 주민들을 위해 사역했습니다. 그곳에는 쓰레기 더미가 30층 높이로 쌓여 있었습니다. 2천만 명 가까운 마닐라 인구가 배출하는 쓰레기가 쌓여 산이 된 것입니다. 덥고 습한 기후 때문에 연기가 나는 곳이었고, 스모키 마운틴이라는 이름도 거기에서 왔습니다. 그 쓰레기 산에 사는 주민 3만 명은 쓰레기를 뒤지며 생계를 꾸리고 있었습니다. 벤 신부님은 30년을 그들과 살면서 그리스도를 드러내는 삶을 사셨습니다. 벤 신부님과 같이 연대를 보여주는 다른 이야기도 많습니다.

우리가 이 변화의 시점까지 오면 이 땅을 걸으셨던 그리스도의 모습에 훨씬 더 가까워진 것입니다. 무지에서 공감의 각성으로, 자기 이익에서 관대함으로, 소유하지 않고 단순한 삶으로, 소유권에서 환대로, 구세주 콤플렉스에서 우정으로, 안전에서 연대로. 이 여섯 가지 생명의 운동은 우리가 성령께 순종하며 예수님을 세상 속에서 닮고자 한다면 해볼 수 있는 일들입니다.

2. 6가지 운동의 공통적 지향

이제 공동체적 전략으로 넘어가기 전에 두 가지만 말씀드리겠습니다. 먼저 이 여섯 가지 이동은 한 가지 방향, 즉 정의를 향하는 삶으로 귀결됩니다. 이렇게 여섯 가지로 나눠 말씀드린 것은 이 변화들이 우리 삶에서 한 번에 하나씩 시도해보기 위해서입니다. 우리 삶을 바꿔야 한다고 말하는 것과 삶을 변화시킬 방법이 여기 있다고 하는 것은 다른 일입니다. 정의를 지향하는 삶으로 나아가기 위해 성령 안에서 씨름할 과제가 여섯 개 있는 것입니다. 여섯 가지 다른 방식으로 제시했지만 그것은 실제로 계급사회 속에서 그리스도처럼 정의롭게 살기 위한 하나의 방향입니다.

둘째로 이 운동은 하향적입니다. 즉 우리는 정의를 향해 내려갑니다. 부유한 사람들은 구름 위에 살면서 그 아래에 사는 소외 계층의 곤경에 무관심한 것처럼 보입니다. 우리는 마태복음 25장뿐 아니라 복음서 전체의 증거를 통해 예수께서 세상에서 억압받고 소외되고 상처받은 가난한 사람들과 함께 당신의 집을 만드시고 거기서 사셨다는 것을 알고 있습니다. 저 위의 푹신한 구름에서 지내신 게 아니라 가난의 골짜기에서 허덕이는 사람들과 함께 사셨습니다. 계급주의를 떠나는 것은 가장 취약한 사람들과 함께 계신 그리스도와 연합하기 위해 거룩한 하향성을 택하는 것입니다. 계급사회 속에 사셨던 예수는 주리고 목마르고 나그네 되고 헐벗고 아프고 간힌 자들을 사랑하는 것이 그분을 사랑하는 길임을 상기시켜 주셨습니다. 이 여섯 가지 생명의 움직임은 어떻게 경제적 제자도의 삶을 살 수 있을지 돕는 개인적 전략입니다.

마지막으로 예비적인 수준에서 몇 가지 공동체적 전략을 소개하고 싶습니다. 교회란 무엇이며 공동체로서 교회가 할 일은 무엇인지, 또 조직이 무엇인지, 우리가 이 시대의 부자와 가난한 사람들 사이에서 정의로운 삶을 살라는 그리스도의 부르심에 어떻게 반응할 수 있는지를 묻는 것입니다. 그래서 교회 차원의 경제적 제자도에 대해 언급하고 싶습니다. 교회란 하나님의 오이코노미아, 즉 경제라는 뜻을 담고 있습니다. 이 의미를 교회가 어떻게 가장 잘 반영할 수 있느냐가 중요합니다. 이 단어는 어떤 사회, 경제적 맥락에서도 하나님의 정의로운 백성을 세울 수 있음을 의미합니다. 그것은 낡고 진부한 사회주의 대 자본주의 논쟁을 초월하는 질문이며, 사회의 공동선을 목표로 한 교회적 실천을 촉진합니다.

따라서 교회가 어떤 사회경제적 체제에 처해 있든 사회의 가난한 사람들에게 특별한 관심을 기울이는 공동선의 교회가 되는 것은 그리스도 안에서 미래를 증거하는 공동체적 자세입니다. 다시 말해, 우리 교회가 교회만이 아니라 사회 전체에 좋은 것, 특히 가난한 사람들에게 좋은 것을 실천한다면 어떤 일이 일어날까요? 스캇 베세네커Scott Bessenecker가 말했듯이, '기독교 산업 복합체'라는 개념에 도전하는 것입니다. 이는 전 미국 대통령 아이젠하워의 말을 바꿔 본 것입니다. 아이젠하워는 미국이 군산 복합체로서 군사력과 경제가 결혼관계처럼 발전한다고 봤습니다. 베세네커도 교회도 기업처럼 산업과 결합되었다고 말합니다. 그는 근대 선교운동이 자본주의의 발현인 기업이 꽃피던 시기에 같이 발전했다고 주장합니다. 기독교 선교도 기업처럼 발전하려면, 투자자, 이사회, 인사 담당자, 회계사 등으로 구성된 법인을 설립해야 합니다. 실제로 기업 같은 선교단체가 탄생했습니다. 선교라는 이름이 붙어있지만, 기독교 버전의 무역 회사일 뿐입니다. 바로 이 기업이라는 단어가 세계선교 활동을 제도화하려는 우리 방식의 실상을 말해줍니다. 세계 선교사 공동체가 영리 기업과 매우 흡사하게 보이는 것이 저에게는 정말 불편한 대목입니다.

오늘날 교회도 기업의 구조를 닮아가고 있습니다. 목회자가 CEO 역할을 하고 부목사가 중간 경영진처럼 일하는 것 같습니다. 교인을 고객으로, 일반인을 대상으로 구분합니다. 쇼핑몰 안에 교회가 있기도 합니다. 사람들은 일요일 아침에 쇼핑도 하고 교회도 갑니다. 우리는 이런 것들을 거부해야 합니다. 더 나은 모델은 없다고 말해야 합니다. 교회와 선교의 비즈니스 모델을 넘어서는 하나님 나라의 모델이 있습니다.

그리고 기업의 십일조 전략입니다. 저는 교회와 선교단체, 심지어 비영리 단체도 십일조를 내는 것이 필요하다고 확신합니다. 십일조가 개인이 맘몬의 손아귀에서 자유로워지는 데 도움이 되는 것처럼, 조직의 십일조도 일종의 협력 정신을 보여주는 것이라고 믿습니다. 더 나아가 기업이 교회의 평화와 정의 사역, 재난 구호 활동 등과 협력하면 어떤 일이 일어날까요. 이처럼 기업과 협력한다면, 우리를 사로잡는 맘몬을 더 강하게 제압할 수 있을 것입니다. 감사합니다.

Ⅱ. 넥스트 복음주의

1. 미국 복음주의에 무슨 일이 일어났는가

오형국 목사(청년신학아카데미 공동대표)

청년신학아카데미 이번 학기의 주제로 "복음주의Evangelicalism"를 택하는 데는 2가지 이유가 있습니다. 하나는, 지금까지의 복음주의라는 신앙형태는 시효가 다 되었다는 주장이 미국교계에서 이미 폭넓게 진행되고 있기 때문입니다. 이들은 20세기 동안 성장해 온 복음주의가 세상을 향해서 영적, 도덕적 영향력을 상실하고 정치적 힘을 발휘하려는 유혹에 빠진 것을 주목합니다. 둘째는 그 이유와 관련하여, 복음주의가 가진 것이 무엇이고 갖지 못한 것이 무엇인가를 살피기 위함입니다. 그리스도의 속죄 신앙을 중심으로 근원적 진리를 보유하고 있음을 자부하지만 복음주의는 세계관과 윤리적 가치, 문화이념에서 성경의 권위를 추상포괄적으로 내세울 뿐 실제 콘텐트는 공백입니다. 그렇기 때문에 세상적 가치와 이념에 점령당하곤 했습니다.

'20세기 복음주의'의 위기

1970년대 로잔운동이 시작될 때는 서구 중심 선교에 대한 모라토리움실행 유예이 거론될 만큼 기독교 신앙의 위기를 겪고 있었습니다. 21세기 4반기를 지나는 현재의 시점은 복음주의Evangelicalism이라는 명칭의 폐기를 논하는 새로운 위기의 시대가 되었습니다. 그때는 선교를 중단하자는 제안이 나오더니, 이제는 복음주의라는 용어를 창피해서 쓰지 못하겠다고 하니 도대체 옛 프레임 속에서는 이해가 되지 않는 상황입니다. 그러나 무시하기에는 현실이 엄연합니다. 복음주의가 압도적인 한국에서 얼마 전까지 제도권 기독교는 이상한 용어의 공격적 풍자를 받더니 이제는 아예 관심을 받지 못하고 있으며, 교회성장과 선교사 파송 왕국이던 한국에서 청년세대 기독교인 비율은 5% 미만의 피선교지 수준으로 감소했습니다.

복음주의에 무슨 문제가 생긴 것일가?

20세기 복음주의에는 구원론의 신조와 성경의 무오성에 대한 정교한 교리는 있으나 세계관과 윤리문화적 가치, 즉 일반은총 영역에 대한 신학적 통찰과 가르침은 매우 빈곤합니다. 그것들은 성경에 모두 담겨있다는 진술로 일괄 처리했기 때문입니다. 그러나 정작 복음주의 교회들의 성경읽기와 설교에 사용되는 본문은 철저히 선택적입니다. 예수님의 '내가 너희에게 명령한 모든 것'마 28:20, 사도 바울의 '하나님의 모든 경륜'행20:17, 종교개혁자들의 '성경 전체'Tota

Scriptura와는 지극히 거리가 멉니다.

로잔 4 서울/인천 대회2024가 열리는 현시점은 로잔언약을 낳은 1차 대회1974에 못지않은 복음주의의 위기상황입니다. 지금까지 세계 기독교를 주도해 온 20세기형version 복음주의의 시효가 다된 시기라고 표현할 수 있습니다. 그동안 교회성장의 감퇴와 사회적 신뢰의 하락이 종종 지적되어 왔습니다. 그런데 이것이 시대의 세속화에 따른 일반적 현상의 일부이며 소수의 일탈로 간주되곤 했습니다. 그러나 이제는 이것이 20세기 복음주의가 갖고 있는 근본적인 신학의 불균형과 지성구조mentality의 왜곡 때문이라는 인식을 갖게 되었습니다. 20세기형이라고 표현하는 것은 복음주의는 근본 신조는 동일할지라도 시대마다 어떤 세계관이나 문화이념과 결합하는가에 따라 상당히 다른 양상으로 작동하기 때문입니다.

미국과 한국의 복음주의의 현실

미국에서 복음주의에 대한 비판은 오래 전부터 있었습니다. 남부의 바이블 벨트 지역 교회들은 남북전쟁1861-65 이전에도 노예제도를 정당화했고 전후에는 짐 크로우법, KKK단의 묵인 등 인종주의를 지속시키고 사회적 정의를 간과하려는 경향을 가졌기 때문입니다. 2016년 미국 대선을 계기로 80%를 넘는 자칭 복음주의자들이 트럼프에 투표하는 쏠림현상이 나타나면서 복음주의의 정치화 문제가 심각히 대두되었고 이는 Evangelicalism이라는 명칭 자체를 계속 사용할 것인가를 심각히 논의할 정도가 되었습니다. 이는 일부 비판적 집단의 논의가 아니라 미국교회의 주류 신학자들의 아젠다가 되고 있습니다.

그렇다면 지금까지 자유주의 신학으로부터 복음의 본질을 수호하며, 다른 한편으로는 20세기의 기독교를 경직된 반문화적 근본주의로부터 구해 냈다고 여겨지던 복음주의에 대하여 왜 이런 부정적 기류가 형성되었을까? 몇 가지 개념이 정리될 필요가 있으나 우선 그동안 복음주의에 무슨 일이 일어났는지 한국에도 잘 알려진 팀 켈러 목사의 기고문을 봅니다.

나는 1970년대 초반 대학에서 기독교인이 되었는데, 그 시절 "복음주의"라는 단어는 견고한 근본주의 사고방식의 대안을 의미했다.… 당시 이 운동의 뜨거운 에너지는 결국 1990년대 중반에 미국 기독교회의 지배적인 분파인 주류 개신교를 침식하기에 이를 정도였다. '복음주의자'는 높은 도덕적 기준을 주장하는 사람들을 가리키는 데 사용되었지만, 이제 대중적으로 사용되는 이 단어는 "위선자"와 거의 동의어가 되었다. 내가 1970년대에 나 자신을 설명하기 위해 이 단어를 사용한 것은 내가 근본주의자가 아니라는 것을 의미했다. 그러나 내가 오늘 나를 이렇게 부른다면, 나는 근본주의자라는 뜻이 된다.[1]

---

1) Tim Keller, "Can Evangelicalism survive Donald Trump and Roy Moore?", New Yorker(2017.12.19.), 이 글은 마크 놀, 데이비드 베빙턴, 조지 마즈던 공편, Evangelicals: Who They Have Been, Are Now, and Could Be(2019)에 수

뉴욕 한복판에서 다양한 사람들을 대하는 전문 목회자를 자임하는 켈러 목사는 "복음주의는 도날드 트럼프와 로이 무어상원의원를 넘어 살아남을 수 있을까?"라는 기고문New Yorker 2017.12.19.에서 미국 복음주의 기독교인들이 종교적 신조와 가치보다 정치적 신념에 더 몰입했다는 점을 지적합니다. 한때 "도덕적 다수Moral Majority"라고 불리웠던 사람들이 이제는 아무리 부도덕하더라도 자신의 정치적 입장을 지지하는 인물에게 기꺼이 투표하려 한다는 것입니다. 그래서 일반 사회에서 복음주의자들은 두 가지 특징, 즉 '스스로 기독교인이라고 부르면서 동시에 정치적으로 매우 보수적인 사람들'을 가리키게 되었습니다. 이는 폐쇄적이고 집단이기적인 교회문화 속에 갇혀서 교리적 신조와 사회적 윤리의 가치판단이 분리되어 버린 신앙을 의미합니다.

그러면 복음주의는 왜 이렇게 되었을까? 상세한 논의를 이 지면에서 다 할 수 없지만 풀러신학교 라승찬Ra Seung Chan의 『넥스트 복음주의Next Evangelicalism』, 브라이언 맥클라렌의 『새로운 그리스도인들이 온다』, 데이비드 거쉬David Gushee의 『애프터 복음주의After Evangelicalism, 2020』, 마크 놀, 데이비드 베빙턴, 조지 마즈던 공편, *Evangelicals: Who They Have Been, Are Now, and Could Be* 2019 등을 참조하면 다음과 같이 요점으로 설명할 수 있습니다. 첫째, 구원론에서나 세계관에서 철저히 개인주의에 함몰되어 있으며, 둘째 20

록되어 있다.

세기의 자본주의 확장 시대에 형성된 복음주의는 기독교와 자본주의를 전적으로 동일시하는 신념과 성향을 갖게 되었고 소비주의 문화에 탐닉하였다. 셋째로 교회성장주의와 맞물려 사회적 강자와의 유대를 추구하는데 이는 미국에서는 인종주의와 연계되어 있습니다.

한국에서는 개신교회를 향한 개독교, 노답 등의 풍자언어와 태극기를 상징으로 하는 정치적 극우와 연계된 노령의 기독교인들, 이러한 교회를 떠난 수백만의 가나안 성도 등 한국교회의 모습과 비교할 때 높은 기시감을 느끼게 됨은 부정할 수 없을 것입니다.

이번 4.4-6.10 4차에 걸친 세미나는 1) 미국의 교회와 신학계에서 제기된 나타난 Post, Next, After Evangelicalism의 담론들을 살피는 것으로 시작하여 2) 복음주의의 신조가 시대마다 어떤 세계관들과 결합되며 성경적 비전과 멀어지게 되었는지 3) 가장 첨예한 주제인 복음주의의 정치화 4) 대중적 복음주의에서 기질적 성향의 중심요소인 반지성주의의 문제를 어떻게 극복할 것인가를 다루게 될 것입니다. 청년신학 아카데미의 방식대로 강의와 소그룹나눔, 전체 토론의 방식으로 진행합니다. 많은 참여를 바랍니다.

2. 라승찬Rah, Soong-Chan의 Next Evangelism 1

신동한 목사(의료선교교육훈련원)

원제가 *Next Evangelicalism : Freeing the Church from Western Cultural Captivity*인 이 책은 라승찬 교수의 2009년 저작으로서 기존의 20세기 복음주의가 갖는 한계를 체계적으로 비판하며 대안적인 신앙전통을 형성하기 위한 통찰을 제시하고 있다. 그는 North Park 신학교Chicago 재직 당시 이 책을 집필 출판한다. 라승찬 교수는 한국인 2세로서 한국에서 태어나 어린 나이에 미국으로 이주하였으며, Gordon-Conwell 신학교에서 목회학 석사를 Drew에서 박사학위를 받았다. 교회 개척과 여러 사역을 경험한 후에 학교에서 가르치기 시작하였으며, 따라서 그의 책은 사변적이지 않고, 실제적이고 목회적이다. 현재는 Fuller 신학교에서 전도 및 선교학 교수로 재직중이다. 이 책은 총 세 파트로 구성되어 있다.

---

1) Rah, Soong-Chan. 2014. *Next Evangelicalism : Freeing the Church from Western Cultural Captivity*. Downers Grove: InterVarsity Press.

- 서구, 백인 문화에 포로된 교회The Western, White Cultural Captivity of the Church
- 서구, 백인 교회에 만연한 포로됨The Pervasiveness of the Western, White Captivity of the Church
- 서구, 백인 문화의 포로됨으로부터의 해방Freedom from the Western, White Captivity of the Church

각각의 파트는 다시 3개의 장chapter으로 구성되어 있다. 각 장에서 라 박사는 실제적인 예와 더불어서 복음주의라고 부르는 교회들 안에 묻어있는 복음 이외의 것들, 특별히 서구, 백인, 남성, 중산층Western, White, Male, Mid-class중심의 문화를 지적한다.

개인주의Individualism: 첫 번째로 지적하는 것은 개인주의이다. 원래의 그리스도교 신앙은 공동체적인 것인데, 개인 구원이 강조되다 보니 개별화하는 것이 지나쳐 공동체적인 회개나 반성은 잃어버리고 개인적인 신앙만 남겨버렸다. "미국교회는 서구의 백인문화에서 힌트를 얻어 신학과 교회론에 개인의 우선 순위를 두었다. 교회의 문화적 포로됨은 교회가 성경에서 발견되는 공동체의 가치보다 서구 철학의 개인주의를 반영할 가능성이 더 높다는 것을 의미한다. 서구사회를 형성하며 결과적으로 미국 교회를 형성한 개인주의 철학은 기독교 신앙을 개인적이고 사적이며 개별적인 신앙으로 축소시켰다."

소비주의와 물질주의: 서구의 백인문화에 사로잡힌 교회는 자본주의를 신에 가장 가까운 체제로 숭배할 수 있고, 그 결과 자본주의 체제의 만연한 물질주의와 소비주의가 용인되는 악덕^{필요악} 이 될 수 있다는 것을 의미한다. 서구 백인 중산층 문화를 반성없이 그대로 수용함으로써 자본주의, 소비주의, 물질주의가 그대로 수용되면서 마치 그것이 그리스도교적이고, 복음의 일부분인 것처럼 받아들여졌다.

인종차별: 우리가 조직적인 인종차별의 동조자가^{공범} 아니라고 주장할 때, 불공정한 시스템에서 혜택을 받는 사람들에게 책임이 있다는 사실을 이해하지 못하는 것 같다. 직접적인 인종차별도 복음주의에 묻어있는 이물질이겠으나, 더 나아가서 우리는 직접적인 인종차별을 하지 않기 때문에, 인종차별과 무관하다는 생각은, 이 불공정한 시스템을 통해 어떤 형태로든 혜택을 받고 있다는 사실을 이해하지 못하는 것이며, 대부분의 아시아 출신의 미국 내 그리스도인들에게 해당하는 말이다.

교회성장학과 대형교회 Megachurch: "만약 남부 캘리포니아의 대형교회가_{미국의 서부에 위치} **특정한 사역 방법을 사용했다면**해서 숫자가 늘어났다면, 메릴랜드의 작은 교회에도 미국 동부에 위치 적용될 수 있을 것이다. 뉴욕의 한 교회는 이 특정한 방법론을 사용하여 참석자 수를 늘렸으므로, 똑같은 방법론이 시애틀의 우리 교회에도 비판 없이 적용될 수 있다."

교회 성장학은 많은 사람들이 비판한 바와 같이 맥도날드에서 빅맥을 찍어내는 것과 비슷하다는 것이 라 박사의 비판이다. 위에 인용한 문장에서 볼 수 있듯이, 미국에서는 각각의 지역이 아주 다른 문화권이라고 생각하는데 반해, 교회성장학에서는 지역에 관계없이 어떤 방법이 숫자를 늘리는 일에 효과적이었다면, 다른 지역에도 상관없이 적용하려고 한다는 비판이다.

이는 한국교회에서도 동일한데, 교회만의 특별한 상황을 분석하고 그것에 맞는 사역을 설계하고 만들어가기보다, '목적이 이끄는 40일', '특별새벽기도', '다니엘 기도회'처럼 이른바 잘된다는 결국은 숫자가 늘어났거나, 숫자가 많은 교회 곳에서 하는 방식을 그대로 인용하는 것이다. 따라서 교회의 지향 자체가, 숫자가 늘어나는 것, 그리고 많아지는 것에 둔다. 이것이 12명을 부르시고, 끝까지 사랑하신 예수님의 복음과 어떤 관련이 있는가?

서구 백인 문화에 사로잡힌 이머징 교회 Emergent Church: 포스트모던의 복음주의자들은 진리가 단순히 말이나 글로만 전달되는 것이 아니라는 점을 인식하고 대체 커뮤니케이션의 수단을 모색한다. "포스트모던 세대는 구어의 중요성을 거부하지 않고 보다 감성적이고 상상력이 풍부하며 상징적인 형태의 커뮤니케이션을 더 쉽게 받아들인다." 포스트모던 세대에게는 다양한 엔터테인먼트 옵션이 있다. 실제를 소통하는 것은 30분짜리 독백에 국한되지 않고설교 3분짜리 유튜브 쇼츠, 블로그, 인스턴트메시징한국의 카톡과 같은, 페이스북 등을 통해서도 이루어진다."pp.114-115

이머징 교회에서의 무엇이 진실truth인가 보다, 무엇이 실제real인가가 더 중요하다고 지적하면서, 30분 동안의 설교구어형태의 전달보다는 다양한 매체에서 영향과 영감을 받는 이머징 교회들에 대해 설명한다. 동시에 라 박사가 참가한 이머징 처치 세미나들이 대부분 백인, 남성, 중산층이 이끌고 있고, 타겟 역시 이에 국한되는 지점에 대해서 비판한다.

현재 미국에서는 과거의 사회적 주류main line였던 교단들조차 죽어가는 가운데 있으므로 이머징 교회 세미나우리로 따지면, 교회 개척 세미나에 해당할 수 있겠다를 통해서 변화를 모색하지만, 실제로는 최신 CCM을 부르고, 몇 가지 장치들을 사용함으로써 새로운 교회라고 부르지만, 실제로는 그들이 사로잡힌 가치이 책에서는 이 사로잡고 있는 가치관이 서구, 백인, 남성, 중산층이라 고정한다에서는 벗어나지 못함을 지적한다.

서구 백인 문화적 제국주의에 사로잡힌 교회: 문화 명령cultural mandate

은 요한계시록 7장 9절에 나오는 다문화 신자들의 모임에서 절정을 이룬다: "그 후에 내가 보니 내 앞에 각 나라와 족속과 백성과 언어에서 아무도 셀 수 없는 큰 무리가 보좌 앞과 어린 양 앞에 서 있더라." 요한계시록 7장은 문화적 사명을 완수하기 위해 다양한 문화가 모여 하나님을 예배하는 교회의 다문화적 미래에 대해 이야기한다.p.134

미국인들은 외국에 가도, 영어로 말하고 달러를 내민다. 물론 세계 어느 관광지를 가도, 통하기 때문에 그렇기도 하겠지만, 이것이 미국 백인들의 문화적 우월주의를 보여 주는 좋은 지표이다. 라 박사는 이 부분에서 다양한 미국 복음주의자들이 문화적 제국주의를 가지고 있음을 지적하면서, 이들이 정작 계시록 7장에서 말하는 다문화적 사명을 감당하지 못하고 있다고 지적한다. 이 부분은 한국도 마찬가지인데 한국의 교회들은 선교지를 지향하지만, 정작 한국교회 안에서 선교지의 언어나 복장, 문화, 음식은 굉장히 낯선 것이고, 그들을 이해하고 배우기보다는, 예전에 헐리우드가 전세계 문화의 중심일 때처럼, K-컬쳐가 문화적 제국주의가 되어 가고 있다는 사실을 인지하지 못하고 있다.

고난과 축제(의 신학): 흑인공동체와 미국 선주민 공동체로부터 배우기

월터 브루그만은 『평화』에서 가진 자와 가지지 못한 자를 위한 샬롬의 차이에 대해 이야기한다: "잘 사는 '가진 자'를 위한 축복[환희]의 신학은 위태로운 '없는 자'를 위한 구원[고통]의 신학과는 매우 다르다." "샬롬의 신학은 '가진 자'와 '없는 자'의 긴장 관계에 있다." "환희의 신학과 고난의 신학 사이의 긴장은 이미와 아직 없는 것 사이의 긴장이다." 올바른 하나님 나라 신학이 지금과 아직 아니 사이의 교차점을 요구하는 것과 마찬가지로, 올바른 샬롬 신학은 고난과 축제 사이에 교차점이 있음을 주장 한다.p. 146.

라 박사는 아메리카 선주민들의 화해와 용서, 그리고 그 이전의 고통에 대해서 이야기 한다. 이것은 잡혀온 흑인들의 이야기와도 동일하다. 하지만, 서구 백인 중산층의 신학은 환희와 축하에만 맞춰져 있고, 슬픔과 아픔에 대한 공감은 적다. 로마서 12:15, "즐거워하는 자들과 함께 즐거워하고 우는 자들과 함께 울라"는 말씀은 많이 인용되지만, 16절의 "서로 마음을 같이하며 높은 데 마음을 두지 말고 도리어 낮은 데 처하며 스스로 지혜있는 체 하지 말라"는 잘 인용되지 않는다. 성경은 명확하게 "높은 데 마음을 두지 말고 도리어 낮은 데" 있으라고 말한다.

총체적 전도(Holistic Evangelism): 이민자 교회로부터 배우기

"한국인 이민 교회는 전도와 교회 성장에 대해 총체적인 접근 방식을 취한다. 교회의 역할은 단순히 일요일에 모여 예배 의식을 진행하는 것 이상으로 확장된다. 한국 교회는 실향민들의 일차적인 문화적 욕구를 충족시켜 준다. 미국 사회의 이차적 시스템이 실패할 때, 이민자들은 한국 교회의 강력한 일차적 문화 시스템에 의지한다. 전도는 단순히 2차 시스템을 도입하여 프로그램을 실행하는 것이 아니라, 도움이 필요한 지역사회를 섬기고 이 세상 나라에서 이질감을 느끼는 이들에게 하나님 나라를 보여주는 서비스를 제공하는 모든 차원의 삶의 참여이다."p.177.

한국교회 이야기를 읽을 때는, 사실 살짝 갸우뚱했다. 하지만 라박사는 지금은 한국어는 거의 인사 정도만 하는 한국어 실력을 가지고 있다 이민 교회들이 지닌 총체적 선교를 그의 책을 읽는 영어 독자들에게 제시한다. 결국 총체적인 복음이란, 식상하게도 이 책은 2009년에 출간되었다 단순히 복음 그 자체만이 아니라, 실질적인 도움과 문화를 향유할 수 있는 이민교회를 서구 백인 문화에 사로잡혀 사변화된 미국 복음주의에 제시한다.

한국인들에게는, 복음이란 것이 단순히 영적이고, 정신적인 일만이 아니라, 실제 우리 삶에서 필요한 사회참여, 사회변혁의 영역도 포함한 것임을 "식상하게도" 이야기하면 좋을 듯했다.

다문화적 세계관: (이민자)2세대 교회에게서 배우기

"세계 기독교의 변화는 이미 일어나고 있다. 미국 복음주의의 변화는 이미 진행 중이다. 백인 교회는 크게 쇠퇴하고 있다. 지난 수십 년 동안 미국 백인 교회의 쇠퇴를 상쇄하기 위해 미국 해안으로 국경지대로 이민자들이 유입된 것은 하나님이 정하신 것처럼 보이는 일이다. 이러한 이민자 커뮤니티 중 다수는 눈에 띄게 쇠퇴하고 있던 미국의 기독교 공동체에 '영적 강화'를 제공했다. 대부분 도시의 부흥은 이민자 교회의 성장의 결과로 발생했다. 도심 교회 성장의 중심은 부유한 백인 교회가 아니라 가난하고 권리가 박탈된 이민자 교회이다. 예를 들어, 보스턴에서는 쇠퇴하고 죽어가는 낡은 이차 신앙 secondary faith이 새롭고 활기찬 일차 문화 기독교로 대체되고 있다."

미국에서의 백인의 출산율 저하, 교회의 쇠락은 이미 잘 알려진 일이다. 그리고 그 공백을 메우고 있는 것이 Secondary Faith라고 불리는—1등 시민, 2등 시민을 나누는 것처럼, 믿음/신앙에서 보다 열등한 2차 신앙으로 여겨지는 이민자들의 신앙이다. 그리고 2세들의 신앙은 1세대들과 다르고, 동시에 서구, 백인, 중산층, 남성의 문화도 아닌 모든 것이 융합된 색채를 지녔다. 따라서, 앞으로의 미국 복음주의가 나아갈 길은 다문화Muticultural라고 보고 있다.

여러 가지 문제점들과 지적들을 나열하면서도 그의 책의 결론은 희망적이다.

> "나는 여전히 교회의 미래를 믿는다. 그것은 현재에 보이는 것에 근거한 희망이 아니라 아직 오지 않은 것에 대한 약속에 근거한 희망이다. 그것은 그리스도인들이 반복적으로 손상시킨 것을 그리스도께서 회복시키고 치유하실 수 있다는 약속이다. 예수님께서 기꺼이 목숨을 버리신 것은 교회를

위한 것이었다. 예수님께서 다시 오시기를 갈망하시는 것은 교회를 위한 것이다. 예수님이 서구의 백인 문화 포로됨을 넘어 더 큰 약속을 주신 것은 교회이다."p.208

이민자 한국인 2세로서 본인의 자리에서 미국 복음주의에 대한 비판을 가감없이 하고, 용서와 화해, 공동체적 회개를 통한 미래를 제시하는 이 책은, 한국 독자들에게는 낯설 수도 있다. 하지만 동시에, 십 여년이 더 되었지만, 오늘 한국교회에도 미치는 울림과 공감이 있다. 유학에서 돌아온 나는, 자주 한국교회가 미국교회, 특별히 서구, 백인, 중산층, 남성의 그것을 닮아가고 있다는 생각을 자주 한다.

한국은 생각보다 차별적인 나라이다. 저개발 또는 개발 중인 국가들에 대한 한국 이민당국의 고자세와 한국인들의 유색인종들에 대한 차별은 나와 우리 가족들을 깜짝 깜짝 놀라게 한다. 미국에 가기 전보다는 확실히 줄었지만, 여전히 타인종, 타민족에 대한 차별적 표현이 난무하고, 우월적 위치와 애국심 또는 민족애를 혼동하는 것이 낯설기만 하다. 특히나 교회 안에서 이런 목소리가 들리고, 교회가 평화를 지향하는 것이 아니라 대립과 갈등을 지향하고, 여전히 한국교회는 수능이 없는 사회를 위해서 기도하는 것이 아니라, 내 자녀가 수능을 '잘' 치길 기도하는 것을 보면서 생각이 많다. 부디 많

은 분들이 다음 단계의 복음주의the Next Evangelism를 고민하고 살아내
길 기도한다.

3. 데이비드 거쉬의 "After Evangelicalism"

배덕만 교수(기독연구원 느헤미야)

데이비드 거쉬Davie Gushee는 서독 프랑크푸르트에서 출생하여 미국 버지니아주 비엔나에서 성장했다. 1984년에 College of William and Mary에서 학사를, 1987년 Southern Baptist Theological Seminary에서 목회학 석사를, 1993년 Union Theological Seminary에서 기독교 윤리로 박사 학위를 받았다. 현재는 Distinguished University of Christian Ethics at Mercer University 재직중이다.

그는 가톨릭 가정에서 출생하여 13살에 교회를 떠났고, 16살에 남침례교회에서 회심하여 남침례신학교에서 공부하고 목사 안수를 받았다. 25살 때, 진보적인 유니언신학교뉴욕에서 윤리학으로 박사과정을 시작하였고 6년 후 홀로코스트 동안 유대인들을 구한 기독교인들에 대해 연구한 것으로 박사논문을 완성하였다. 박사 과정 중 2년 동안 로날드 사이더의 Evangelicals for Social Action 스텝으로 일하였고 중도좌파정치, 평화와 정의 문제에 집중했다. 졸업

후 3년간 남침례신학교에서 가르치다가 여성 안수 문제를 겪었고, 2007년에 Mercer University로 옮겨 가르치고 있다. 거쉬는 2014년 *Changing Our Mind*를 출판하고 LGBTQ 사람들을 다른 이들처럼 복음주의가 온전히 수용해야 하는 것을 성경적으로 논증하고, 이 책 이후 그는 복음주의를 떠났다. 현재 거쉬는 기후변화, LGBTQ 수용, Post-Evangelicalism에 관심을 두고 있다.

제1장. 복음주의에서 1942년경 근대복음주의는 하나의 발명된 종교적 정체성이었는데, '복음주의적'이라는 것은 때때로 자화자찬적 서술이었다고 밝힌다. 신복음주의는 사실 근본주의였고 복음주의 형성과정은 보다 옛날의 분파적 특성들을 약화시켰다. 1970년대 이후, 백인 복음주의자들이 점차로 사회적으로 보수적인 공화당원들과 동일시되었다. 현대 미국 복음주의는 과거의 신학적 근본주의, 사회적 지위, 반동적 정치로 회귀하는 것으로 보인다. 미국 복음주의 핵심 구성원들이 예수의 핵심적 가르침들을 부정하는 태도와 관행들에 대해 침묵을 요구한다는 통념이 오늘날의 대규모 '복음주의 탈출'에 기름을 붓고 있다고 말한다.

제2장. 성경은 자신의 심오한 의미에도 불구하고, 성경은 복음주의자들이 기대하는 무게를 감당할 수 없다고 한다. 성경무오설은 흔히 신자들에게 불필요한 신앙적 위기를 초래한다. 일부 성경 본문은

너무 유용한 가르침이기에, 하나님께 받은 영감을 지속적으로 드러낸다. 성경에 대한 건강한 포스트 복음주의적 접근은 성경이 언제나 하나의 해석된 본문이며, 우리 같이 흠이 있고 유한한 인간들이 해석자라는 사실을 드러낼 것이다. 성경은 교회의 책이며, 유대인들의 옛날 책을 차용한 것이다. 본문과 유대인들의 대화 전통에 주목해야 한다. 포스트 복음주의자들은 성경을 포기하지 않으면서, 성경무오설을 배제할 수 있다.

제3장 자료들. 인간이 하나님의 음성을 들을 때, 완벽하거나 위험이 없는 방법은 없다. 포스트 복음주의자들은 우리의 신앙생활에서 전통과 지도자의 역할을 인정해야 한다. 초기교회 전통으로 돌아가는 것은 가치있지만, 또 다른 무류설infallibilism에 빠질 위험이 있다. 인간 이성, 경험, 통찰력, 공동체, 관계는 신학적 도덕적 분별을 위한 소중한 원천이자 맥락이다. 포스트 복음주의자들은 예술과 과학에 포괄적이고 두려움 없이 관여해야 한다. 우리는 에라스뮈스의 정신을 따라 근본주의적/복음주의적 교조주의를 포기하고 그것을 기독교 인문주의로 대체해야 한다.

기독교 인문주의의 7가지 특징은 다음과 같다. 1 공통된 인간성에 근거하고, 인간의 일치를 추구한다. 2 인간의 악함에 대해 현실적이지만, 인간의 도덕적 잠재력에 희망을 가진다. 3 과거와 현재에서 인간 공동의 지적 업적을 존중하고 관여한다. 4 인간의 자유의지, 양심의 자유, 인간 지성의 적절한 독립을 단호하게 인정하고 존중한다. 5단지 내세에 인간의 영혼만이 아니라, 이 세상에서 온 인류의 총체적 복지well-being에 관심을 갖는다. 6인간적 문제들에 대한 공통된 토대와 평화적 해법을 찾는데 헌신한다. 7기독교는 교리적 순수성, 이념, 교회의 자기 이해보다, 인간과 피조물을 위해 존재한다고 이해한다.

제4장 하나님. 저자에게 영향을 끼친 7가지 신학적-윤리적 영향들은 하나님나라 신학, 사회복음, 홀로코스트 신학, 해방신학, 가톨릭 사회교리, 그리고 진보적 복음주의의 사회정의이다. 그는 다음과 같이 말했다. "불타는 아이 앞에서 신뢰할 수 없는 신학적 진술은 무의미하다." 구약성경은 사랑하고, 창조하고, 유지하고, 해방하고, 구하고, 언약을 맺는 하나님, 그리고 선택된 이스라엘 백성과 그의 어렵지만 인내하는 관계에 대한 이야기를 들려준다. 구약성경에 담겨 있는 주된 언약의 약속들땅, 왕권, 성전, 신적 보호은 정경의 완성으로 충족되지 않았다. 예레미야, 노아, 욥 같은 성경의 책들은 하나님과 맺은 자발적 언약에서 인간의 고양된 도덕적 책임을 강조하는데 기여한다. 하나님은 우리가 하는 일을 증인으로서 바라보신다. 때로는 극심한 고통 속에.

제5장 예수. 미국 복음주의는 십자가에 달린 구세주 예수, 홀마

크- 성탄절-영화 예수, 우리가 성공하길 바라는 예수, 우리가 원하는 것으로 채워 넣을 수 있는 텅 빈 예수를 제안한다. 어떤 것도 적절하지 않다. 공관복음에 대한 심층적 독서를 통해 드러난 예수는 묵시적 예언자, 고통당한 신-인, 그리고 부활하신 주로서 예수다. 예수의 메시지와 죽음의 현대적 의미는 "복음이란 무엇인가?"란 중요한 질문과 함께 고려되어야 한다. 포스트 복음주의 기독교는 최소한 천상의 바울적-주류 종교개혁 복음과 예수와 그의 통치 사역에 대한 집중 사이의 불균형을 교정할 필요가 있다.

제6장 교회. 포스트-복음주의자들은 해로운 가르침들에 대한 환멸, 과학과 진보적 학문에 대한 반동적 태도, 우익 정치, 그리고 폭력을 당하거나 상처를 입은 경험 등을 포함한 미국 복음주의 경험들 때문에 교회를 떠나고 있다. 교회는 예수 그리스도를 통해 하나님과 언약관계를 맺고, 그의 왕국 사명을 성취하려는 사람들의 공동체이다. 교회는 하나이고 거룩하며 보편적이고 사도적이며, 또 그렇게 되기를 추구해야 한다. 교회는 그리스도의 몸, 성령의 전, 새로운 피조물, 하나님 나라에 헌신한 백성, 그리고 예배, 말씀, 성례전을 통해 훈련된 언약 백성이다. 포스트 복음주의 교회생활을 위한 거쉬의 조언은 다음과 같다. "나의 동료 포스트-복음주의자들을 위한 나의 조언은 간단하다. 즉, 당신에게 적합한 그리스도인들의 공동체를 찾을 때까지 포기하지 말라. 당신이 교회를 찾을 때, 당신만의 타협할 수

없는 조건들이 있을 것이다. 나의 것은 이렇다. 즉, 예수를 따르고 그의 나라를 구하는데 진지하게 헌신된, 기독교의 일치, 성결, LGBTQ 사람들을 포함한 모든 이들을 위한 보편성, 그리고 사도성을 반영하고 추구하는 언약의 신자들로 구성된 살과 피의 지역 공동체를 찾아라. 당신이 하나님과 사람의 사랑, 지상에서 살아 있고 현존, 하나님 나라를 위해 일하는 사람들, 당신의 활동하는 그리스도, 영의 사랑스러운 여정을 위한 지원, 그리고 성경, 예배, 성례전을 통해 온전한 영양 공급을 체험할 수 있는 공동체를 찾아라. 오랫동안 실제 사람들에게 언약적인 헌신을 할 수 있는 곳을 찾아라."

제7장 성(Sex) 복음주의 성윤리의 부정적 결과는 특히 정결 문화와 LGBTQ 배제와 관련된 비판들 속에서 보인다. 성에 대해 신약성경에서 가장 널리 읽힌 본문들은 성욕, 간음, 이교주의, 수치심을 동반한 사회적 통념에서 벗어난 성과 관련이 있다. 구약성경에 대한 심층 독서는 교회에게 도움을 줄 수 있었다. 솔로몬의 아가는 성에 대한 즐거운 찬사를 제공한다. 윤리적 규범을 진술하는 주된 방법으로서 성적 정결로의 회귀는 복음주의 맥락에서 많은 문제를 야기했다. 가부장주의, 성직자 우월주의, 성적 완벽주의 같은 것들이 성적 비행 을 위한 특별히 풍부한 토양으로 드러난다. LGBTQ 사람들과의 관계에서 복음주의적 성윤리가 잘못된 것은 성경이 그것을 허용하는 것처럼 보이지 않기 때문에, 현실을 제대로 다루지 못하는 것이

다. 예수를 따르는 모든 이들에게 적용된, 결혼의 언약과 갱신이란 개념의 회복은 앞으로 나가는 최고의 방법이다. 우리는 포스트 복음주의자들이 상호 적극적인 동의와 비강제적 비착취적 성의 한계선에 충실하도록 도울 필요가 있다.

제8장 정치. 교회가 세상의 정치영역과 어떻게 관계를 맺어야 하는가라는 복잡한 질문은 항상 기독교 사상가들을 혼란스럽게 만들어왔다. 성경은 단 하나의 일관된 정치윤리를 제시하지 않으며, 매우 많고 다양한 정치적 접근들을 위해 인용되어 왔다. 백인 근본주의와 복음주의가 때로는 정치적으로 진보적이고 개혁적이었지만, 지배적 입장은 보수적이었다. 1970년대 후반에 탄생한 기독교 우파는 공화당 지도자들과 협력해서, 백인 복음주의자들과 공화당 사이에 지금까지 지속되는 우호관계를 형성했다. 트럼프의 대통령직에 대한 백인 복음주의자들의 강력한 지지와 신학적 정당화는 많은 관찰자들을 계속 당혹스럽게 만든다. 포스트 복음주의적 정치를 위한 제언은 다음과 같다. 독특한 기독교적 정체성을 갖고 공포가 아니라 희망에 근거한 행동을 하라. 지상의 권력으로부터 비평적 거리를 두고, 폭넓은 기독교의 사회적 가르침 전통에 근거하라. 세계적 관점을 소유하고, 하나님의 나라와 공동선에 기여하길 지향하라. 우리가 설교하는 것을 실천하기 위해 노력하라.

제9장 인종. 백인 우월주의는 이단이며 죄, 기독교 핵심적 신학의 위반이다. 유럽의 제국주의적 식민주의에서 유래하고, 노예제도를 정당화하는 미국 백인 기독교는 인종차별적 이단과 그것이 야기한 죄 속에서 탄생했다. 노예제도의 악화와 그것이 정당화한 인종차별은 백인 노예주들 안에 깊이 침잠했고, 맹렬하게 증가했다. 그러면서 백인 그리스도인 노예주들은 그들 방식의 예수와 동행하는 길을 찾았다. 흑인 소설가, 신학자, 다른 지도자들은 철저하게 백인우월주의가 백인 기독교의 통전성에 끼친 해악을 서술해왔다. 미국 역사에서 백인우월주의를 포기할 수 있는 기회들이 수차례 존재해왔지만, 놓치고 말았다. 흑인 학자들에게 주목하면, 우리가 안다고 생각했던 모든 범주들이 책에서 다룬 모든 주제들에 대해 다시 생각하게 된다.

마지막 그의 말을 들어보자. "나는 성경에 토대를 두고, 예수에게 개인적으로 헌신하며, 정의 지향적인 도덕적 비전과 세계의 문제에 대해 실천적 관심을 지닌, 진보적 복음주의 그리스도인이 될 수 있었다"

4. 복음주의의 세계관

오형국 목사(청년신학아카데미 공동대표)

1. 신앙전통의 형성 : 신조와 세계관

이미 2000년대 초부터 2020년대 까지 Post Evangelical, Next Evangelicalism, After Evangelicalism 등 복음주의에 포스트, 넥스트, 애프터 등의 접두사가 붙은 용어가 출현하였다. 어떤 이들은 복음주의라는 용어 자체를 포기 내지 거부하는 입장을 취하는 한편, 어떤 이들은 복음주의 전통 자체를 폐기한다는 것이 아니라 근본 기조를 유지하되 변화된 세계에 적응하는 신앙패턴을 형성하고자 한다. 알기 쉬운 예를 든다면, 미국의 기독교 사회운동가 짐 윌리스가 자신을 '20세기에 태어난 19세기 복음주의자'라고 표현한 내용이다. 짐 윌리스는 한국에서도 IVP의 모던 클래식으로 유명한 〈회심〉의 저자이다. 그는 복음주의권의 사회적 참여사역의 로날드 사이더와 함께 대표적인 지도자였는데, 그가 전통적 복음주의의 신조십자가의 속죄 구원, 성경의 권위, 회심의 중요성, 전도의 사명를 믿는 형제단 교회Brethren church 출신임에도 사회적 책임사역을 강조하니까 구령전도에만 집중하기를 원하는 백인 중산층 교회 사람들이 '당신은 복음주의에서 이탈했다'고 비난할 때 그는 "내가 당신들과 다르다고 해서 복음주의자가 아닌 게 아니고 현재 20세기 복음주의보다 원조인 19세기형 복음주의자"라고 한 것이다. 19세기 복음주의는 웨슬리, 윌버포스 등 전통적 구령중심의 복음과 산업혁명 이후 발생한 극심한 빈곤과 사회악, 그리고 노예해방을 해소하기 위해 헌신했던 복음적 신앙을 가진 그리스도인들을 가리키는 것이다. 실제로 웨슬리는 오늘도 전도와 교회성장론자들도 모델로 언급하는데, 전도와 설교와 함께 광범위한 기독교 사회운동빈민 복지와 비혁명적 노동조합 운동 을 통해 산업혁명시대 영국사회가 극심한 계급갈등에 처했을 때, 프랑스혁명1789의 방식이 아니라 평화적인 의회정치 과정으로 해결되게 한 것으로 역사가들은 평가한다. 여기서 한 가지 더 제시할 역사적 연구는 Great reversal대역전이라는 주제이다. 사회학자 데이비드 모버그는 미국에서 19세기 복음주의의 총체성을 버리고 전도우선, 영혼구원, 지상주의로 교회의 신학과 정책이 바뀐 현상을 분석한다.

이처럼 십자가의 속죄구원과 회심, 성서의 권위, 전도의 중요성이라는 역사적 기독교의 근원적 신앙고백을 견지하면서 20세기 복음주의의 퇴행적 요소를 털어내고 21세기에 기독교 진리의 증거에 호소력을 발휘할 수 있는 신앙전통은 어떤 형태와 속성을 확보하여야 하는가?

2. 신학적 인식론과 세계관의 확장

1) 교의적 전환을 가능케 할 인식론의 변화

문명 전환기마다 시효가 만료된 과거의 규범norm에 대한 비판이 필요하지만 보수적 교회일수록 신앙전통의 형성과정에 대한 무지로 인하여 신학적 비판은 곧 신조의 거부로 인식되어왔다. 역사 속에 실재하는 신앙전통은 신조만으로 구성되지 않는다. 신조와 함께 인간과 세계에 대한 올바른 앎지식을 확보하는 성숙한 인식론이 장착되어야 시대마다 신앙공동체를 이끌어 나갈 적실한 신앙의 규범을 구성할 수 있다.

중세 스콜라 신학에서 종교개혁 신학으로의 이행은 혁명적인 패러다임 변화shift였다. 이는 교의적으로 공로merit신학에서 은총의 신학으로의 전환이었다. 우리는 이신칭의로 상징되는 개신교 신학의 탁월함을 예찬할 때는 많으나 무엇이 그것을 가능케 했는가를 깊이 다루지 않는다. 교리는 신앙의 규범인데 제도화된 교회의 공적 기준이 바뀌는 것은 기술의 변화처럼 단순히 좀 더 세련되고 정교한 이론이 나왔다고 되는 것은 아니다. 기존의 교의가 시대의 영적 필요와 도전에 더이상 답하지 못하는 상황, 즉 이 신학으로는 노답이라는 현실을 민감하게 느끼는 사람들의 의문과 고뇌의 성찰로부터 쉽지 않은 전환의 과정이 시작되는 것이다. 16세기 종교개혁의 신학은 14-15세기의 기독교 인문주의자들이라 불린 시인과 철학자, 예술가들이 신앙과 삶에 관한 지식들을 더이상 부패한 제도교회의 권위적 결정 아닌 다른 원천에서 찾으려는 지적 운동을 기반으로 형성된다. 중요한 것은 결론적 교의의 대안 앎^{지식, 인식}을 얻는 방법의 변화에서 시작된 것이다. 그래서 칼뱅의 기독교 강요는 사도행전의 순서를 따라 교의적 진술을 전개함에 앞서 1.1.1.에서 이중 신 지식론을 제시한다.

개신교에서 가장 주요한 신앙전통인 칼뱅주의 개혁파의 신학적 전범으로 인정되는 『기독교 강요』를 보자. 이 책의 전체 구성은 사도신경의 구조를 따라 교의적 내용이 서술되지만 제1권 제1장 제1항은 특정 교의가 아니라 칼뱅의 신학 전체를 관통하는 신학적 인식론을 선포하고 있다. 통칭 이중 신지식론Twofold knowledge of God, Duplex Cognitio Dei이라고 불리는 조항으로서 다음과 같다

거룩한 지혜는 하나님을 아는 지식knowledge of God과 인간 자신 knowledge of Self을 아는 지식이라는 두 개의 지식으로 구성된다. 그리고 이 두 지식은 서로 뗄 수 없이 여러 겹으로 결합되어 있다.

여기서 두 지식in search of 'God and Self'은 특별은총과 일반은총 또는 신조와 세계관으로 이해될 수 있다. 이 두 가지는 서로 용질과 용매 ^{지적, 문화적}의 관계로 결합하여 작용한다.

21세기 복음주의의 새로운 버전은 십자가의 신학을 포기하는 것이 아니라 20세기 복음주의자들이 배제했던 일반은총의 영역을 신

학의 주 과제로 받아들여야 한다. 이는 과거의 개혁자들이 인문학의 개방적으로 받아들인 것처럼 사회과학과 자연과학에 대한 이해를 수용해야 한다. 이미 복음주의권 외의 학문적 신학에서는 상식화된 얘기라고 코웃음칠 수도 있지만 중요한 것은 교회의 현실에서 우리가 주목할 점은 학자와 전문가들의 신학이 얼마나 회중과 현장사역자들에게까지 전달되어 통용되고 있는가이다. 세계기독교의 중심이 서구에서 비서구global south로 이동하면서 교회의 신학적 함량은 전보다 더 취약해질 수도 있다는 우려가 있다.

2) 세계관과 제자도의 확장

하나의 신앙전통이란 예수 그리스도를 따르는 개인과 신앙공동체의 신앙고백이 자기 시대의 문화와 상호작용하며 역동적인 결합을 이룬 소산이다. 여기서 중요한 구성요소는 교의적 신조와 인간과 세계를 해석하는 세계관이다. 성서 속에는 여러 가지 교의적 개념들이 담겨져 있다. 창조와 구원, 하나님 나라통치와 이신칭의, 특별은총과 일반은총, 하나님의 주권과 인간의 책임, 초월과 역사내재, 개인과 공동체, 구원과 영광, 미래와 현재 등이다. 이러한 이항구조 중 무엇을 중심개념으로 삼는가에 따라, 그리고 인간과 세계를 이해하는 다양한 방식 중 어떤 입장을 채택하는가에 따라 신앙관의 특질이 형성된다. 여기에는 그리스도인 개인이나 집단의 기질적 속성ethos과 시대의 영적 필요, 도전과 질문이 중요한 역할을 한다.

20세기의 미국식 복음주의는 창조보다 구원론에, 역사보다는 초월, 공동체보다는 개인에 더 비중을 두어왔다. 이러한 경향성은 단순 명료한 구원 메시지를 제시하는 강점이 있고 선교 초기의 대중전도사역에서는 효과를 발휘했으나 인간과 세계에 대한 기독교적 이해에서는 매우 빈곤해지는 결과를 가져왔다. 그 결과 복음주의 교회에는 부지불식 간에 세속의 문화이념과 정신적 기류가 용이하게 들어올 수 있는 공백이 생기게 되었다. 성경적 표현으로 말한다면 집을 깨끗이 청소하고 비워놓으면 악한 귀신이 자기 친구들까지 데리고 와서 일곱 귀신이 점령하게 된다. 더 심각한 문제는 복음주의의 세계관적 공백 속으로 들어온 비성경적 문화와 사상들이 복음주의자들의 메시지와 행동에 녹아들어서 마치 그것이 기독교 복음의 내용인 것처럼 여겨지고 재생산된다는 것이다.

복음주의는 시간적으로 18세기의 조나단 에드워즈, 웨슬리, 휫필드 등으로 거슬러 올라가며 지리적으로는 대서양 양안의 영국과 북미대륙을 오가며 형성된 오래고 광범위한 신앙전통이다. 그렇기 때문에 과거에도 시대와 국가에 따라 특질의 차이가 있었고 앞으로도 그러한 발전양상을 띠게 되는 것이 자연스러운 일이다. 그렇다면 21세기 복음주의의 내용은 무엇이 되어야 할지 기존 전통에 대한 체계적이고 비판적인 성찰을 근거로 하여 적실한 대안적 전통을 형성해야 할 것이다. 변하지 않는 기조는 무엇이고, 새롭게 장착해야 할 구성요소는 무엇인가?

3. 21세기 복음주의를 위한 착안점

라승찬Ra Seung Chan의 『넥스트 복음주의Next Evangelicalism』 2009, 데이비드 거쉬David Gushee의 『애프터 복음주의After Evangelicalism』 2020, 마크 놀, 베빙턴, 마즈던 공편, *Evangelicals: Who They Have Been, Are Now, and Could Be* 2019 등을 참조하면 20세기 미국을 중심으로 발달한 복음주의는 다음과 같이 설명할 수 있다. 첫째, 구원론에서나 세계관에서 철저히 개인주의에 함몰되어 있으며 둘째, 20세기의 자본주의 확장 시대에 형성된 복음주의는 기독교와 자본주의를 전적으로 동일시하는 신념과 성향을 갖게 되었고 소비주의 문화에 탐닉하였다. 셋째, 교회성장주의와 맞물려 사회적 강자와의 유대를 추구하는데 이는 미국에서는 인종주의와 연계된다.[1]

1) 개인주의 비판

21세기 복음주의는 기존의 복음주의가 전도와 회심에 과도히 몰

---

1) 라승찬의 Next Evangelicalism은 총 3부로 구성되어 있다. 저자는 한국인 2세로서, 한국에서 태어나 어린 나이에 미국으로 이주하였으며, Golden-Conwell에서 목회학 석사를 Drew에서 박사학위를 받았다. 교회 개척의 경험과 교회 사역을 경험한 후에 학교에서 가르치기 시작하였으며, 따라서 그의 책은 사변적이지 않고, 실제적이고 목회적이다. 현재는 Fuller Theological Seminary로 자리를 옮겨 전도 및 선교학 교수로 재직 중이다. 1. 서구, 백인 문화에 포로된 교회(The Western, White Cultural Captivity of the Church) 2. 서구, 백인 교회에 만연한 포로됨(The Pervasiveness of the Western, White Captivity of the Church) 3. 서구, 백인 문화의 포로됨으로부터의 해방(Freedom from the Western, White Captivity of the Church) 라승찬은 실제적인 예와 더불어서 복음주의라고 부르는 교회들 안에 묻어 있는 복음 이외의 것들, 특별히 서구, 백인, 남성, 중산층(Western, White, Male, Mid-class)중심의 문화를 지적한다.

입함으로써 잃어버린 '대립의 복합'이라는 성서의 인식론을 회복하고 개인주의와 공동선의 사상을 통전하여야 한다. 먼저 개인주의에 대한 성숙한 이해가 필요하다.

(1) 개인주의의 정의와 속성

개인주의는 개인의 자유와 독자성, 자기책임성에 근거한 자율성을 핵심가치로 삼는다. 개인을 목적 자체로 보고 각 사람이 스스로의 견해로써 자신의 행동을 지배해야 한다는 믿음이다. 개인주의의 대비개념은 집단주의collectivism 또는 공동체주의communitarianism이다. 극단의 반대편에 전체주의totlaitarianism가 있다. 개인의 존엄성을 추구하되 개인으로서의 각성은 인간성의 성숙에 필수적인 요소이다.

(2) 개인주의의 종류

먼저 신앙의 자유, 양심의 자유, 신념의 자유를 추구하는 것이 17세기 퓨리턴들에 의해 성립된 근대 개인주의의 출발이다. 그러나 경제적 권리에 중심을 두는 소유적 개인주의posessive individualism가 개인주의의 주된 면모가 된다. 단편적인 예시이지만 인생관과 역사인식에서의 개인주의로서 윤치호를 들 수 있다. 그는 구한말의 뛰어난 계몽지식인이었으나 '나라가 망하더라도 개인주의자로서 역사현실에 초연하리라'는 입장을 표명하였고 후에 친일인사가 된다. 소설가

김훈은 '어떤 깃발 아래로도 들어오지 않으며 무엇에도 길들여지지 않는 사내'로 묘사되듯이 어떠한 정파적 소속도 거부하는 개인주의자이지만 연속되는 산업재해의 참사사태를 직면해서는 '개체 인간으로서의 생명가치에 대해서는 차마 침묵할 수 없다'고 발언하며 시민단체의 공동대표를 맡아서 화제가 된 바 있다.https://blog.naver.com/kkys2126/222006883782

(3) 개인주의와 다른 사회사상의 상관성

경제적 자유방임주의 전통의 극대화라고 할 수 있는 20세기 후반의 신자유주의는 자본주의의 종교화라고 평가된다. 한편, 사회주의 사상 속에서도 개인주의적 가치를 추구하는 예가 있다. 오스카 와일드는 "사회주의 아래서 인간의 영혼"에서 '사유재산을 폐지함으로써 우린 진정하고 아름다우며 건강한 개인주의를 향유하게 될 것이다. 누구도 상징적인 것들을 축적하기 위해 인생을 허비하지 않게 될 것이다'고 주장한 바 있다. 그는 자유지상주의적 사회주의를 개인주의를 보장하는 방법으로서 옹호했다. 실존주의 철학자 키에르케고르는 문화 기독교를 배격하며 신 앞의 단독자로서의 개인적 신앙의 진정성을 주창했다.

2) 공동선의 세계관

세상을 큰 바다라고 할 때 그 바다를 건너는 방법은 각 개인이 조그만 배를 타고 가는 것이 아니라 공동의 노력으로써 바다를 항해할 만한 규모의 배를 만들어 함께 타고 가는 것이다. 그때 이 배는 공동체 모두에게 선한 것이다. 만일 항해 시 풍랑을 만나 짐을 버려야 할 때 자신을 포함한 공동체 구성원의 생명을 위하여 자신의 화물사익을 버리는 선택을 할 수 있어야 공동선은 유지된다.

(1) 기독교 신앙은 개인주의와 공동체주의 어느 편에 친화적인가?

태생적으로 프로테스탄트 개신교는 가톨릭 체제의 모순을 극복하기 위하여 종교제도에의 소속이나 중보자의 공덕과 무관한 개인의 신앙고백이 신앙의 진정성을 결정함을 주장하는 개인주의 신앙관을 주장함으로 출범한 신앙전통이다. 그러나 그것은 중세말의 모순된 상황에서의 해법이었을 뿐 모든 시대, 모든 조건에서의 도식적 규범은 아니다. 복음진리의 이해를 위해서 앞서 말한 '대립의 복합complexio oppositorum' 또는 화쟁과 회통의 인식론이 요구된다. 모든 사상과 정책에는 순기능과 역기능이 있고 과유불급이 있다. 기독교 신앙은 수많은 대립요소들의 복합complex of the oppsites이다. 영과 육, 개인과 사회, 존재와 행위, 신성과 인성, 초월과 역사내재 등이다. 무엇보다 하나님의 주권과 인간의 책임이라는 대립의 복합을 현저히 예시하는 구속사의 사건은 창세기 45장의 요셉과 형들의 대화이다. "나를 이리로 보낸 이는 형님들이 아니라 하나님이십니다."45:8

또한 복음은 피조계의 모든 것에 대하여 비판적이다. 어떠한 것도 신성시되거나 절대화 되는 것을 거부한다. 사유재산을 옹호하지만 신앙의 차원에서 사유재산은 내 것이 아니라 하나님의 것이라는 위임개념 아래 있다. 리더십의 중요성을 강조하지만 권력자가 자신의 법과 언약의 한계를 넘어서는 권력의 절대화를 추구하면 폭군으로 규정한다. 민주주의가 기독교의 정치적 이상이 될 수 있는 이유가 여기에 있다. 기독교 신앙은 개인주의 일변도의 역기능과 폐단을 비판하지만 반대로 집단에 의해 개인의 양심과 인권의 존엄이 억압받을 때는 개인주의의 필수불가결한 가치를 주창한다.

(2) 양극화 세계가 요구되는 공동선의 가치

개인주의 과잉은 사회나 국가의 공동체성을 파괴한다. 개인과 개별집단의 사익이 구성원들이 함께 누려야 할 행복과 가치, 즉 공동선common good을 압도하기 때문이다. 공동체성이란 구성원들이 '함께 자유함'으로써 평등한 관계를 형성하는 사회이다. 성경적 표현은 몸의 사상고전 12:12이다. 현재 개교회주의 현실에서 교회의 공동체성에 대한 이해의 피상성은 복음주의가 세속적 개인주의에 포획되어 있음을 말해 준다. 탈가치, 탈윤리적 신앙의 공동체 담론의 맹점은 구체적으로 공동선을 이루는 방책의 추구가 없다는 것이다. 한국에서 교회가 세상의 강자 편에 서는 집단이 된 비극적 사례는 세월호, 이태원 재난의 희생자 가족들이 교회에서 불온한 사람으로 취급받는 상황이다.

3) 선택적 성경읽기를 넘어서

온전한 성경적 세계관을 구성하려면 '모든 성경Tota Scriptura' 원리에 충실해야 한다. 20세기 복음주의는 은총교리를 강조하고 구원과 회심을 중시하며 그와 함께 성경의 권위를 지극히 높여왔다. 그러나 자기도 모르는 사이에 빠진 큰 함정은 성경의 특정 본문들에 몰입하면서 간과하는 본문이 매우 많아졌다는 사실이다. 간략히 예를 들면, 로마서에서 1:17은 칭의교리의 근거 성구로서 애호되지만 로마서 8:22의 피조물 신음에 대한 성령의 탄식이나, 그리스도께서 소자와 자신을 동일시한 마태복음 25장의 최후심판 비유는 별로 설교되지 않는다2. 진정으로 종교개혁의 신학전통에 충실하려 한다면 우리가 성경을 얼마나 선택적으로 읽고 있는가를 돌아보아야 한다.

4) 개종주의(Proselytism)의 극복

선교의 개념을 타종교에서 기독교로의 개종과 교회 등록 차원에 한정함으로써 '하나님 나라와 세상의 맞닥뜨림Encounter with the World' 이라는 포괄적이고 역동적인 개념으로 나아가지 못한다. 선교나 목회를 하나님의 통치를 구현하는 사역이라기 보다는 교회확장으로

---

2) 구조적 불의에 희생되고 있는 약자를 주목하는 해방신학자들이 이 본문을 복음서의 최고 중요성구로 지목한 것도 참조할 만하다.

인식하는 교회성장주의 선교관이 이와 부합하는 것이다. 이것의 유래는 서구 선교가 식민지 확장과 함께 진행되던 19세기 제국주의 선교에 있다. 식민지 백성들에게 기독교로의 개종과 교회 등록 외에 삶의 모든 영역에서의 제자도나 윤리적 회심, 사회의 구조적 불의에 대한 인식을 고취하지 않는 것은 당연한 일이었다. 그 결과 오늘날까지 선교지에서 현장에서 교회개척, 전도와 수세자의 수적 성과 외의 것을 목적하기 어렵게 한다. 현실적으로 개종주의 선교관의 문제점은 아이러니하게도 개종을 얻어내는 전도사역에서 창의적 개발의 노력을 요구하지 않는다는 사실이다.

5) 온정주의를 넘어서(upstream)

온정주의 비판은 간혹 오해되듯이 긍휼mercy사역의 가치를 폄하하는 것이 아니라 인간과 세계의 곤경에 대해 피상적인 인식과 임시방편의 시혜로 국한시키는 것을 지적하는 것이다. 삶의 곤경을 야기하는 구조적 과정에 대한 통찰이 부재함으로 전도대상자들과 공감대를 얻지 못하고 있으며, 그것의 원인인 불의한 구조에 대한 몰이해로 인하여 기독교 신앙의 정의와 긍휼 차원에 대한 인식도 선포도 이루어지지 못하고 있다는 사실이다. 예를 들면, 최근의 한국의 저출생 문제에 대하여 교계를 대표하는 위치에 선 인사들이 생육과 번성이라는 창세기의 말씀을 의거하여 혼인의 당위성을 강조하고, 출산 장려금 지급을 해법으로 제시한 적이 있었다. 소수의 상류층 외에 청년층의 대다수가 고용과 주거, 사교육의 심각한 부담에 결혼과 출산을 기피하는 현실에 대해 공감도 사회과학적 인식도 부재한 모습을 보임으로써 교회는 반지성적이고 기득권의 이데올로기에 갇힌 집단으로 간주되기도 하였다.

6) 반지성주의에서 지성적 경건으로

복음주의는 신앙과 인격의 다양하고 복합적인 속성을 이해하는 것보다는 구원을 위하여 가장 필요한 것 한 가지unum necessarium만을 취하고 그것을 파수하는 입장을 선호해 왔다. 신학에서도 중세 가톨릭이나 개신교 정통주의의 사변신학을 거부하며 성찰적 사유보다는 초자연적 감성을 중시하였고 거기에 대중성이 결합되면서 복음주의는 반지성주의라는 정신적 경향성을 내장하게 되었다. 이것은 신학을 관념의 유희와 소모적인 논쟁담론으로부터 벗어나게 하는 유익이 있었으나 치명적인 역기능을 낳았다. 기독교 신앙의 체계적 이해를 불가능하게 한 것이다. 복음은 본질적으로 대립의 복합complexio oppositorum으로 이루어져 있다. 사랑과 심판, 믿음과 행위, 하나님의 주권과 인간의 책임, 교회의 구심성과 원심성모이는 교회와 흩어지는 교회 등이다. 이 역설과 긴장 속에서 이루어지는 섭리를 시의성있게 분별하지 못할 때 항상 성령의 인도에서 이탈하는 종교적 독단과 오류가 발생하였다.

반지성주의의 가장 심각한 역기능은 복음주의를 시대상황의 인식능력이 결여된 탈역사의 신앙, 윤리-문화적 가치에 관하여 무관심이나 독단에 빠지는 탈윤리의 신앙이 되게 한 것이다.

최근 화제가 된 노벨상 수상작가 한강을 폄하하는 어느 목사의 주장과 그에 대한 열렬한 호응은 이러한 성향을 공공연히 드러낸 사건이었다. 문학의 기능과 효용에 대한 그의 부정적 견해는 문학의 구원과 신앙의 구원 사이의 범주 차이는 물론 기독교 문학 자체에 대한 무지에서 말미암은 것이었다. 종교가 박해받고 있던 구소련에서 톨스토이와 도스토예프스키의 작품은 설교와 예전이 부재한 상황에서도 러시아의 민족문학으로서의 지위를 인정받으며 지식인 사회에서 신앙부흥을 일으킨 바 있다. 그 외에도 단테의 신곡이나 밀턴의 실낙원은 물론 셰익스피어, 빅토르 위고, C.S. 루이스 등의 문학작품이 복음증거와 기독교 사상의 심화를 위한 방편으로서 작용한 예는 이루 다 열거할 수 없다. 중세의 스콜라 신학에서 종교개혁 신학으로의 급격한 전환은 어느 날 갑자기 신학적 집단토론의 결과로 일어난 것이 아니다. 종교개혁 전단계인 르네상스의 기독교 인문주의 운동에 의하여 시대의 지성구조와 정신적 성향이 변화되었기 때문에 가능했던 것이다. 그것이 새로운 경건devotio moderna운동이 지향한 지성적 경건learned piety이었던 것이다.

7) 자본주의와 동일시를 거부하는 변혁적 제자도(INFEMIT)

『넥스트 복음주의』의 저자 라승찬은 소비주의와 맘몬주의를 20세기 복음주의와 결합된 지배적 문화 이데올로기로 지적한다. 이것을 재진술한다면 복음주의는 기독교 신앙을 자본주의와 동일시했다는 점이다. 20세기 후반 이후 세계 자본주의는 사회적 합리성을 잃게 된다. 풍요 속의 빈곤, 고용없는 성장, 부의 세습, 생태적 지속 불가능성, 사회적 유동성의 감소가 어느 시대보다 높아지며 전지구적인 사회경제적 양극화를 낳고 종교화 즉 물신숭배로 치달아가게 된다. 기독교는 16세기 이래로 자본주의 형성과정에서 도덕적 기반과 문명의 이상을 제시하는 역할을 했다. 과거에는 기독교가 자본주의와 동질성, 친화성을 인정받을 만한 이유가 있었으나 그 이유가 사라지게 된 것이다.

소비주의는 자본주의의 문화적 양식이며 소프트웨어라고 할 수 있다. 이것이 저항할 수 없는 지배적 세력이 되었다면 물신숭배, 즉 종교화된 것이다. 이러한 현상을 최근에 아감벤 등의 철학자들이 지적하고 있는데 흥미있는 것은 이미 1920년대에 저명한 발터 벤야민의 저서이다. 발터 벤야민Walter Benjamin은 『종교로서의 자본주의 Capitalism as Religion』1921에서 자본주의라는 이념과 체제가 종교화되었을 때 기독교를 능가하는 힘을 발휘함을 지적한다. 1차 대전1914-1918 당시 유명한 에피소드였던 '크리스마스의 기적'은 자본주의적 제국주의의 식민지 경쟁과 전쟁 속에서 기독교 신앙이 사탄의 체제 하에서 하찮은 에피소드 수준의 효과 밖에는 힘을 내지 못하는 현실을 역설적으로 말해 준다. 벤야민은 이 저서에서 자본주의가 막스 베버가 지적한 것처럼 특정한 종교에 의해 형성된 이념을 넘어서 '본질적으로 종교적 현상'이라고 주장한다. 여기서 더 중요한 것은 종교개혁이 자본주의의 발생을 지원한 것을 넘어서 이후의 과정에서는 종교 자체가 자본주의화 되었다고 분석한다.

이러한 문명전환의 위기 속에서 21세기 version의 복음주의는 20세기 방식의 개종주의와 외형적 교회성장을 대체할 새로운 목표를 설정하고 그것을 성취할 수 있는 실효성 있는 신학 콘텐트를 생산할 수 있어야 한다. 이것을 위해 로잔운동의 흐름 속에 있었지만 일찍이 1980년대에 미국식 복음주의와 다른 길을 모색한 INFEMIT International Fellowship for Mission as Tranformation 운동을 주목할 필요가 있다. INFEMIT는 변혁적 선교를 지향하는 선교운동가들의 국제적 협의체이다. 주로 중남미와 인도를 비롯한 비서구권 선교운동가들이 존 스토트의 후원 아래 결성되었다. 21세기 선교의 콘텍스트를 지구적 양극화와 포스트모더니즘으로 인식하며 제자도 없는 선교에 대한 반성과 예수 따름의 급진적 제자도 전통을 되살리려는 지향을 갖는다. 변혁적 선교의 주요 개념은 화해와 총체성, 양극화 세계 속의 경

제적 제자도 등이다.3

5. 맺는 말

1974년 로잔운동이 시작될 때에도 서구 중심 선교에 대한 모라토리움이 거론될 만큼 기독교 신앙은 위기를 겪고 있었다. 당시 로잔 언약은 복음의 총체성 개념으로써 이미 새로운 버전의 복음주의를 제시하였던 것이다. 그 이후로 만 50년 희년의 반세기가 지난 시점에서 우리는 교회와 선교의 난관 속에서 복음주의 신앙체계의 새로운 버전을 필요로 하는 상황을 맞고 있다.

본고를 통해 생각을 나누려 한 것은 첫째, 복음주의자들이 세상을 향해서 영적, 도덕적 영향력을 상실하고 정치적 힘을 발휘하려는 유혹에 빠져있다는 사실이다. 둘째는 그 이유로서, 복음주의자들이 자신이 가진 것이 무엇이고 갖지 못한 것이 무엇인가를 이해하자는 것이다. 즉 그리스도의 속죄 신앙을 중심으로 근원적 진리를 보유하고 있음을 자부하지만 복음주의는 세계관과 윤리적 가치, 문화이념에서 성경의 권위를 추상포괄적으로 내세울 뿐 실제 콘텐트에서는 타종교에 비해 오히려 매우 '없어 보이는' 종교가 되었다. 그렇기 때문에 세상적 가치와 이념에 쉽게 점령당하며, 특히 종교적 성향을

---

3) 필리핀계 미국인 선교활동가 Al Tizon의 두 책을 소개한다. *Whole and Reconciled*(2018, 총체성과 화해)와 *Christ among the Classes*(2023, 계급사회 속의 그리스도)

가진 사람들을 이단들에게 내어주고 있다는 점이다. 복음은 시대마다 어떤 지성구조와 세계관을 장착하는가에 따라 세상을 향한 선교는 물론 자신의 신앙공동체를 형성하는 곳에서도 큰 차이를 나타낸다. 이 일을 위하여 시대의 영적 필요를 함께 발견하고 성찰하는 작업이 이루어지기 소망한다.

5. 복음주의와 반지성주의

최종원 교수(밴쿠버 기독교세계관대학원)

1. 들어가는 말

이 글을 시작하기 전에, 요청받은 주제의 의도를 내 나름대로 파악한 바를 설명하는 것이 필요할 듯하다. '복음주의와 반지성주의'라는 주제 아래 '복음주의의 새 길을 위하여'라는 부제가 붙었다. 새 길을 추구한다는 것은 과거 담론에 대한 분석을 넘어 어떻게 할 것인가라는 해법이 제시되는 미래 지향적인 이야기를 해 달라는 요청으로 읽힌다. 그를 위해서는 복음주의와 반지성주의에 대한 각각의 정의와 둘 사이의 관계가 필요하다. 앞선 강의에서 복음주의를 어떻게 정의하고 다루었는지에 대한 이해가 없는 상황에서 또 다시 복음주의라는 것을 나의 언어로 정의하는 것이 필요한지에 대한 의문도 있다. 그 보다 근본적인 물음은 복음주의와 반지성주의의 관계를 이른바 한국 기독교에서 복음주의의 정체성을 내세운 이들이 어떻게 보고 있느냐 하는 것이다.

많은 부분 나의 선입관에서 보자면 복음주의자들은 스스로를 근본주의자와 구별하고, 근본주의를 반지성주의라고 평가하는 듯싶다. 이 관점에서 제목을 읽어내자면 어떻게 복음주의자들이 한국 교회에 만연한 반지성주의의 더께를 걷어낼 수 있는가에 대한 고민이라 할 수 있다. 그렇지 않고 복음주의와 반지성주의를 같은 선상에 놓고 한국 복음주의자들이 어떻게 반지성주의를 극복할 수 있는지에 대한 반성적 고민으로 읽어나갈 수 있다.

아마도 복음주의라는 용어 자체가 사용되는 진영에 따라 다르게 쓰이기 때문일 텐데 일반적으로 사용되는 용례는 복음주의와 근본주의를 크게 구별하지 않는다. 예컨대 미국 대선에서 트럼프를 강력하게 지지하는 그룹을 미국 복음주의라고 표현하지 그들을 근본주의라고 굳이 구별하지 않는다. 이 같은 범주화는 한국에서도 크게 다르지 않아야 할 것 같다. 조금 더 개방적이고 진보적인 생각을 가지고 있다고 하는 이들은 스스로를 보수 근본주의를 구별하려는 태도를 가질 수 있겠지만 실질적인 차이는 그렇게 크지 않다.

이 강의는 따라서 어떻게 복음주의가 반지성주의의 뿌리가 되었는지를 역사적으로 살피는 것에서 출발한다. 그것은 일반적으로 지성사를 연구하는 역사가들 사이에서 어느 정도 합의된 개념이기도 하다. 나는 이 글을 끌어가는 도구로 영국과 미국의 복음주의 운동을 사회사적으로 평가한 두 사람의 역사가의 저작을 끌어들인다. 공교롭게도 같은 해에 출간되어 각각 영국과 미국에서 복음주의 운동을 사회사와 지성사의 관점에서 다루어 고전이 된 책 E. P. 톰슨E. P. Thompson의 『영국 노동 계급의 형성The Making of the English Working Class』 1963과 리처드 호프스태터Richard Hofstadter의 『미국의 반지성주의 Anti-Intellectualism in American Life』1963이다. 이 두 저작은 사회사와 지성사에서 대서양 양편에서 퍼진 부흥주의와 복음주의가 어떻게 일반 대중들의 반지성주의를 이끌었는지 비판적으로 평가한다.

2. 복음주의와 보수주의

전통적 개신교와 복음주의의 차별성

그러기에 앞서 사회사에서 복음주의는 전통적인 프로테스탄티즘과 어떤 차별성을 지니고 있는지 파악하는 것이 필요하다. 한국 개신교에도 잘 알려진 베빙턴 테제는 편리한 출발점이다. 영국의 역사학자 데이빗 베빙턴은 1730년대 이후 영국에서 웨슬리를 중심으로 성장한 대중 기독교 운동을 '복음주의'라고 개념화시켰다. 그는 당대 복음주의가 표방한 가치를 성서중심주의, 회심주의, 십자가 중심주의, 그리고 행동주의라는 4대 강령으로 표현했다. 16세기 루터의 종교개혁은 가톨릭교회의 전통을 넘어서 성서의 가치, 참된 회심, 십자가 신학을 강조하는 프로테스탄트주의를 탄생시켰다. 18세기 복음주의는 여기에 참여주의라는 하나의 가치를 더 추가한 셈이다. 사회와 분리된 천상의 가치를 추구하는 종교가 아닌 가장 낮은 이 사회의 현실에 들어와 그 속에서 행동하는 가치의 실천 말이다.

그래서 베빙턴은 복음주의를 계몽주의의 프로테스탄트 버전이라고 평가했다.[1]

참여주의 전통의 사례는 윌버퍼스와 클래팜섹트라고 이름 붙여진 이 작은 그룹이 이끈 노예제 폐지와 같은 사회 변화이다. 이 클래팜섹트의 참여자들은 모두 백인 복음주의자들로서 사회적 영향력을 가지고 있던 엘리트들이었다. 클래팜섹트의 후원에 힘입어 윌리엄 윌버포스는 평생의 과업으로 노예제 폐지를 위한 의회 캠페인을 주도할 수 있었다. 윌버포스와 클래팜섹트는 노예제 폐지를 위한 운동 이외에도 영국 사회에 만연한 사회악의 해결과 형법개정, 교육 및 사회제도의 개선 등과 같은 개혁활동에 활발히 참여하였다. 그들은 복음주의자라는 신앙적 자의식을 사회적 책임으로 승화시켰다. 그들은 기독교인으로서 공공의 선을 추구하는 것이 의무라는 내적인 신념에 따라 사회개혁을 추구했다. 그러한 노력의 대표적인 열매가 1807년에 노예 무역 폐지법을 통과로 나타났다.

노예제 폐지에서 보인 클래팜섹트의 명백한 기여에도 불구하고, 클래팜섹트에 대한 평가는 나뉜다. 긍정적인 시각에서 그 역할을 조망하는 경우도 물론 많지만 활동의 동기와 결실에 대해서 비판적인 입장에서 접근하는 경우도 적지 않다. 그 중 핵심적인 비판은 그들이 영국 내에서 고통받는 사람들의 문제에 접근하는 방식의 한계에

---

1) D.W. Bebbington, *Evangelicalism in Modern Britain* (London: Routledge, 1989), p. 74.

대한 것이다. 그들이 벌인 활동의 궁극적인 목표는 사회 개혁이 아니라 전도였다. 그로 인해 사람들이 사회 문제에 대해 관심을 갖기보다는 종교적인 악덕과 죄에 대한 문제에만 신경을 쓰게 되었다. 이 지점에서 더해지는 비판은 이 복음주의 엘리트들의 주요 목적이 영혼의 구원이기 때문에 기존의 사회질서를 그대로 용인하고 대중들을 그 질서 속에 종속시키는 효과를 가져왔다는 것이다. 그들이 강조한 교육 역시 교회생활에 필요한 성경, 교리문답을 읽고 이해하는 수준에 머물렀다고 비판한다. 결과적으로 종교는 대중들로 하여금 기존의 사회 질서에 비판 없이 종속되도록 하는 사회 통제의 역할이 핵심이 되었다. 자연히 이들의 활동은 종교적 가치를 중심으로 한 온정주의의 강화로 이어졌다.

의도 여부를 떠나 클래팜섹트는 사회적 불평등을 경험하는 계급의 동요를 막으면서 기존 체제에 순응하는데 기여했다. 영국의 상황은 동시대 혁명이 진행 중이던 프랑스의 상황과 견주어서 볼 필요가 있다. 기초적인 문해력 제공에 제한된 교육은 점진적인 사회변화를 위한 선택으로 옹호될 수 있으며 주일을 엄격하게 준수하도록 하는 것은 종교적 목적 이외에도 공장과 광산의 노동자들을 가혹한 노동환경으로부터 지켜준 것으로 평가받을 수 있다. 프랑스혁명의 정리되지 않은 혼란이 영국에서 복음주의자들의 점진적이고 보수적인 기획이 성공할 수 있는 기회를 제공했음도 주목해야 한다. 여기에서 주목할 한 가지는, 베빙턴이 설정한 참여주의로서의 복음주의는 그 이름이 표방하는 것처럼 대중들이 참여하는 아래로부터의 변화나 진보의 가치를 담보하는 것은 아니라는 사실이다. 이 복음주의는 전통적인 가부장제 교회의 역할을 강조한 보수주의 담론을 구현한 사례라고 보는 것이 더 적절하다.

알레뷔(Halevy) 테제

보수주의는 프랑스 혁명을 비판적으로 성찰한 아일랜드 출신인 영국의 정치가 에드먼드 버크1729- 1797가 1790년에 쓴 『프랑스혁명에 대한 성찰Reflections on the Revolution in France』에서 제기되었다. 그는 혁명이 새로운 질서를 담보하기는커녕 전에 없는 무정부 상태와 독재를 가져올 것으로 예견하였다. 그의 예견대로 프랑스 상황은 흘러 갔고 덕분에 그의 책은 보수주의의 경전으로 또 그 자신은 보수주의의 창시자로 불리게 되었다. 보수주의는 다른 이데올로기에 비해 종교의 역할과 위치를 강조한다. 여기에서 종교란 개인의 신앙 차원을 넘어서 인간의 도덕성과 질서를 유지하는 사회 제도와 규범의 역할이다. 버크는 교회의 역할과 힘이 약화되면 국가 권력이 무절제하게 행사되고 그 사회의 개인들은 도덕적 방종에 빠지게 된다고 경고하였다. 그의 이상은 이성과 계몽주의의 가치를 앞세워 기성의 제도 종교를 무너뜨린 프랑스 혁명에 비해 분명 복고적이며 반동적이다. 이성의 시대로 불리는 근대 사회에서 초월의 가치를 대변하는 종교는 여전히 중요한 역할을 했다.

프랑스 역사학자 엘리 알레뷔 Elie Halevy는 1913년 저술 『1815년의 영국 England in 1815』에서 '알레뷔 테제'로 알려진 도발적인 물음을 던진다. "왜 유럽의 모든 나라들 중에서 영국이 혁명이나 폭동의 위기나 급진적인 변화를 겪지 않았는가?" 그가 내놓은 답은 '메소디즘 Methodism'이었다. 사회구조나 경제적인 측면에서 보자면 영국 역시 혁명을 피할 수 없는 상황이었음에도 헌정질서를 유지하면서 변화를 이끌어가게 된 요소로 종교, 특히 영국의 비국교도 전통의 역할을 들었다. 작업 가설은 영국의 복음주의 운동이 노동자 계급 사이에 파고드는 급진주의를 해체하여 정치적 동요를 막았다는 것이다. 그는 복음주의 운동이 기존의 질서를 지키는 종교적이고 체제 순응적인 프롤레타리아를 형성하였다고 주장한다. 종교가 타도의 대상이 되었던 대륙의 프랑스와 달리 영국에서는 메소디스트 운동이나 클래팜섹트와 같은 자생적인 종교 운동이 영국 사회질서를 구축하는 기반이 되었다고 평가했다.

기성의 질서를 훼손하지 않고 사회 변혁을 성취했다는 점에서 영국의 메소디즘 운동이나 클래팜섹트와 같은 복음주의 운동은 근대 사회에서 종교가 감당하는 긍정적인 역할로 해석할 수 있다. 실제로 영국의 기독교는 빅토리아 여왕 시절 상대적인 안정을 찾고, 세계로 뻗어 나가는 번영의 시대를 이룩하였다. 영국 사회가 클래팜섹트과 같은 복음주의자들이 주창한 사회 도덕적 변화 때문에 빅토리아기의 번영을 성취할 수 있었다는 평가는 과장이 아니다. 이 낙관론에 힘입어 영국사회는 프랑스와 달리 여전히 종교가 강력한 세력을 구가하고 전 세계의 기독교화를 향한 큰 걸음을 내디뎠다.

하지만 알레뷔 테제를 마냥 기독교에 대한 긍정으로 읽는 것 역시도 적절한 독해는 아니다. 프랑스의 시각에서 잉글랜드의 종교를 바라보는 알레뷔의 시각이나 영국의 맑스주의 시각에서 바라보는 톰슨의 시각에는 모두 두 얼굴이 존재한다. 알레비 테제는 노동자 계급이 "무지한 대중이며 예견할 수 없으며 그들 스스로 그들의 열의가 나아갈 방향을 결정할 수 없다. 그들 자신의 운명을 긍정할 수 없었기에 감리교로 눈을 돌렸다"는 평가를 기반으로 한다.[2] 그 결과 대중들은 엘리트 설교자와 부르주아 리더십에 종속되었다는 것이다. 복음주의 운동을 지배 엘리트의 사회 통제와 규율의 관점으로 바라보는 비판적 접근을 무시할 수는 없다. 웨슬리의 감리교 운동이나 클래팜 섹트의 활동이 대중들을 위한 엘리트들의 기획이자 운동이지 대중들의 자발적인 운동은 아니었다는 비판은 어제 오늘 제기된 문제가 아니다.

3. 영국 복음주의와 반지성적 대중 형성

존 웨슬리1703-1791의 메소디즘 운동은 근대 기독교 역사에서 드물게 교회가 가난한 계급, 노동자 계급을 향한 진지하고 진실한 애

---

2) Brian W. Gobbett, "Inevitable Revolution and Methodism in Early Industrial England : Revisiting the Historiography of the Halevy Thesis," *Fides et Historic*, Vol. 29, Issue 1 (1997), p. 2.

정을 드러낸 운동이다. 대각성 운동이라는 종교적 부흥으로 제한할 수 없는 그의 운동은 개인적, 종교적 개종을 넘어 사회적 변혁을 지향하는 모습으로 이어졌다. 웨슬리는 하층계급과 빈민들을 위하여 헌신하려는 자의식을 분명히 가지고 있었다. 전적인 하나님의 선택과 예정을 근간으로 하는 칼뱅주의 신학과 달리, 웨슬리의 알미니안 신학은 그리스도인 개인의 주체적인 가치와 모든 신자가 사제^{만인사}^{제론}라는 프로테스탄트의 이념을 한 단계 끌어올렸다. 역사 속에서 잘 알려진 대로 노예무역 폐지를 확고하게 지지했으며 더불어 그는 사회적으로 취약한 계층을 위하여 일했다. 광산 노동자의 노동 조건 개선을 위한 운동, 가난한 사람들의 교육 문제 및 음주와 매춘 등 사회적인 문제의 해결을 위해서도 적극적이었다. 가난한 사람들에 대한 연민과 관심은 그가 속해 있던 다분히 중산층 중심의 영국 국교회의 전통과 관습과 충돌하였다.

웨슬리와 그의 메소디스트 운동은 영국 내의 종교 운동의 경계를 넘어섰다. 지금은 메소디스트 내부의 조직으로 정착된 연합신도회 society나 속회class, 신도반Band 등의 조직은 교회의 조직을 넘어 빈곤계층 및 노동자계층을 돕기 위해 생겨난 것들이었다. 19세기 영국의 신흥 노동운동 역사에서 초기 메소디즘은 매우 중요한 역할을 했다. 영국 노동운동 역사의 발전의 세 뿌리는 자유, 평등, 박애를 기치로 내건 프랑스혁명의 정신과 초기 오웬파 사회주의, 존 웨슬리의 메소디즘 운동이다. 노동운동이란 노동자의 권리와 개인의 삶의 질의 향상과 더불어 노동계급 전체의 사회, 경제, 정치적 권익을 위해 애쓰는 운동을 의미한다. 노동운동은 공기업의 경우 국가, 사기업의 경우 사용자측과의 투쟁 속에서 노동권을 확보해 나가는 지난한 과정이 필요했다. 당시 일반적이던 아동 노동의 폐지, 일일 노동시간 상한제 등은 국가나 사용자가 구축해 놓은 기성의 질서를 무너뜨려야 가능하기 때문에 노동운동은 늘 급진성의 혐의를 받을 수밖에 없다.

영국 노동운동사에서 웨슬리의 메소디즘은 탁월한 조직력과 동원 능력으로 노동조합, 차티스트 운동, 협동 조합 형성 등에서 굵직한 발자국을 남겼다. 이러한 노력은 실질적으로 노동 관련 입법개혁으로 이어졌고, 결국 1906년 노동당 창당으로 절정에 이르렀다. 하지만 메소디즘 운동의 제도적 성취와는 별개로 노동자 계급의식 형성에 어떠한 영향을 주었는지는 또 다른 면이 존재한다. 웨슬리의 삶의 성화에 대한 강조는 근검과 성실을 매개로 스스로의 삶을 규율화 하는 것으로 이어졌고, 노동자들은 더 나은 물질적 삶을 향유하기 위해 사회구조 속의 수동적인 객체로서 자리매김하게 되었다는 비판 역시 피할 수 없다. 마르크스주의 역사학자 톰슨의 『영국 노동계급의 형성』은 그 비판의 핵심에 있다. 그는 영국 노동 계급 운동의 시작과 발전 단계에서 메소디즘의 역할에 대해 매우 비판적인 시각을 보여준다.

메소디즘의 기여

영국 노동 운동사에서 교회의 역할은 다양하게 인정된다. 국교도들과 비국교도들 모두 노동 운동에서 목소리를 내긴 했지만 국교회는 대부분 중산층의 이익을 대변하는 집단으로 인식되었다. 비국교회의 대표격인 회중교회나 침례교도 하위 중산층, 상인계층이나 반숙련 장인계층을 대변하였다. 반면 빈민이나 하위 노동계층을 대표하는 이들이 주로 메소디스트들이었다.

19세기 영국 노동운동사에서 메소디즘의 영향력은 지대했다. 메소디즘이 노동계급에게 흡인력을 보인 이유는 무엇일까? 비숙련 노동자는 노동계급 중에서도 사회, 경제, 정치적 영향력에서 가장 하위에 있을 수밖에 없다. 이들에게 평등을 추구하는 메소디즘의 가치는 현실의 삶 속에서 부도덕하고 비윤리적인 사용자 계층에 대한 저항으로 이어졌다. 이러한 저항의식을 형성하는 데 기여한 것은 교회에서 제공한 노동자 교육이었다. 메소디스트 교회들은 주일학교를 통해 읽고 쓰는 문해력과 함께 자신의 의견을 명료하게 말할 수 있는 언변 있는 노동자들을 배출했다. 영국에서 주일학교의 활성화는 메소디스트 교회의 역할이 지대하다. 19세기 중반까지 영국 주일학교의 30% 정도를 메소디스트 교회가 차지했다. 또한 메소디스트 교회의 분포가 급진적인 노동 운동이 일어난 대도시에서 다른 지역의 평균 보다 훨씬 컸다는 점에서 교육을 통한 메소디즘의 파급력이 인정된다.3 메소디즘 운동의 설교자들은 노동계급의 사회적 인식, 연대의식, 사회정의 등을 강조하였다. 비록 직접적으로 노동자 저항을 부추긴 설교를 하지 않더라도 교회가 추구하는 평등에 대한 강조는 노동자들이 연대하고 행동으로 이어지도록 하는데 기여했다.

　메소디스트 교회의 구조 및 운영 모델은 실제로 노동자 계급이 자신들의 조직을 구축하고 노동조합을 위한 중요한 모델이 되었다. 자연히 노동조합의 초기 지도자들 중 많은 이들이 메소디스트들이었다. 1834년 톨퍼들Tolpuddle에서 설립된 최초의 농업 노동 조합의 창립 멤버 7명 중 6명이 감리교 신자였다. 메소디즘이 노동조합의 리더십을 제공하는 데 중요한 역할을 했다. 메소디스트 노동자들이 광산 노동자들 사이에서 가졌던 영향력에 대해 휴 메클레오드는 "그들이 선술집에 모여 얘기할 때 광부들은 무표정한 메소디스트 동료들을 비웃기도 하지만, 여러 논쟁에서 자신들을 대표하는 목소리를 낼 필요가 있을 때는 그들이 표를 얻는 경우가 매우 많았다."고 평가했다. 이들 초기 메소디스트들은 자연스럽게 노동 조합의 간부들이 되었다. 노동조합의 지도자들은 자신들이 가장 잘 알고 있고 익숙한 메소디스트 교회의 구조를 따라 노동조합과 협회를 설립하고 운영하였다. 실제로 메소디스트 교회 건물이 노동 계급의 회의장소로 사용되기도 했고, 지역 노동조합 지부 회의를 '채플'이라고 부

---

3) Nigel Scotland, "Methodism and the English Labour Movement 1800-1906," *Anvil* 14, no. 1 (1997), pp. 41~42.

르기도 했다.4

영국 노동운동사에서 메소디즘은 다양한 차원에서 영향력을 보였는데, 노동 관련 법령 개혁에서 두드러졌다. 노동자들이 조합을 만들고 단체교섭을 하는 것을 금지하던 조합법이 1825년에 폐지되었다. 또한 공장법으로 알려진 일련의 법령들이 제정되었다. 그로 인한 대표적인 변화 중의 하나가 방직공장의 여성 및 청소년 노동을 하루 10시간으로 제한하는 1837년의 '10시간 노동법'이었다.

메소디스트 교회와 노동 운동의 신학적인 연결고리는 조직 운영에만 있지는 않다. 오늘의 시각에서 매우 이질적으로 보이는 교회와 노동운동을 이어주는 것은 원시 기독교회에서 실천했던 사회주의였다. 이 원시 사회주의 공동체는 중세 내내 급진파 기독교 운동을 통해 시도되기도 했었다. 19세기 말에 사회주의 사상과 기독교 교회를 연결시키려는 움직임이 두드러졌고 노동자 계급에서 사회주의 수용도 자연스럽게 이루어졌다. 하지만 지역 목회자나 노동자 그룹의 실천과 별개로 메소디스트 교회 전반적으로는 급진적인 형태를 경계하였다. 노동운동이나 사회 운동이 반국가적이거나 반사회적인 것으로 비춰지는 것은 바람직하지 않았다. 그래서 메소디스트 교회의 공식적인 결의는 설교자들이 노동조합 회의에 참여하거나, 교회 건물을 노동조합이나 정치 회합에 사용하는 것을 금지하였다. 메

---

4) Huge McLeod, *Religion and Irreligion in Victorian England*, Plantagenet Press, 1993, p 42.

소디즘 운동은 정치적으로 보수적인 그룹과 급진적 사회주의를 지향하는 그룹으로 나뉘게 된다.

옥스퍼드 순회 설교 책임자로 노동 계급과 밀접하게 접촉하며 지냈던 휴 프라이스 휴1847- 1902는 기독교 사회주의가 시대의 대안이라고 역설하고 보수화된 메소디즘 운동에 반대해 진보적인 메소디즘 운동을 이끌었다.5 사회 개혁은 곧 국가의 법제의 개혁으로 이어져야만 효과가 있다고 판단하고, 사회 각 부문의 메소디스트들에게 사회적, 정치적 행동에 나설 것을 촉구하였다. 사무엘 키블1853-1946도 기독교 사회주의를 현대 사회의 대안이라고 생각했다. 모순으로 점철된 사회를 바꾸기 위해 노동자들의 파업을 강력하게 지지했으며, 노동조합을 무력화시키는 법원의 판단에 저항하고 법개정을 위한 구체적인 운동을 지휘하였다. 그 결과 1893년에 키어 하디 1856-1915에 의해 독립노동당이 창당되었다. 1906년에 설립된 노동당과 합쳐진 독립노동당은 의회에서 노동자들의 이익을 대변하기 위한 첫 걸음이었다. 독립노동당을 설립한 하디는 10세 때부터 광산에서 일한 광부 출신으로 광산 노동자의 목회자 역할을 수행하면서 대중 연설과 정치 경험을 쌓았다. 1906년 총선에서 노동당은 30명의 의원을 배출하였다. 이 노동당의 출현은 보수당과 자유당의 견고한 양당체제에 균열을 냈다.

---

5) E. R Norman, *The Victorian Christian Socialists*, Cambridge University Press, 1987, p 141.

E.P. 톰슨의 비판

톰슨은 『영국 노동계급의 형성』에서 노동 계급의 형성에 미친 종교의 역할을 중요하게 다루는데, 그 중에서도 18세기 후반과 19세기 초 메소디즘에 대해 많은 지면을 할애하고 있다. 그는 영국의 노동계급을 형성하는 데 메소디즘은 정치적 급진주의의 발판을 제공하였음을 부정하지는 않는다. 하지만 앞서 언급한 제도적, 조직적 기여에 대한 평가 보다는 메소디즘이 노동자 개인과 노동계급의 정서와 심리에 부정적인 영향을 끼쳤다고 통렬하게 비판한다. 그의 비판은 계량화하기 어려운 심리적 기제에 대한 평가이기 때문에 다양한 반응을 불러왔다.

그럼에도 톰슨이 산업사회의 노동자의 '의식'을 형성하는데 메소디즘의 역할을 심성적인 측면에서 평가했다는 점에서 외적으로 드러난 기여와 별개로 꼼꼼하게 살펴볼 여지가 충분하다. 어쩌면 그의 평가는 한국 근대화, 산업화 속에서 교회의 역할을 성찰적으로 평가하는 데에 유의미한 사례가 될지 모른다.

근대 자본주의 사회의 형성에서 칼뱅주의 윤리와 자본주의의 정서의 관계를 추출해 냈던 막스 베버처럼, 톰슨은 웨슬리 메소디즘이 당대 노동자들에게 끼친 정서적 영향을 비판적으로 고찰하고 있다. 그는 웨슬리 메소디즘 운동이 근본적으로 사회 불의에 항거하는 저항 운동이기 보다는 사람들의 사회적 불만의 에너지를 개인적, 종교적 차원으로 흡수하여 체제 순응적인 노동자로 만들었다고 보았다. 톰슨은 메소디스트 교회에서 강조하는 종교적 경험과 주일학교에서 학습하는 내용이 사람들에게 정서적 폭력으로 작용하여 사회적 병폐에 마주하지 못하고 내적인 종교적 강박만을 심어주었다고 주장했다. 그는 '종교적 테러'라는 극단적인 용어로 이 상황을 표현했다.6 메소디스트들이 제분소 노동자들이나 공장 노동자들에게 근검과 성실에 기반한 엄격한 작업 규칙을 부과하고, 그를 따를 때 더 나은 현세와 내세의 보상을 약속했다. 이렇게 함으로써 노동자들은 엄숙, 절제, 규율 등을 자신의 반복작업에 적용하게 되었다. 메소디스트들이 내세운 종교적 명분은 결국 내적인 강박이 되었다. 회심에 대한 강조와 예배 모임에서의 흐느낌과 열광 등과 같은 감정적 고조는 빈곤층 노동자들의 정서적 공허감을 예배당 안에서 종교적으로 풀어주는 심리적 해소책으로 작용했다.

그런 종교적 경험의 내면화는 산업화 시대의 노동 현실이나 산업구조에 대한 저항이나 재구성으로 이어지기 보다는 오롯하게 자신의 내면적인 성찰과 반성, 그 결과로 이어지는 체제 순응적인 인간형의 복제였다. 모든 문제는 개인에게로 환원되었다. 메소디스트 교회집회에서 경험하는 정서는 지속적인 회개와 종교적 모임에의 참여, 헌신 등을 통해 꾸준히 이어지지 않을 때 또 다시 이전의 타락한 삶으로 돌아간다는 두려움이 자리하게 되었다. 17세기 네덜란드의 칼

---

6) E. P. Thompson, *The Making of the English Working Class*, Vintage Books, 1966, p. 377.

뱅주의자들이 자신들이 선택받았음을 확인하기 위한 강박으로 쉬지 않고 금욕적으로 노동에 집중했다면, 19세기 메소디스트들은 자신들이 받은 구원이 자신들의 잘못으로 취소될 수도 있다는 구원의 잠정성에 대한 두려움 때문에 종교 회합에 열정적으로 참여했다. 그들에게 교회 봉사와 기도, 성경 읽기, 예배 참석 등은 자신의 종교적 안녕을 확인하는 중요한 장치였다. 혹여라도 예배에 빠지거나 주일 학교 봉사를 하지 않는다면, 과거의 죄악으로 돌아가는 신호일 수 있다. 이렇듯 한 사람의 도덕적 삶을 종교적으로 지속적으로 감시하면서 정신적인 압박을 주었다. 톰슨이 평가할 때, 그들은 평일의 노동 현장에서 경험하는 고된 감정을 주일의 열광적인 예배 참석을 통해 종교적으로 해소하며 살아가도록 재조정되었다. 그는 이러한 메소디스트들의 심리가 '정신적 자위 행위'와 '사바스 오르가즘'에 지나지 않는 것이라며 비난하였다.7

그 결과 메소디스트들이 일종의 산업 사회에 순응하는 '도덕적 기계'로 전락했다고 비판한다.8 보수적인 메소디스트 사용자들은 공장 노동력에 대해 엄격한 규율을 부과했다. '실족'하지 않고 끝까지 거룩한 삶을 추구할 때에 비로소 구원을 얻을 수 있기 때문에 현실에서 자신에게 주어진 일을 순응하며 성실하게 해 나가는 것이 정해진 선택지였다. 메소디즘의 종교적 가치가 만들어낸 인간형이 순종

---

7) Thompson, *The Making*, pp. 368-369.

8) Thompson, *The Making*, p. 355.

적이고 규율화된 도덕적 기계라는 톰슨의 비판은 메소디즘이 산업화와 공장제도의 부당성에는 저항하지 않는다는 점으로 이어진다.

이 지점에서 베버가 그려낸 칼뱅주의자들과 톰슨이 묘사하는 메소디스트들의 분명한 차이가 드러난다. 칼뱅주의자들은 금욕과 절제를 통한 소명의 완수가 자신들의 경제적, 사회적 삶의 수준 향상으로 직접적으로 이어졌다. 그들은 중산층이었기 때문이다. 반면, 다수를 차지하는 빈곤 계층 메소디스트들에게는 순응과 절제와 근검한 삶이 자신들에게 보상이 되돌아오기 보다는 공장주나 사용자들의 결실로 이어지게 된다. 빈곤 계층의 종교 운동으로서 메소디즘의 성공은 무엇을 의미하는가? 그것은 노동자들이 거친 저항 없이 공장 노동의 규칙과 규율에 맞게 스스로를 조정하는 기계가 되었다는 것이 톰슨의 결론이다. 메소디즘은 노동 계층의 사람들이 스스로의 노동자 의식을 가지도록 하는데 실패했다는 비판이다. 그들에게 성경을 읽히기 위한 문해력 교육을 시작하는 등 노동자 교육에 앞섰지만, 그것이 곧 메소디즘 운동의 지성화를 의미하지는 않았다. 이러한 비판과 연결되는 것이 메소디즘 운동 자체가 가지는 보수성이다. 메소디즘은 노동자들의 편에 서 있지만 그들이 가진 사회적 기득권에 피해가 되는 급진적인 행위는 회피했다.[9] 그들은 기존의 질서를 불안하게 하거나 전복시킬 수 있는 급진성에 반대했다. 메소디즘이 노동자 계층을 받아들여 빠르게 성장한 만큼이나 그들은 정부

---

9) Thompson, *The Making*, p. 350.

나 기존의 사회 질서에 불필요한 마찰을 일으키고 싶지 않았다. 그렇게 함으로써 메소디즘의 지도부는 더욱 보수적이고 반동적인 집단이 되었고, 그들이 장악한 영향력은 지역의 일부 급진적인 목회자들이나 활동가들의 목소리를 압도했다.

지나친 감정주의와 종교적 열광주의, 정치적으로 보수화된 메소디스트 교회 지도부, 그 속에서 주체적인 노동자 의식을 형성하지 못하고 산업 규율에 부합하는 노동 기계가 되어 버린 노동자들의 현실. 이것이 톰슨이 영국 노동계급 형성에서 불편하게 바라본 메소디즘 운동의 모습이다. 메소디즘 운동이 영국 노동운동에 끼친 급진적 기여를 나열하는 것만큼의 무게로 부정적인 평가가 나온다는 점은 메소디즘과 영국 노동운동사의 관계가 그리 단순하지 않음을 보여준다.

노예제 폐지나 잔혹한 형법의 개정 운동, 가난한 자들에 대한 설교의 급진성, 이를 위해 국교회가 정해 놓은 제도를 넘어서는 진보성, 메소디즘의 독특한 조직 모델 등 본질적으로 메소디즘은 자유적이고 진보적인 이데올로기라고 평가할 수 있다. 이는 프랑스 혁명이 성취한 동일한 성과를 영국의 종교를 통해 이루었다는 평가로 이어진다. 메소디즘이 노동계급의 사회정치운동의 형성 및 정치 당파의 형성에 기여했다는 점은 부인할 수 없다.

그렇다면, 톰슨의 종교비판이 종교의 속성을 제대로 이해하지 못하는 피상적인 이해라고 반론하는데 그치는 것으로 충분할까? 그가 노동계급 형성, 노동운동에 끼친 제도적, 조직적인 메소디스트 교회의 기여를 무조건 부인하는 것은 아니다. 그와 별개로 개개의 노동자들에 대한 인식이나 사회의 노동에 대한 인식에서 메소디즘 운동이 가진 뚜렷한 한계를 지적한 것으로 볼 수 있다. 톰슨은 그것을 반지성주의라고 범주화하지 않았지만 영국의 대각성 운동은 미국으로 건너가면서 반지성주의의 토대가 되었다.

4. 복음주의와 미국의 반지성주의

톰슨이 복음주의가 영국 노동자들의 노동자 의식 형성에 끼친 한계를 비판적으로 통찰했다면, 호프스태터는 복음주의를 더 나아가 미국 대중사회의 반지성주의에 끼친 영향과 관련하여 분석한다. 감리교 운동에서 대중교육이 차지했던 역할이 분명한 만큼 복음주의가 교육 자체를 부정하는 것은 결코 아니다. 여기에서 눈여겨 보아야 할 지점은 반지성주의는 지성에 대한 반대가 아니라, 지식 민주化democratization of knowledge의 결과로 보는 것이다. 대중들이 지식 세계에 접할 수 있는 기회가 많아진 것이 곧 지성주의를 강화할 것이라는 판단은 단선적이다. 리처드 호프스태터 Richard Hofstadter의 *Anti-Intellectualism in American Life*『미국의 반지성주의』1963은 미국 반지성주의의 기원을 복음주의에서 추적한다. 그는 1950년대 이른바 매카시즘 열풍으로 가시화된 미국의 암울한 반지성주의의 뿌리를 대각성 운동부터 빌리 그래함에 이르는 복음주의 종교 운동의 결과물이라고 비평하고 있다. 매카시즘은 미국이 마주한 단순한 정치, 사회적 도전에 대한 응전을 넘어서는 것이었다. 미국이라는 나라가 서 있는 시대의 흐름에 대한 불안, 국제 정세에 대한 판단, 그러한 미국을 평가하는 비판적 지성에 대한 두려움이 총체적으로 맞물린 사건이다. 호프스태터는 1950년대 당시 미국 사회와 문화의 다양한 측면을 파악하려는 장치로 '반지성주의'라는 개념을 사용하여 반지성주의의 계보를 추적하고 있다.10

호프스태터는 반지성주의라는 단어는 1950년대 정치적, 지적 상황 속에서 고안한 단어로 지식인에 대한 비난과 비판을 의미하는 단어로 사용되었다고 본다. 그는 매카시즘 열풍을 통해 들어온 반지성주의를 설명하는데, 프랑스의 드레퓌스 간첩 조작 사건에서 처음으로 '지식인'이라는 표현이 쓰였음에 주목한다. 사회, 정치적 문제에서 지식인의 비판적 소리를 억제하기 위하여 가상의 적을 상정하는 방식으로 풀어나가는 전체주의의 방식을 폭로한다. 물론 매카시의 표적이 지식인만은 아니었지만, 지식인들이 위축될 수밖에 없는 상황에 맞닥뜨리게 되었다. 호프스태터는 한국전쟁이 정전되던 해인 1953년 대통령에 당선된 공화당의 아이젠하워의 승리를 미국에 지식인들에 대한 혐오와 반지성주의가 본격화된 척도로 판단했다. 당시 타임Time지는 아이젠하워의 승리가 "오랫동안 의심되어왔던 놀

---

10) Richard Hofstadter, *Anti-Intellectualism in American Life* (New York: Alfred A. Knopf, 1963), 14 (.epub 기준)

라운 사실, 즉 미국 지식인과 대중 사이에 넓고 유해한 간극이 있었다는 사실을 드러냈다"고 평가했다. 아이젠하워 행정부 시절 매카시즘은 대중들을 선동하여 사회주의, 공산주의라는 거대한, 그러나 대부분 '상상의' 유니콘과 같은 적 앞에 지식인들을 움츠러들게 했다. 이렇게 1950년대의 정치적 동요와 교육 논쟁은 반지성주의라는 용어는 당시 미국을 평가하는 척도가 되었다. 호프스태터는 매카시즘의 열풍이 분 이유를 미국인들에게 빈약한 역사의식 탓으로 돌렸다. 미국인들은 일종의 종말론적 정신에 깊이 경도되었기 때문에 사회의 작은 소용돌이를 해일처럼 보이게 만들었다. 물론 1950년대에 표면화된 반지성주의는 미국의 정체성 속에 오랫동안 뿌리내린 역사적 배경을 가지고 있었다.

호프스태터는 1950년대 매카시즘을 보면서 반지성주의의 기원을 찾는 작업을 했다. 그는 반지성적이라고 부르는 태도와 사상을 하나로 묶는 공통된 요소로서 '정신적 삶을 대표한다고 생각하는 사람들에 대한 분노와 의심, 생명의 가치를 끊임없이 최소화하려는 성향'이라고 보았다. 이렇듯 변화하는 세계를 읽어내는 지식인의 역할에 대한 혐오와 생명의 가치를 무시하는 경향이 대두되면서 인간의 삶이나 제도와 사회 운동의 진보를 막아섰다.

1950년대 종교재판과 같은 방식으로 실행된 매카시즘은 간첩을 찾아내거나 간첩 활동을 예방하는 것이 목표가 아니었다. 대중들이 매카시즘으로 대표되는 반지성주의에 현혹되었던 더 깊은 역사적 원천은 프랭클린 루즈벨트가 추진했던 뉴딜 개혁에 대한 반대, 반유대주의, 흑인 혐오증, 고립주의, 소득세 폐지에 대한 열정, 수돗물 불소화로 인한 중독에 대한 두려움, 교회의 근대주의에 대한 반대 등과 맞물린 결과였다.

미국은 1914년까지 번영하는 개신교 종파와 산업 자본주의의 틀 안에서 안전하게 고립된 대륙으로 살아남았다. 하지만 20세기로 접어들며 세계화된 세계를 접하며 근대성에 대한 회의, 미국의 고립주의와 군사적 위협, 제2차 세계대전, 한국전쟁, 냉전 유지 비용 등의 압박을 마주하게 되었다. 그 결과 종교적으로는 근본주의, 외교적으로는 고립주의, 경제적으로는 보수주의 정책이 대두되었다.[11]

이러한 현대 세계의 도전에서 미국 대중의 반응은 '충격'이었다. 그들은 종교와 문화의 근대주의에 준비 없이 맞서야 했다. 예술의 개방성, 도덕의 상대성, 인종 평등, 대중 매체의 선정성, 진화론과 마르크스주의의 빠른 확산 등은 미국에 대한 위협이었다. 역사가로서 호프스태터가 주목한 반지성주의의 기원은 미국 '복음주의'이다. 그는 복음주의 전통이 가진 반지성주의에 대해 복음주의 전도자 빌리 그래함을 인용한다. 빌리 그래함은 1958년 갤럽 여론조사에서 미국 대중이 아이젠하워, 처칠, 앨버트 슈바이처 다음으로 "세계에서 가장 존경받는 사람"으로 뽑은 인물이다. 빌리 그래함은 미국 사회를 다음과 같이 진단했다.

---

11) Hofstadter, *Anti-Intellectualism*, 50.

"많은 개인에게 어제의 도덕적 표준은 소위 '지식인'의 지지를 받지 않는 한 오늘날의 표준이 아니다. 나는 영혼 없이 마음만 교육한다면 세상의 부분적인 교육은 전혀 교육을 하지 않는 것보다 훨씬 더 나쁘다고 진심으로 믿는다… 그런 사람은 괴물 같으며, 절반의 교육만을 받은 사람이며, 전혀 교육을 받지 못한 것보다 더 위험하다… 공립학교와 대학을 세울 수 있지만 단순한 지적 교육만으로는 미국의 도덕적 부패를 결코 막을 수 없다. 지난 몇 년 동안 지적 지지대는 인간의 이론 앞에서 제거되었다. 성경 대신에 우리는 이성, 합리주의, 정신 문화, 과학 숭배, 정부의 활동력, 프로이트주의, 자연주의, 인본주의, 행동주의, 실증주의, 물질주의, 이상주의를 대체했다. 이는 소위 지식인의 작품이다. 수천 명의 이러한 '지식인'이 공개적으로 도덕은 상대적이라는 것, 즉 규범이나 절대적인 기준이 없다고 말한다." 12

호프스태터는 매카시즘으로 대표되는 악의적인 형태의 반지성주의 못지않게 온화하고 부드러운 형태로 미국 문화 속에 퍼져 있는 반지성주의의 위험에 대해서 주목한다. 그는 반지성주의 태도를 가진 사람들이 대개 순수하거나 오염되지 않은 마음을 가진 사람들 사이에서 두드러진다고 보았다. 그렇기 때문에 지식인들과 다툼이

12) Hofstadter, *Anti-Intellectualism*, 24.

나 논쟁을 벌이는 대중들은 지식인에 대해 양가적 태도를 가지고 있다. 한편으로는 지식인들에게 존경과 경외심을 보내지만 의심과 분노 역시도 동반한다.13 다시 말하자면, 반지성주의는 지식이나 사상에 절대적으로 적대적인 사람들이 만들어내는 무엇인가가 아니라 그 반대이다. 지성주의의 적은 교육받지 못한 대중이 아니라 잘못된 교육을 받은 사람이다. 그렇기 때문에 반지성주의의 대변인은 교육을 받지 못한 사람이나 무지한 사람이 아니라 주변의 지식인, 지식인이 되려는 사람, 반쯤 지식인의 글을 읽을 줄 아는 사람들, 그리고 그들을 이끄는 대의에 대한 진지함과 깊은 목적 의식으로 가득찬 사람들이다. 호프스태터는 그러한 반지성적 지식인으로 '복음주의 목회자' 그룹을 지적했다. 그들 대부분은 매우 학식이 높은 사람들이었고, 자신의 신학에 대해 분명하게 설명할 수 있는 사람들이었다. 그렇지만 호프스태터는 그들을 미국 반지성주의를 낳은 이들이라고 냉정하게 평가한다.

역사가가 지식사회의 해악을 저지르는 주역으로 복음주의를 지목한 것은 어떠한 의미가 있을까? 그는 진실을 추구하는 지식인이 반지성주의를 이끄는 특별한 원인으로 종교적 '경건'에 집착하는 것을 지적한다. 복음주의 지도자들이 가지고 있는 사상은 아무리 정교하게 다듬어졌다 하더라도 그 내부적인 틀 속에 자리잡은 선입견과 편견을 극복하지 못하면, 반지성주의에 기여할 수밖에 없다는 것이

---

13) Hofstadter, Anti-Intellectualism, 30.

다.

"우리가 여전히 지식인으로 간주할 수 있는 광신도zealot가 있지만, 광신은 본질이 아니라 종족적 결함이다. 지성에 대한 관심이 아무리 헌신적이고 진지하더라도 그 지성을 어떤 핵심적이고 제한된 선입견이나 완전히 외부적인 목적에 봉사하도록 축소할 때, 지성은 광신주의fanaticism에 삼켜진다. 지성에 대한 헌신보다 더 정신적으로 위험한 것은 어떤 특별하고 제한된 사상에 과도하게 몰입하는 것이다. 그 효과는 신학에서와 마찬가지로 정치에서도 관찰할 수 있다. 즉 너무 축소된 준거 틀 내에서 확장된 과도한 경건으로 인해 지적 기능이 압도될 수 있다."14

종교 내부자가 아닌 외부 역사가의 시선으로 바라보는 그의 해법은 경건의 균형감이다. 경건이 지나치게 경직된 방식으로 행사되는 것을 방지하기 위하여 그는 지식인들이 가진 놀이적 특성playfulness에 주목한다. 지적 활동은 경직된 진리를 붙들고 맹목적으로 추종하는 것이 아니다. 지식인은 정신적 놀이 그 자체를 즐기는 사람이고, 그 지적 활동에서 순수한 기쁨을 누리는 사람이어야 한다. 그럴 때 그 지식은 갇힌 지식이 아니라 확장될 수 있고, 사회 속에서 유의미

14) Hofstadter, *Anti-Intellectualism*, 38.

한 상호작용을 할 수 있다. 이러한 호프스태터의 평가는 중세 말 경직된 스콜라학의 균열을 가져온 인문주의의 역할을 평가하고 근대 과학기술에 대한 맹신을 비판적으로 바라보며, 암울한 미래를 예견했던 네덜란드 역사가 하위징하Huizinga의 평가와 맥을 같이 한다.

지식인들이 추구하는 가치를 놀이라는 매개로 설명하는 것은 지식을 가볍게 보는 것이 아니다. 어른이나 아이 모두 놀이를 할 때만큼 진지하게 몰입하는 경우도 드물기 때문이다. 지식을 추구하고 지성을 쌓는 것은 이미 확보된 지리 자체를 만족하는 것에 머물지 않는다. 실은 우리가 진실이라고 널리 믿어왔던 것들이 시간이 지나면서 진실이 아니거나 절반의 진실만을 담는 것으로 축소되는 경험을 한다. 그렇기 때문에 진정한 지식인은 '확신'하는 것을 붙잡는 사람이 아니라 새로운 불확실성을 향해 항해하는 데 있다

호프스태터는 반지성주의를 미국 종교사의 틀 안에서 찾아야 한다고 주장했다. 그 이유는 그저 합리주의와 신앙의 요구 사이에 끊임없는 역사적 긴장이 있기 때문이 아니다. 그가 판단할 때 현대 문화에서 복음주의 운동은 '종교적 반지성주의'와 '종교에 기반한 도덕 윤리의 상대화'를 가장 강력하게 전달해 온 집단이었다. 미국만이 복음주의의 문화에 영향을 받은 유일한 사회는 아니지만 미국 종교 문화는 주로 복음주의 정신에 의해 형성되었다. 미국은 유럽에서 건너온 전통적인 주류 교파mainstream church가 형성한 나라이다. 처음부터 아메리카 식민지에는 종교개혁 이후 유럽에서 성장한 광범위

한 신앙고백을 가진 다양한 이민자 집단이 정착했다. 한 교파가 독점할 수는 없는 상황이었다. 그렇게 신대륙에서는 다양한 종교를 수용하며 관용이 법적으로 허용되었다. 그 결과 과거의 교회보다 덜 형식적이었지만 안전하고 건전한 확고한 조직으로 발전했다.15 그러나 그 종교적 균형추는 미국의 대각성운동이라는 복음주의 운동이 들어오면서 그 힘의 균형추가 압도적으로 복음주의 운동으로 기울어졌다. 지금도 미국은 주류 교단은 쇠퇴하지만 범복음주의 교회가 수적 우위를 점하고 있다.

　미국인의 정신은 초기 근대 개신교의 틀 속에서 형성되었다. 종교는 미국에서 지적 생활의 최초의 중심지인 동시에 반지성운동의 최초 진원지이기도 했다. 미국이 지닌 실용주의는 종교에서도 교리와 사상의 정교화를 경시하고 어떠한 특정한 아이디어를 가진 사람들이 주도하는 감정적 힘이나 권위에 종속되는 흐름이 반복적으로 나타났다. 지성과 감성 사이의 긴장은 기독교가 형성되면서부터 존재해 온 것이기 때문에 종교적 반지성주의가 오롯하게 미국만의 특성은 아니다. 호프스태터는 종교적 반지성주의의 도래를 미국에 불어닥친 대각성 운동에서 그 연원을 찾는다. 전통적인 주류 교파를 압도하는 부흥과 열광주의가 대두되면서 전통적으로 학식을 갖춘 성직자들이 사회적 목소리를 상실했고 그들이 추구하던 합리적인

---

15) Hofstadter, *Anti-Intellectualism*, 85.

종교성도 불신앙의 모습으로 배척되었다.16

미국의 대각성 운동은 종말론적 세계관과 천년왕국론을 폭발시켰고 형식화된 종교에 맞서 내면의 종교 경험의 타당성을 강조했다. 예배 형식은 지나치게 단순화되어 뜨거운 찬양과 설교로만 구성 되었다. 그 기저에 자리잡은 충동은 개인적으로 하나님과 직접적으로 소통하려는 욕구였다. 하나님과 직접적인 친교와 그로 인한 신앙의 내적 확인을 추구하는 데 몰두하는 사람들에게 전통 교파가 강조한 전례적 특성이나 종교를 이해하는 데 요구되는 지적 기초는 더 이상 필요하지 않았다. 종교적 열광주의는 내적 경험을 그 어떤 것보다 우선시했다. 자연히 무정부적인 주관주의의 위험이 도사리고 있었다.17 사람들은 자신에게 필요한 내적 확신을 가져올 수 있는 능력을 가진 카리스마적 성향의 설교자에게 몰입했다. 종래의 제도화된 교회의 학식 있는 성직자들이 가졌던 종교적 권위는 대중들에게 호소력을 갖춘 대중 설교자들에게 부여되었다. 이런 파편화된 권위 체계 아래 올바른 성서 해석과 합리적 교리 설명에 대한 필요 보다는 내적 확신을 경험한 개인의 열광주의와 반지성주의로 표출되는 것은 자연스러웠다.18

미국에서는 성공회, 장로교, 회중교회가 교회 조직에 대한 엄격한 기준을 갖고 공식적으로 조직되어 있었다. 학습과 교리에 대한

---

16) Hofstadter, *Anti-Intellectualism*, 60.
17) Hofstadter, *Anti-Intellectualism*, 61.
18) Hofstadter, *Anti-Intellectualism*, 62.

합리적인 이해가 종교 생활에 필수적인 것으로 간주되었기 때문에 교육은 필수적이라고 여겨졌다. 18세기 대각성 운동Great Awakening은 이런 제도 교회를 전면적으로 거부하는 단초가 되었다. 종교적 열광주의와 반지성주의를 도식화하는 것은 조심스러운 일면이 있지만 대각성 운동의 결과로 학식 있는 성직자들에 대한 공격이 일어나고, 제도 교회를 덜 공식적으로 만드는 분파적인 흐름이 생성되는 중요한 선례가 되었다.19 극단적인 부흥운동가들의 개인적인 행동은 직업으로서 목회자의 존엄성을 훼손하고 기존 교회 질서를 무너뜨리고 분열시켰다.20

이러한 부흥운동의 영향을 우려의 목소리로 바라본 찰스 천시 Charles Chauncy는 자격없고 배움도 없고 능력도 없는 사람들이 앞다투어 영적 유익에 대해 이야기하는 세태에 대해 비판했다. 그는 "공부도 필요 없고, 성경 외에는 책이 필요하지 않다"고 말한 옛 이단들이 대중 설교자들을 통해 부활했다고 주장했다. 천시는 부흥운동가들이 가진 근본적인 오류가 성령의 도움에 의지한다는 명목으로 배움을 경시하는 태도였다. 그는 당시 너무나 많은 목회자들이 연구 없이 설교하며 사람들에게 내적 감정을 일으키는 것에만 골몰한다고 이렇듯 부흥운동이 가져온 수적인 증가와 별개로 미국의 종교는 반지성주의의 요람이 되었다. 그들은 교육에 적대적이었기 때문에 교

---

19) Hofstadter, *Anti-Intellectualism*, 68.

20) Hofstadter, *Anti-Intellectualism*, 72.

육을 종교적 분파주의에 종속시키고 대학에 대한 종파적 통제를 강화했다. 당대의 지성이라고 알려진 조나단 에드워즈Jonathan Edwards 조차도 '경건의 요람'이 되지 못하고 '종교 교육보다 인간적인 배움을 가르치는 데' 더 많은 노력을 기울였다고 하버드와 예일을 공격한 적이 있다.21 천시와 같은 대각성운동의 비판자들은 대각성운동이 반지성주의의 본질이라고 비판했지만 부흥 운동에 우호적인 이들은 반지성주의를 '기독교 개종을 향한 근본적으로 좋은 운동의 부수적인 결함일 뿐'이라고 옹호했다. 그러나 호프스태터는 이러한 반지성주의가 대각성운동 기간에는 소수였지만 나중에는 미국 개신교 일반의 특징이 되었다고 평가했다.

미국 대각성 운동에 영향을 준 영국 감리교 창시자 존 웨슬리는 경건과 지적 활력을 결합한 인물이다. 그는 감리교 운동을 이끌어가는 데 필요한 지적인 표준을 설정했지만 미국 내 감리교는 그러한 지적 토대를 갖추는 데 큰 관심이 없었다. 그로 인해 미국 상황은 부흥 운동으로 인한 반지성주의가 득세하는 환경을 만들었다. 실제로 영국이나 미국에서 감리교 운동은 가난하고 교육받지 못한 대중들에게 호소력을 지니고 있었기 때문에 반지성주의와 열광주의가 운동을 촉진시키는 요인이 되었다.22

19세기 중반 미국의 유명한 순회 설교자인 피터 카트라이트Peter

---

21) Hofstadter, *Anti-Intellectualism*, 76.
22) Hofstadter, *Anti-Intellectualism*, 97.

Cartwright는 1856년의 자서전에서 목회에 관해 반지성주의적 입장에 선 자신의 관점을 솔직하게 표현했다. "이제 웨슬리가 그 시대의 영광스러운 사역을 시작하기 전에 문학적이고 신학적으로 훈련받은 설교자들을 기다려야만 했다고 가정해 보라. 오늘날 웨슬리안과의 관계에서 감리교는 어떤 역할을 했을까? 애즈베리 감독이 훌륭한 문학 설교자들을 기다렸다면 불신앙이 이 미국을 이 끝에서 저 끝까지 휩쓸었을 것이다."23

이러한 대중적 반지성주의는 드와이트 L. 무디Dwight L. Moody 시대부터 빌리 그래함 시대까지 휩쓸었다. 로마 카톨릭, 유니테리언을 제외한 거의 모든 종파의 지지를 받았다고 하는 무디는 "나의 신학이 있는 줄도 몰랐다. 누가 나의 신학이 무엇인지 말해 주면 좋겠다"고 했다. 그가 살던 시대의 지식, 문화, 과학은 그에게 아무 의미도 없었다. 무디는 자신이 살던 시대의 복음주의 전통을 충실히 지켰다. 그는 종교 활동에 평신도가 참여하는 것을 승인하고, 신학교에서 교육을 받은 목회자들은 대중들과 유리된 교육을 받는다고 평가했다. 그는 교육받은 악당이 가장 비열한 악당이라고 했다. 그는 성경 외에는 거의 아무것도 읽지 않았다. "나에게는 책에 관한 한 가지 규칙이 있다. 나는 성경을 이해하는 데 도움이 되지 않는 한 어떤 책도 읽지 않는다."24 무디의 복음주의 정신은 정치적으로 공화당의

---

2 3) Hofstadter, *Anti-Intellectualism*, 102.
2 4) Hofstadter, *Anti-Intellectualism*, 108.

보수주의와 연결되었다. 그의 보수주의는 그의 철저한 사회적 비판주의를 낳은 전천년설 신앙을 반영했다.25

하지만, 20세기로 접어들면서 미국 복음주의 전통은 급격하게 위기를 맞았다. 교회는 옛 종교적 방식을 유지하거나 근대주의를 받아들여야 하는 기로에 섰다. 성직자와 평신도를 막론하고 전통적인 복음주의자들은 근대주의 사상에 교회가 굴복한다고 비판했다. 또한, 종교적 정통성에 대한 세속의 도전도 거셌다. 교육이 확대되고 지식과 사상이 빠르게 전파되면서 세속 지식인들이 주도하는 세속적이고 해방적인 사상과 근본주의적인 성서적 신앙이 계속해서 충돌했다. 이러한 세속주의의 도전 앞에 근본주의자들은 호전적으로 대응했다. 그러나 시간이 지나면서 복음주의에 공감하는 상당수를 포함해 많은 성직자들이 복음주의의 경계를 벗어났다. 무디의 종교적 견해는 나중에 근본주의자라고 불리는 견해와 유사했지만, 그의 유산은 다르게 수용되었다. 그가 후원하여 설립한 두 교육 기관 중 하나인 시카고의 무디 성경 연구소Moody Bible Institute는 나중에 근본주의자가 되었고 다른 하나인 매사추세츠의 노스필드 신학교Northfield Seminary는 근대주의자가 되었다는 것은 그의 유산의 특성을 나타낸다. 이 두 기관 모두 무디의 정신을 이어가고 있다고 주장했다. 많은 수의 감리교인과 침례교인이 적어도 북부 지역에서는 종교적 자유주의에 동조했다.

---

25) Hofstadter, *Anti-Intellectualism*, 111.

복음주의 주체 자체에 대한 지배력을 상실한 많은 근본주의자들은 절망감을 느끼기 시작했다. 광고, 라디오, 대중 잡지, 대중 교육의 발전은 낡은 사고방식을 새로운 사고방식과 직접적이고 피할 수 없는 충돌을 가져왔다. 이러한 근대주의와 근본주의의 논쟁은 1920년대 폭력적 근본주의 운동과 반진화 운동으로 표출되었다.

미국 보수 기독교인들이 형성한 KKK Ku Klux Klan단에 대해 에반스 Hiram W. Evans는 다음과 같이 평가했다. "우리 운동은 문화, 지적 지원, 훈련된 리더십 문제에 매우 취약한 대중 운동이다. 고도로 문화화되지도, 지나치게 지성적이지도 않고, 완전히 훼손되지도 않고 탈미국화되지도 않은, 옛 혈통의 평범한 시민인 일상의 손에 권력을 돌려줄 것을 요구하고 있으며, 승리할 것으로 기대한다. 우리 회원들과 지도자들은 모두 이 계급에 속해 있다. 우리는 지도력을 쥐고 미국주의를 배반하며 우리에게서 통제권을 빼앗으려는 지식인과 자유주의자들을 본능적으로 반대한다."26

그들은 인간이 지성적이기 보다는 감정적이고 본능적이라는 사실을 잘 알고 있었다. 국무장관 출신으로 대통령 후보에 세 번이나 올랐던 브라이언은 한 안식교회에서 1924년 다음과 같이 연설했다. "미국이 겪고 있는 모든 질병은 추적할 수 있다. 진화론의 가르침으로 돌아간다. 지금까지 기록된 다른 모든 책을 없애고 창세기의 처음 세 구절만 보존하는 것이 더 나을 것이다." 이러한 근본주의 운동

---

26) Hofstadter, *Anti-Intellectualism*, 123.

의 정점에서 드러난 사건이 '스코프스' 재판이었다. 스코프스는 진화론 교과서를 사용했다는 이유로 테네시에서 재판을 받았다. 이 재판은 근본주의와 근대주의 정신의 위태로운 대결을 극적으로 보여주었다27. 근본주의자들에게는 이 주장이 어느 정도 당위성이 있었다. 그들은 이 재판을 자신과 가족을 보호하기 위한 목적에서 수행했다고 했다. 하지만, 진화론 논쟁과 스코프스 재판은 기독교 반지성주의가 미국 정신세계 안에 뿌리 박혀 있다는 반증이었다. 실제로 전투적인 근본주의자들의 숫자는 소수였지만 그들이 가진 전투력이나 적개심은 자신과 가족을 지키려는 수많은 선량한 대중들의 심성에 호소했다. 반지성주의는 이렇듯 미국이 마주한 수많은 불안과 두려움에 대한 가장 간편하면서도 미래가 담보되지 않은 선택지였다.28

5. 한국 복음주의의 반지성주의

나는 영국과 미국 사회에서 역사적으로 구성된 복음주의의 토대와 정의가 한국에서 그대로 인식되고 있는지 여부에 의문이 있다. 한국에서 복음주의자란 꽉 막힌 근본주의자와 스스로 다르다고 하는 이들의 대항적 정체성을 나타내는 표지라는 선입관이 있다. 좀 민감한 예를 들자면 정치적으로 '국민의 힘'을 지지하는 보수근본주

27) Hofstadter, *Anti-Intellectualism*, 124.
28) Hofstadter, *Anti-Intellectualism*, 128.

의와 '민주당'을 지지하는 복음주의라고 구별하거나 창조과학을 맹신하는 문자주의와 달리 과학적 발견과 발전을 지지하는 진화적 창조유신론적 진화를 받아들이는 것으로 정체성을 규정하려는 듯한 모습을 볼 때가 있다. 위 구별이 큰 차이점인지는 차치하고라도 그 외의 지점에서 두 집단 사이의 다른 큰 차이가 있는지 여부는 명확하지 않다. 예를 들어 환경 문제나 소수자 문제, 이주민 문제 등 한국 교회와 사회가 마주한 민감하고 중요한 문제에서 복음주의자라고 정체화하는 이들이 어떠한 차이점을 갖는지는 모르겠다.

역사적으로 복음주의는 프로테스탄티즘에서 한 걸음 더 나아간 행동주의activism를 토대로 발전해 왔다. 영국의 경우, 복음주의자의 자의식은 노예제 폐지나 사회 개혁과 같은 아젠다에 민감하게 대응했다. 복음주의의 자의식이 교파로 형성된 메소디스트 운동의 경우도 그들의 사회적 감수성은 교육받지 못한 대중들에게 향했다. 노동자 의식 형성에 실패했다는 톰슨의 차가운 비판과 별개로, 복음주의자들이 영국 사회 속에서 노동자들과 연대했다는 성과는 훼손될 수 없다.

한국의 복음주의자들이 민감하게 반응해야 할 대상은 무엇일까에 대한 질문을 던져본다면, 어떠한 답이 나올 수 있을까? 복음주의 운동에 관여하거나 가까이서 지켜본 것도 아닌, 그저 인상비평적인 평가에 지나지 않음을 전제로 답변을 시도한다.

두 가지 측면을 지적할 수 있겠다. 나는 복음주의자들이 통상 자신들의 정체성 구별의 대상으로 삼는 근본주의자들과 동일한 반지성주의의 태도로 일관하고 있다고 평가한다. 대중적으로 받아들여지는 정치적 스탠스나 더 이상 고집할 수 없는 명백한 과학적 사실을 수용하는 것이 곧 지성주의의 증거라고 할 수는 없다. 이른바 페미니즘이나 성 소수자 문제와 같은 이슈에 대해서는 타협할 수 없는 교리적 잣대를 가져다 대는데 주저함이 없다. 실제로 이 사회가 고민하고 있는 훨씬 중층적인 사회적 이슈에 대해서 복음주의자들은 반지성주의의 태도에서 한 치도 벗어나지 않는다. 찬반의 논거로 삼는 것은 결국 성서 해석에 대한 교리적 잣대 이상이 되지 못한다. 과학과 의학적 지식을 덧붙이는 것 같지만, 이는 호프스태터가 주장하는 지식 민주화의 결과로 인한 전형적인 반지성주의이다. 누군가 얘기했던 '민주당 복음주의'가 적확하다.

'목회자 복음주의'나 '아저씨 복음주의'라고 표현할 수도 있겠다. 이 지점을 고민하지 않는다면, 개인의 종교적 체험과 확신에 기반한 미국제 복음주의의 반지성적 태도와 결을 같이 할 수밖에 없다. 나는 모든 사회 문제에 대해 성서와 교리적 해석을 들이대는 태도를 지성주의가 아니라 스콜라주의라고 부른다. 19세기에 급변하는 유럽 사회의 움직임에 반동적으로 대응했던 제1차 바티칸 공의회와 달리, 제2차 세계대전 이후 사회적 요구에 대응하기 위해 소집되었던 제2차 바티칸 공의회의 성과를 '신스콜라주의의 극복'이라고 한 것은 눈여겨 볼 지점이다. 변화하는 세계에 종교가 급진적으로 적응한 사례이기 때문이다. 그런 점에서 복음주의가 고민해야 할 지점은 자유주의나 근본주의적인 태도이기 보다는, 복음주의 내에 생래적으로 자리잡은 반지성주의적 태도에 관한 것이어야 한다. 사회적 이슈에 대해서 민감한 듯하지만, 그 범위는 지나치게 협소하다. 수용 가능이나 수용불가능의 기준을 편의적으로 정할 뿐이다.물론, 한없이 열어놓는다면, 더 이상 복음주의라고 할 수 없겠지만 말이다

이 지점을 어떻게 극복해 나갈 수 있을까? 여기에서 호프스태터가 규정한 반지성주의의 태도를 다시 한번 기억하자. "정신적 삶을 대표하는 사람들에 대한 분노와 의심이며, 그러한 삶을 저평가하려는 경향"이 반지성주의적 태도이다. 사회의 각 분야의 전문가들의 의견은 복음주의라는 거름망으로 걸러진다. 환경 문제, 소수자 문제, 진화론 문제 등을 대하는 태도에 이는 분명하게 반영된다. 결국, 복음주의자들이 전통적인 보수주의와 차별성을 지니려면 새롭게 발견된 가치에 대해 탄력적이고 열린 태도를 갖는 것이 필요하다.

해법은 또 다른 의미의 지성을 연마하는 것이 아니다. 자신들이 타협할 수 없다고 주장하는 바가 과연 그러한가, 기존의 배움을 성찰해 보는 것이다. 강영안 교수는 이를 '배움을 덜어냄', 곧 '손학'un-learning이라고 표현했다. 해법은 자신들이 기반한 토대만을 진리라고 주장하는 신스콜라주의적인 태도를 내려놓는 데서 출발한다. 자신들의 선험적 가치를 확고하기 하기 위한 공부가 아닌 덜어내기 위한 공부가 필요하다.

그 점에서 성경을 열심히 공부하는 것만이 능사가 아니다. 오히려 프로테스탄티즘과 구별되는 가치인 행동주의의 가치를 고민해야 한다. 반지성주의 극복은 지성의 함양이 아니다. 주지주의를 벗고 감수성을 높이는 것이다. 행동하는 데는 부대낌이 따른다. 지금 이른바 복음주의권에 여전히 미련을 갖고 활동하는 이들은 50대를 넘어가는 이들이다. 에큐메니컬 진영에서는 젊은 신학생들과 활동가들의 움직임이 훨씬 다양하게 전개된다. 지성을 강조하지만, 그것은 책상 위에서 얘기하는 주지주의에 머문다. 사회적 감수성을 키워가기 위한 현장성은 거의 사라졌다. 그럼에도 여전히 복음주의는 한국교회의 반지성주의 흐름을 염려하고 극복하기 위해 애쓰고 있다는 허위의식에 빠져 있는 것은 아닌가?

다시 명확히 말하자면, 복음주의가 토대한 반지성주의를 극복하기 위해서 지성 함양의 필요한 것이 아니라, 사회적 감성을 키워가는 것이다. 그런 점에서 여전히 2024년 한국 교회는 반지성주의에 깊이 경도되어 있다.

나는 그것을 복음주의권에서 갖고 있다는 로잔 한국대회에 대한 우려의 목소리에서도 발견한다. 전통적으로 로잔이 추구했던 개인 구원과 사회 복음의 균형이 무너지는 것에 대해 우려한다고 한다. 그 비판이 일리가 있다고 치자. 그런데 과연 한국의 복음주의자들은 사회 복음의 균형을 회복하기 위해 실제로 어떠한 구체적인 '행동'을 하고 있는가? 그저 복음주의자들이 균형잡힌 가치를 추구한다는 말로 이 모든 것을 넘어가는 것은 지나치게 간편하고 무책임한 것은 아닌가? 복음주의가 사회적 책임을 다하기 위해 취했던 그 '행동주의'의 움직임을 한국 복음주의는 보여주고 있는가? 여기에서 깊은 서글픔을 느낀다. 이른바 대다수 복음주의자들은 사회 참여를 이론으로만 주장해 왔다고 보기 때문이다. 소수의 복음주의권 활동가들이외에 복음주의자들이 논리적, 이론적 추구 말고 현장성을 갖고 있는지 의문이다. 지성적인 정합성을 갖는 것이 곧 사회적 행동을 해야 할 책임을 면해주는 것은 아니다.

나는 복음주의자들이 소외되고 핍박받는 대중들과 함께 하는 현장성 회복이 그 목소리를 회복하는 출발이라고 본다. 적어도 지금시점에서 또 다른 의미의 지성의 강화는 신스콜라주의로 돌아가는 것이지 진정한 지성으로 돌아가는 것은 아니다. 사회적 발견과 성과에 귀를 기울여 복음과의 새로운 조화를 추구할 때만 비로소 신스콜라주의의 태도를 극복했다고 평가할 수 있다. 이런 것으로 연결되지 않는 공부가 어떤 유익이 있을까 의문이다. 지금 복음주의는 말해 왔던 무수한 언어들이 반향 없이 허공에서 사라지는 현실 앞에 먼저 성찰해야 한다. 진심을 외면하는 세상을 탓하기 전에 세상과 함께 울고 웃는 길을 갔는지 말이다. 이 기반 위에서 행해지는 공부는 사회의 소외되고 외면당하는 목소리에 공명하는 것으로 연결된다. 그럴 때 진정 반지성주의의 극복이 가능하게 된다.

Ⅲ. 예언자적 목회

1. 예언자적 목회의 필요와 가능성

문지웅 목사(청년신학아카데미 공동대표)

1. 신학이 현실의 무엇을 변경, 삭제, 왜곡하는지 따져보자.

신학은 오늘 지금 여기서 혼돈과 무질서를 가져오는 상황에 대한 반응직면하려는 움직임이다. 예수는 "하늘나라를 위하여 훈련을 받은 율법학자서기관는 누구나, 자기 곳간에서 새것과 낡은 것을 꺼내는 집주인과 같다.마 13:52"라고 언급했다. 선교가 세상과의 직면이듯encounter with the world, 신학은 당대의 시대정신과 더 나은 세상을 향한 의제를 열린 마음으로 다루는 것이다.

신학은 성경을 관통하는 하나님 나라를 기축으로 현실/시대 상관성 있는 언어와 이야기를 만들어야 한다. 하나님의 원대한 구원의 계획Master plan을 우리의 생생한 현실에서 어떻게 구현할지 고민하고 궁리하는 것이 절실하다. 하나님 나라 복음은 현실에 순응하거나 현실을 외면해서는 안 된다. 교회는 현상유지의 틀을 깨고 현재의 양극화와 자산소득의 불평등을 부당한 것으로 볼 수 있어야 한다.

1) 현상유지와 세상성에 대한 무딘 생각을 갖게 함

예언자적 목회의 기조基調는 따뜻한 예리함으로 '존재하는 것이 저항하는 것'임을 지성과 마음으로 믿는 것이다. 예언자적 감수성은 지금 여기서 발생하고 있는 고통에 대한 공감적 이해를 하면서도 고통을 어쩔 수 없는 것으로 받아들이게끔 하는 세계관을 들여다 본다.

균형과 질서의 정적 세계관은 현상유지를 불가피한 것으로 이야기한다. 바꾸려는 것은 불온한 것이고 코스모스의 잘 짜여진 세상에서 돈과 권력은 소수에게 집중될 수밖에 없다. 예언자의 눈에는 이런 이야기가 독점과 편취騙取의 소리로밖에 들리지 않는다. 의심과 비판은 침묵하고 있던 하나님의 정의와 자비를 재생하고 복원하는 것이다. 예언자적 영성의 교회는 살리는 비판, 회복적 정의를 위한 기도 속에서 '하나님의 관심'에 집중한다.

2) 제국의 이야기와 하나님의 이야기가 충돌하는 세상을 보지 못하게 함

제국의 이야기는 생산과 효율, 균형과 질서의 지배자 문법이다. 제국의 이야기는 하나님의 형상 교리와 하나님의 자유를 말하지 않는다. 애굽의 바로 체제는 평생 벽돌 굽는 것을 본업이자 운명으로 생각하게 만든다. 양극화와 불평등은 의제로 다루어지지 않는다.

하나님이 원하신 세상은 하나님의 평등적 자유가 제약됨 없이 편만해지고 땅에 충만하게 퍼지는 것이다. 하나님의 원대한 구원의 계획은 제국의 이야기와 대립하며 이스라엘을 불러 하나님의 자유를 누리고 알리도록 했다. 이스라엘교회은 이방열방의 빛으로 제국의 이야기에서 속량출애굽하여 사랑의 아들의 나라로 옮겼다. 하나님의 구원 이야기 속에 흐르는 거대한 충돌과 스스로 있는 자나는 나다이신 하나님 자유를 교회 회중들 안에서 어떻게 적절하게 형성할 수 있을까?

3) 영혼 구원이라는 추상적이고 모호한 개념으로 창조세계(格物致知)의 영광을 축소함

서구의 근대성은 스스로 생각하고 주체적으로 살아가는 개인의 발견을 열었다는데 큰 의의가 있다. 그러나 뭐든 지나치면 폐해가 생기는 법, 신자유주의 속에서 개인의 자유는 이제 내 것만 챙기려는 데 혈안이 된 소유적, 약탈적 자유로 변성變性되었다.

교회는 단독자로서 하나님 앞에 살아가는 즐거움을 누리는 개인의 구원에만 초점을 맞춰서 사회의 숱한 부조리와 부당성의 구조적이고 근원적인 문제는 간과하거나 눈 감으려고 했다. 인간이 전인적이듯이 하나님의 구원도 전체적이고 통전적이다. 하나님은 공공公共이시기 때문이다. 하나님이 이처럼 사랑한 세상창조세계은 뒤틀린 방향으로 혼돈과 무질서를 반영하지만 여전히 하나님의 자유, 자비와 정의로 지탱하고 전진하고 있다.

2. 리얼한 세계는 신학이 현실을 '만들어내는' 방식 때문에 어떻게 은폐

되는가?

균형과 질서만을 강조하는 이야기에 포획된 주류/지배 신학은 현실의 탄식과 민생고民生苦의 간절함을 보려고 하지 않는다. 무딘 칼처럼 맞는 얘기지만 시의적절하지 않은 말들, 개인과 사회를 분리하는 인식의 틀, 그때 말씀의 의미에만 치중하는 일명 '주석질의 난무' 등이다.

신학이 체제 순응적일 때 가뜩이나 반지성주의 경향이 강한 분위기에서는 진짜 현실의 애통과 탄식에 대한 감응感應이 약하다.

약탈적이고 심지어 식인적인 사회경제 질서를 포착한 교회의 기도소리가 들리지 않는다. 청년들이 연애와 결혼 및 출산하지 못하는 이유에 대한 애통과 탄식을 진지하게 생각하지 않는다. 모든 원인과 책임을 개인에게 돌린다. 교회는 능력주의를 받아들이며 경쟁의 집단 무의식화의 온상이다.

1) 불평등과 양극화 사회

신자유주의 40년의 결과는 고도의 양극화와 자산소득의 첨예한 불평등을 만들었다. 한국은 1997년 외환위기를 거쳐 IMF체제에 편입되어 효율과 생산만이 답으로 알고 산업 전반에 걸친 강력한 구조조정과 기업혁신을 통해 선진국에 진입하게 되었다. 그러나 수많은 대가를 지불해야 했고, 자본주의의 약탈적이고 약육강식의 정글법칙에 치명상을 입었다.

교회는 모두가 자유를 누리는 세상을 꿈꾼다. '하나님의 형상' 교리는 이러한 공동체주의적 평등성을 웅변하고 지지하는 중요한 관점이다. 해 아래 새것이 없듯이, 사람 위에 사람 없음도 하나님의 원하심이다. 교회가 '세상을 위해 존재하는 유일한 기관'이라면 하나님의 세상을 향한 구원은 교회라는 대안사회 혹은 대조사회를 통해 온 세상이 가야할 구원의 지향과 내용을 선제적으로 작동하도록 큰 그림을 그리셨다.

따라서 하나님의 통치가 발휘될 때 헤세드仁愛의 편만한 침투, 공평과 정의의 제한 없는 투여로 궁핍한 자 없고 상호 평균케 되는 희년세상이 펼쳐진다. 교회는 개인과 사회가 하나님의 다스림 속에서 자비와 정의를 누리며 자신이 속한 사회 속에서 희년의 공적 가치가 편만해질 것을 희망하며 간구하는 선교적 존재다.

2) 차별, 배제, 혐오의 현실을 불가피한 것으로 치부

문명 전환기의 신학과 선교는 돌봄affection이나 보살핌의 이야기를 만드는 것이다. 교회의 선교는 고아와 과부에 대한 각별한 관심을 보여주신 하나님의 마음을 따라 주변부로 밀려 나간 사람들에 대한 우선적 관심을 두어야 한다. 이런 서로 돌봄의 선교는 교회가 할 수 있고 해야 하는 마을목회의 핵심이다.

어떤 이유도 차별, 배제 및 혐오의 정당성을 가질 수 없다. 지금 포스트 휴먼의 담론 시대에 생명을 가진 것들의 연대와 협력 및 상호의

존의 '생태적 평등'을 신학의 중요한 의제로 설정해야 한다. 생태적 평등권은 '먼저 온 미래'로서 앞으로 상식이 될 것이기 때문이다.

3) '하나님 형상'(Imago Dei) 교리를 원자적 개인주의화로 축소

하나님 형상 교리는 하나님의 자유를 충만하게 표현하며 민주주의 발전의 원동력이 되었다. 하나님 형상 도리는 인간사회의 평등적 자유가 지속적으로 확대 발전할 수 있도록 지지하고 모니터링 해준다. 한국의 대중복음주의 교회는 이런 풍성한 의미를 회중들에게 제대로 공유하고 있는지 모르겠다.

하나님 형상 교리는 사람이 곧 하늘이라는 인내천人乃天 정신과 맥을 같이한다. 천지인天地人 사상은 동아시아 세계관의 공동체주의를 표명한다. 신자유주의를 무비판적으로 수용한 보수적 기독교는 유감스럽게도 공동체주의의 귀중한 문화적 유산을 숙지하지 못한 채, 하나님 형상 교리를 소유적 개인주의로 축소, 치환했다.

3. 신학사상 없는 목회는 가능한가?

신학은 강단에서의 사변 놀음이 아니라, 오늘의 시대정신을 교회목회의 현장 속에 살아있는 언어로 담아내려는 진지한 노력이다. 신학함Doing Theology은 선악을 분별할 수 있는 온전한성숙한 교회를 세우려는 궁리요 모색이다. 오늘의 문제와 씨름하지 않고서는 신학은 죽은 언어가 되고 교회는 '말의 죽음'으로 하나님 나라의 첨병 역할을 할 수 없다. 이런 의미에서 신학은 고전의 신학을 넘어 첨단의 신학이 될 수밖에 없다.

1) 신학 없는 교회운동은 지속 가능할 수 없다

모든 운동사는 강력한 이론이 지렛대 역할을 해 왔다. 사회사상사지성사는 수많은 사회이론의 제자백가 논쟁 속에서 현실 변혁으로 귀결된 것을 다룬다. 이론은 구체적인 사건을 낳는다. 칼뱅의 신학이 교회의 형태와 목회의 내용을 구성했던 것과 같다. 그러나 거듭 강조하지만 신학은 오늘의 교회가 하나님의 선교에 참여하고 헌신하려는 것이지, 지난 시대의 산물을 동어반복 하는 것은 아니다.

그동안 신학교에서는 생명을 살리며 창의적인 성경읽기를 수련할 수 있는 칼을 주지 못했다. 목회를 위한 기법이나 교회성장의 방법론은 신학교 밖에서 돈과 시간을 들여 다시 배워야 했다. 오늘의 영적 필요에 응수하는 신학이 아니라 '공자 왈 맹자 왈' 하던 시대처럼 온고지신溫故知新 없는 신학으로 굳어졌다. 신학은 오늘을 사는 회중들이 직면한 도전과 흐름을 알고 번역 가능한 시대의 언어로 재해석하거나 존재와 삶에 닿을만한tangible 메시지를 성경에서 캐낼 수 있는 삽이며 프리즘이다.

2) 신학은 지금 여기서(hic et nunc) 시대를 해석하여 교회의 선교(사명)를 추동하는 렌즈

생태적 전환과 인공지능 및 포스트코로나 시대에 전도의 접근과 내용은 변화가 불가피하다. 전도의 메시지는 '예수천당 불신지옥'보다는 지금 여기서 하나님의 통치 구현을 열망하며 주어진 일터와 일상에서 하나님의 선교적 백성으로 살아가는 것에 대한 강조가 있어야 한다. 예배는 삼위 하나님의 임재 속에서 보냄 받은 자 의식으로 세상과 직면하는 교회의 존재이유를 기쁨과 진리 안에서 재발견하도록 갱신된 감각을 나누는 시공時空이다.

교회교육과 제자도는 하나님 나라 복음의 대리인agent으로 키우고 세워 보내는 목적과 목표에 정위定位한다. 한 사람을 온전한 그리스도인으로 세우려면 교회라는 마을과 드라마 '나의 아저씨'같은 영혼의 목자들이 있어야 한다. 상담은 특별한 사람이 받는 것이 아니다. 교회는 '경청과 안전한 공간'을 형성하고 서로에 대한 공감적 이해와 수용을 배우기 위해 자신을 알아차리는 연습, 자신과 남을 수용하는 훈련을 통해 온전한 인간으로 형성되도록 도와야 한다.

3) 담대한 진리 선포를 통하여 공적 세상을 향한 하나님의 구원을 알림

"죄 많은 이 세상은 내 집 아니네, 내 모든 보화는 저 천국에 있네 … 나는 이 세상에 정들 수 없도다." 이런 고백과 언어가 진지했고 마음으로 믿었던 시절이 있다. 로이드 존스의 설교 패턴이 간절했던 시기가 있었다. 변화하는 세상에 맞는 복음의 메시지와 설교였기 때문에 호응을 받았다. 이제는 하나님 나라 복음을 어떤 각도와 언어

및 표현으로 나눠야 할까?

지금은 지구재앙과 인류세가 새로운 대응 중인 문명전환기다. 신자유주의 40년의 실험이 비참한 성적을 내고 미중 패권 경쟁이 글로벌 공급망 시대를 접으려고 한다. 금융자본은 제국을 형성했고 소위 MZ세대는 부모보다 더 가난한 삶이 예상된다. 민생 없는 정치는 공허하고 경제 없는 신학도 마찬가지다.

탄식하는 사람들과 피조세계에 함께 울며 애통하는 교회의 기도와 언어가 필요하다. 푸념과 비난의 정쟁이 아닌 희망의 현실을 목놓아 기다리는 희망의 언어를 찾고 있다. 새로운 상상력으로 더불어 살아가는 대동의 세상을 교회가 전위에서 시범 보여야 할 시간이다. 무감각을 당연하다고 여기는 차가운 시대를 향해 '서로 돌봄'의 세상을 위해 간구하는 교회의 기도소리를 듣고 싶다. 펄펄 끓고 있는 지구행성은 자신의 인고忍苦를 멈추게 해달라고 호소하고 있다.

〈함께 토의하고 나누고 싶은 질문들〉

1. 교회 내 신학의 부재나 반지성주의를 극복하기 위하여 어떤 목회적 고민과 기획을 하고 있는지 서로 나누어 보면 어떨까요?

2. 교회의 회로를 돌고 있는 것은 '성서의 언어'임을 믿기 때문에 교회의 성경읽기가 현실/시대 상관성 있는life-related 해석을 담고 있어야 한다면, 설교와 성경공부교재, QT, 기도문 등을 생산하고 공유하는데 어떤 고민과 장애물이 있는지 이야기해 보면 좋겠습니다.

2. 예언자적 목회와 설교

오형국 목사(청년신학아카데미 공동대표)

1. 우리가 예언자적 목회, 설교를 필요로 하는 이유

기존의 다른 유형의 설교들이 갖고 있는 역기능과 폐해 때문이다. 신앙의 진정성과 복음의 본질을 함양하는데 있어서 심각한 폐단을 야기해 왔다. 기존의 설교들이란 어떤 설교를 가리키는가를 살피기 위하여 설교의 유형들을 비교해 보도록 하겠다.

2. 설교의 유형비교

　　1) 제사장적 설교

　　2) 서기관적 설교

　　3) 예언자적 설교

　　1) 제사장적 설교

개인적 구원, 돌봄과 위로, 회심과 치유, 회복의 은혜를 구하는 메시지가 주류를 이룬다. 복음주의 찬양이 이 경향에 편중되어 있고 신자들의 영적 관심이 하나님의 관심God's concern에 미치지 못한다. 신앙생활에서 예배와 제의적 요소교회 내의 봉사, 직분, 건물를 강조한다. 교리적으로 창조신앙보다 구원론, 하나님 나라보다 칭의에 집중을 한다.

이 경향에 편중된 설교를 들으며 신앙체질이 형성될 경우, 복음의 사사화, 내면화, 콘텍스트에 대한 무관심이 생기고, 개인주의적 세계관의 고착하며 탈역사적 신앙관을 갖게 된다. 개인구원과 직결되지 않은 하나님 나라의 가치를 이해하지 못하게 된다.

예를 들어, 유기성 목사의 "24시간 예수님 생각하기"와 "영성일기"가 있다. 태양을 알기 위하여 태양을 관찰하는 것은 올바른 방법이 아니듯, 예수님을 묵상하는 것만으로는 예수님을 자신의 인식 범위와 수준 속에 가두는 결과를 가져오기 십상이다. 자아의 투사self-ism, 자기 상념의 반향echo을 하나님의 뜻으로 이해하는 주관주의에 빠지기 쉬우며, 자신을 둘러싼 세계를 이해하고 그 속에서 역사하시는 하나님의 섭리를 놓치기 쉽다.

그리고 제의적 신앙은 신앙의 제의적 형식, 즉 교회조직, 행사, 건물 건축 등. 신앙생활에서 하나님의 관심을 신앙공동체 내부로만 제한하게 된다. 이것은 개교회주의와 개교회간의 경쟁적 심리에 의하여 자기 교회의 성장에만 관심 갖는 등 편협한 신앙관을 형성하곤 한다. 하나님 나라 중심의 신앙관에서 벗어나 사적 경건, 탈역사성,

개교회 성장주의, 콘텍스트 문맹 그리고 이러한 요인들이 반지성주의를 강화시킨다.

제사장적 차원 역시 신앙의 본질적 요소의 하나이지만 위의 지적은 제사장적 차원만 불균형적으로 강조될 때 일어나는 퇴행적 경향을 가리키는 것이다.

2) 서기관적 설교

성서를 훈고적^{자구 풀이}으로 해석하는 것으로 만족하는 경향의 설교이다. 풍자적으로 '주석질'과 '안전하지만 무딘 칼'이라고 표현된다. 과거시제의 신학, 그때 거기서 그들에게 주신 의미만을 탐구하는 성경해석 때문에 오늘 우리의 물음과 과제에 대한 답변이 없다.

성서해석이나 설교내용에서 오류가 없을 수 있으나 오류의 유무보다 더 치명적인 것은 신자들의 지성구조 형성에서의 폐단이다. 도식적 단답식 사고, 콘텍스트에 대한 무관심, 대세에 순응하는 자세, 질문하지 않는 신앙 체질을 낳는다.

바람직하지 못한 설교로서 강조될 이유는 예수님의 설교와의 대조이다. 나사렛 예수의 설교에 대한 청중들의 가장 1차적인 반응은 "와, 서기관들과 다르다!"는 것이었다. 서기관들의 설교는 율법의 내용에 근거한 것이므로 형식적 차원에서는 비성경적이라고는 할 수 없었다. 그러나 과거에 주신 말씀의 많은 내용 중 자기 임의로 발췌하여 전달하는 것이므로 하나님이 '오늘 우리에게' 주시는 말씀을 담지 못했다. 그러므로 회중들에게 하나님이 주시는 말씀다운 지혜와 권능이 느껴지지 않았던 것이다.

3) 예언자적 설교

하나님께서 회중에게 주시는 말씀을 전하는 설교다. 설교자는 회중을 대표하여 듣고 회중이 알아들을 수 있는 언어로 전한다. 회중이 느끼는 필요felt need가 아니라 하나님이 판단하시는 회중의 필요에 따른 말씀이다.real ned

(1) 예언의 의미에 대한 기본 정리

예언은 앞일에 대한 미래 예측이 아니다. 하나님의 말씀을 전하는 내용이다. pro- phetes 아니라 prophetheos.

(2) 개별 현상적 이슈만이 아니라 세상의 가치, 세계관을 담은 이야기가 아니라 하나님 나라의 이야기(내러티브)를 전한다.

저항적, 비판적, 대안제시, 희망의 메시지를 전하고 현실을 해석한다.

3. 예언자적 설교의 예시

1) 성서의 예

나단이 다윗에게 전하는 메시지, 예레미야의 성전 설교렘 7장, 세

속 권력과 현실 종교 세력에 대한 전복적 메시지렘 22장, 제도와 영성 신비의 '대립의 복합'

  2) 교회 역사 속의 예언자적 설교자

  마틴 루터의 95개조 반박문, 마틴 루터 킹의 I Have a Dream, 디트리히 본회퍼, 김수환의 박종철 추모미사 강론, 강원룡, 팀 켈러의 9.11 설교 등.

4. 예언자적 설교의 내용상 특징

  월터 부르그만은 사회비판 저항운동가 유형에 국한되어서는 안 된다고 지적한다. 개별 이슈에 대한 비판만 아니라, 구체적인 개별 상황에 맞추어 대안적인 하나님 나라의 세계관, 신앙의 자세와 비전을 제시하는 설교가 예언자적 설교다.

5. 예언자적 설교자의 자질: 하나님 말씀을 들을 수 있는 자

  "설교는 하나님의 말씀을 들음으로써 시작한다"아우구스티누스 설교는 본질적으로 하나님의 말씀을 대언, 즉 하나님의 말씀을 듣고 전하는 과업이므로 예언자적 설교는 설교의 본질을 회복하는 것이기도 하다. 설교자는 본질적으로 예언자의 후예, 아니 예언자가 되어야 한다. 여기서 하나님의 말씀을 잘 들으려면, 영성과 상황성이 필요하다.

(1) 영성(spirituality)

하나님의 마음에 공감할 수 있는 인격적 영성을 뜻한다. 신비적, 감성적 영성만 아니라 인격구조 전체가 하나님의 말씀을 들을인지할 수 있도록 최적화되어 있어야 한다. 애통과 긍휼, 요셉의 환난에 근심하는 자.

(2) 성경적 세계관

설교자의 지성구조는 성서의 세계관창조질서, 윤리관에 뿌리박고 있어야 한다. 예를 들어 사회적 비전자유민들의 공동체, 자유하되 함께 자유를 누리는 평등, 인간론하나님의 형상, 모든 인간의 존엄성이 손상되어서는 된다, 위임 사상권력의 본질은 청지기직이며 위임계약의 조건이 율법, 하나님 외에 돌볼 자가 없는 자에 대한 하나님의 관심을 직시해야 한다.

(3) 상황성(contextuality)

하나님의 관심 대상인 세상 현실을 읽는 능력을 가리킨다. 제국적 지배세력의 인지구조는 세상의 상황을 보아도 보지 못한다. 표면적 현상 너머의 실체, 지배 미디어의 선택적 보도에 갇히지 않는 사회과학적 정보 마인드, 콘텍스트 문맹 등.

위의 요소들이 통합되어 세상이 부르짖는 소리, 피조물의 신음소리, 성령의 탄식을 인지하는 것이 예언자적 설교자의 자질이라고 해야 할 것이다.

6. 예언자적 설교의 작성과정

김수환 추기경의 예, "가인의 대답."[1] 1987년 박종철 고문치사사건 정국에서 추모미사의 강론으로서 본문은 창세기 4장 8-15절이었다. 보통 사람이 못하는 말을 하는 게 하나님 말씀 맡은 예언자의 책무이며 폭력적 살인을 자행한 정부 국가권력을 하나님의 엄위하심 앞에 세우는 작업이다.

설교의 빅 아이디어는 현정권이 아벨을 죽이고 하나님 앞에서 시치미를 떼는 가인과 같이 박종철의 죽음의 원인을 은폐하고 있지만, 하나님은 가인에게 아벨을 죽인 죄를 물으신 것처럼 오늘 현정부에게 박종철의 죽음에 대한 책임을 물으시고 계신다. 정부는 가인의 길을 가지 말고 회개하고 진실을 밝혀야 한다.

콘텍스트는 "then & there" 가인이 하나님으로부터 제물을 거부 당한 직후에 자기와 비교되는 아벨을 들판에 유인하여 죽인 후 하나님이 가인에게 나타나셨다. 가인은 아벨을 죽였다. 하나님이 나타나셔서 아벨의 행방을 물으신다. 가인은 모르는 척하며 자신에게는 답변할 의무가 없다고 주장한다. 하나님은 가인이 아벨을 죽인 사실을 드러내시고 저주를 선언하시다.

"here & now" 박종철이 정부에 의해 고문 취조 중 죽음을 당했

---

1) https://www.youtube.com/watch?v=IPbju8zxV6c

다. 그가 죽었으나 정부는 사인을 은폐하고 있다. 사인이 드러나고 있으나 정부는 부인한다.

설교의 목적은 정부가 사실을 은폐하고 있음을 공적으로 드러내는 것이다. 성서의 가인과 아벨 사건을 예시함으로써 우리가 오늘의 이 사건의 실상을 파악하도록 돕는 보조인지장치로 쓴다. 오늘 우리의 사건을 성서와 연결시킴으로써 사건의 당사자들을 하나님과 대면시키며, 청중들은 이 사건이 하나님 앞에서 어떤 의미가 있는지 깨닫게 한다. 박종철은 나와 직접적 관계가 없는 수많은 국민 중 하나가 아니라 나의 형제요 자식이요 성서가 말하는 이웃이다.

주요 내용구성으로 발견 읽기running commentary, hook 질문, 신학적 엔진who God is

3. 예언자적 목회와 예전

최승근 교수 (장로회신학대학교)

1. 들어가는 말

콘스탄티누스 황제의 개종은 교회에 중요한 전환점이 되었다. 그 전에 기독교는 불법 종교여서 교회는 협박과 박해의 위험 속에 있었지만, 콘스탄티누스의 개종 이후 기독교는 황제의 종교가 되었고 얼마 지나지 않아 제국의 국교가 되었다. 이러한 가운데 교회와 세상의 지배 문화을 구분했던 경계선이 모호해지기 시작했다.1 즉, 교회가 자신과 세상의 지배 문화 사이에서 긴장을 더 이상 느끼지 못하게 되었고, 교회의 문화와 세상의 문학가 똑같이 여겨졌다. 하지만 아쉽게도. 교회가 세상의 지배 문화를 기독교적으로 변화시키며 그렇게 된 것이 아니라, 세상의 지배 문화에 동화되고 왜곡되면서 일치하게 되었다.

---

1) Rodney Clapp, *A Peculiar People*: *The Church as Culture in a Post-Christian Society* (Grand Grove. IL: InterVarsity Press, 1996), 25.

오늘날 많은 교회는 콘스탄티누스 황제의 개종 이후 교회가 경험했던 것과 비슷한 도전에 직면하고 있다. 알렉산더 슈메만Alexander Schmemann은 현대 교회의 가장 큰 도전이 "기독교 공동체 내에서 중요하게 여겨지는 '가치'와 '이상'과 교회 밖에서 받아들이는 '가치'와 '이상'이 별반 다르지 않다"라는 것이라고 지적한다.2 그 결과 교회는 세상의 지배 문화와 구별되는 독특하고 대안적인 문화를 형성하는 일에 실패했을 뿐 아니라 오히려 그 문화에 물들고 말았다.3 로드니 클랍Rodeny Clapp 은 이러한 교회들을 '콘스탄티누스 교회'라고 묘사한다.

> 콘스탄티누스 교회는 주위의 문화에 그대로 반응하고 반영하는 교회를 말한다. 이 교회는 자신의 문화를 만들고 유지하는 능력을 완전히 잃었다. 교회와 세상의 긴장을 부정하고, 이 세상의 나그네와 재류 외인과 같은 존재로서, 타락한 이 세상을 고향으로 여기면 안 된다고 하는 그리스도인의 성경적 자각을 등한시할 뿐 아니라, 이 세상에서 너무 편해

---

2) Alexander Schmemann, *Of Water and the Spirit*: *A Liturgical Study of Baptism* (Crestwood. NY: St. Vladimir's Seminary Press. 1974): William A. Dyrness. *A Primer On Christian Worship* (Grand Rapids: Eerdmans, 2009), 121-22.

3) 문화를 "삶의 특정한 방식의 사람들을 생산하는 생산적인 과정"으로 정의하면서, Clapp은 교회가 자신의 문화를 가지고 있을 뿐 아니라 교회 자체가 문화라고 주장하는데, 그 이유는 교회가 사람들을 삶의 새롭고 독특한 방식으로 이끌기 때문이다. Clapp, *A Peculiar People*. 75, 89-90, 174.

한다. 이에 더해 세상의 권력에 동조할 뿐 아니라, 힘없는 이
들을 박대한다.4

클랍이 말하는 콘스탄티누스 교회는 결국 월터 브루그만Walter
Brueggemann이 말하는 '예언자적 공동체'가 되는 데 실패한 교회를 말
하는 것 같다. 부르그만이 말하는 예언자적 공동체란 대안 의식을
행하는 공동체로, "한편으로 지배 의식을 해체할 목적으로 현존하
는 질서의 불법성을 드러내고 비판하며, 다른 한편으로 신앙 공동체
가 바라볼 하나님의 새로운 미래를 약속하고 선포함으로써 개인과
공동체에게 활력을 불어넣는 일을 한다.5 연구자가 생각하기에 그가
말하는 대안 공동체는 세상의 지배 문화의 가치와 이상을 추구하는
공동체가 아니라 하나님 나라의 제사장 공동체를 뜻하는 것 같다.

교회가 예언자적 공동체. 대안 공동체가 되기 위해서는 모든 사
역이 "대안 공동체를 불러내고 형성하고 체험하는 방식을 반영해야
한다"고 주장한다.6 그가 말하는 모든 사역에는 예전예배이 당연히
포함되어 있기에, 본 논문은 예배에 집중하고자 한다.

---

4) Clapp, *A Peculiar People*, 39.
5) Walter Brueggemann, *The Prophetic Imagination*, 김기철 역, 『예언자적 상상
    력』(서울: 복 있는 사람, 2009), 52.
6) Brueggemann, 『예언자적 상상력』, 53.

2. 펴는 말

1) 예배의 목적: 영광과 성화

그리스도인들은 예배한다. 그러면 예배하는 이유, 예배의 목적은 무엇인가? 둘로 수렴된다. 예배의 목적은 영광과 성화, 즉 하나님께 영광을 돌리고, 예배하는 자들이 거룩하게 변화되는 것이다.[7] 예배의 목적을 말할 때, 많은 그리스도인은 종종 하나님께 영광을 돌리는 것만을 언급한다. 또는 하나님께 영광을 돌리는 것은 일차적인 목적이고 인간의 성화는 이차적 목적이라고 생각한다. 그러나 예배의 목적은 하나님 영광과 인간의 성화 모두로, 이 두 가지는 동등하게 이해되고 실천되어야 한다. 물론 하나님 영광과 인간의 성화가 정확히 같은 의미라고 말하는 것은 아니다. 연구자가 말하고자 하는 바는, 그리스도인들의 성화가 하나님께 영광을 돌리는 가장 중요한 방법이라는 사실을 명심해야 한다는 것이다.

휴스 올리펀트 올드Hughes Oliphant Old는 이를 분명하게 서술한다. 그는 예배의 기능 중 하나가 교회 공동체를 '교화'하는 것이라고 말하면서, 예배는 그리스도인들을 하나님의 형상으로 변화시키는 작업장이고, 그 작업장에서 하나님의 형상으로 변화되는 것. 곧 성화가 하나님께 영광을 돌리는 것이라고 말한다. 하나님은 예배에서 예배하는 자들을 만나시고, 가르치시고, 새로운 삶의 방식으로 인도하

---

7) Ruth C. Duck, *Worship for the Whole People of God: Vital Worship for the 21st Century* (Louisville, KY : Westminster John Knox Press. 2013), 7-16.

시면서, 그들을 그분의 형상으로 변화시키신다. 그리고 하나님의 형상으로 변화된 그들은 하나님의 영광을 나타낸다.[8]

하나님의 형상으로 변화됨으로써 하나님께 영광을 돌리는 일은 예배라는 작업장과 그 예배가 교화하는 교회 안으로 제한되지 않는다. 그리스도인들은 세상에서도 변화된 모습으로 살아감으로써, 그들의 삶을 통해 세상에 있는 사람들이 하나님의 사랑과 은혜를 경험하고, 하나님을 만나도록 매개함으로써 하나님을 영화롭게 해야 한다.[9] 이러한 이해와 실천은 기독교 예배의 전통적인 사중구조에서 잘 드러난다. 그리스도인들은 전통적으로 하나님과의 만남인 예배를 모임, 말씀, 성찬, 파송이라는 사중구조로 이해하며 실천했다. 예배의 전통적인 사중구조는 성경에 기록된 하나님의 계시와 인간의 응답이라는 패턴, 기독교의 복음과 언약의 특성을 반영한 것으로, 사도 시대부터 교회가 따랐던 구조라고 여겨진다.[10]

그리스도인들이 예배의 마지막을 파송으로 이해하고 실천했다는 말은, 예배와 삶의 연결성을 강조했다는 뜻이다. 파송이라는 말은 단순히 떠나거나 헤어지는 것이 아니다. 파송은 사명을 전제한

---

8) Huges Oliphant Old, *Worship : Reformed according to Scripture* (Louisville : Westminster John Knox Press, 2002), 6.

9) 안덕원. "디지털 미디어 시대의 기독교 예배-전통적인 경계선 밖에서 드리는 대안 예배를 위한 제언", 한국복음주의 실천신학회. 「복음과 실천신학」56 (2020) : 56. (https://doi.org/10.25309/kept.2020.8-15.045)

10) Constance M. Cherry, *The Worship Architect* (Grand Rapids : Baker Academic. 2010), 45-50.

다. 따라서 사중구조가 말하는 예배는 하나님의 부르심에 응답한 자들이 모여, 하나님의 말씀을 듣고, 그리스도를 기념함으로써, 하나님을 만나 하나님의 형상으로 변화된 후, 세상에서 변화된 자로서 살아가면서 하나님을 나타내는 사명을 감당하는 것이다.11 예배에서 하나님을 만남으로써 하나님의 형상으로 변화되고, 변화된 모습으로 세상에서 새로운 삶의 방식으로 살아가면서 하나님을 나타내는 일은 하나님께 영광을 돌려야 하는 예배하는 자들의 공동체인 교회의 존재 이유이고 사명이다.

하나님께서는 모든 사람이 당신을 만나고 당신의 초청에 응답하여 구원받기를 원하신다.딤전 2:4 그러나 인간은 하나님을 직접 대면할 수 없기에 하나님은 주로 인간이 커뮤니케이션할 때 사용하는 다양한 미디어매개체를 선택하고 사용하시어 그것들을 매개로 인간을 만나 오셨다. 세인 힙스Shane Hipps는 하나님이 인간을 만나시기 위해 이 땅에서 선택하셨던 가장 위대한 미디어는 예수 그리스도였다고 단언한다.12 사람들은 예수 그리스도의 말씀을 매개로 하나님의 말씀을 들었고, 예수 그리스도의 사역을 매개로 하나님의 일을 목격했다.요 14:8-10 사람들은 예수 그리스도와 그분의 삶 전체를 통해서 하나님을 실제로 만났고, 하나님의 사랑과 은혜를 구체적으로 경험했다. 예수 그리스도가 하나님이 선택하셨던 가장 위대한 미디어였던

---

11) Cherry, *The Worship Architect*, 46.

12) Shane Hipps, *The Hidden Power of Electronic Culture*: *How Media Shapes Faith, the Gospel, and Church* (Grand Rapids: Zondervan. 2005), 92.

까닭은 예수 그리스도와 하나님은 하나였고요 14:8-10, "그리스도 안에서 하나님의 미디어와 메시지가 완벽하게 일치했기 때문이다."13

힙스는 교회가 교회가 하나님이 세상에서 사람들을 만나기 위해 선택하신 또 다른 미디어라고 강조한다. 교회는 하나님의 가장 위대한 미디어였던 예수 그리스도의 몸이기 때문이다. 교회의 존재 이유와 사명은 하나님 나라의 복음을 체화하고 선포하면서, 사람들이 하나님을 만나도록 돕는, 예수 그리스도처럼 하나님의 미디어로서 살아가는 것이다.14 그래서 초기 그리스도인들은 주일예배의 마지막을 이러한 사명을 가지고 '파송'되는 것으로 이해했다. 사이먼 챈 Simon Chan은 세상은 오직 교회를 통해서만 예수 그리스도를 알게 된다고 말한다. 그는 교회의 가장 큰 사명은 그리스도의 몸으로서, 세상을 위한 그리스도가 되는 것이고, 그리스도처럼 살아가는 교회를 통해 세상은 하나님을 만나고 알게 된다고 강조한다.15

모든 그리스도인은 하나님을 드러낼 수 있는 능력을 소유하고 있다. 즉, 성례전으로 살아갈 수 있는 능력을 소유하고 있다. 그레이엄 휴스Graham Hughes는 성례전성sacramentality을 영spirit과 물리적 형태 physical form의 결합이라고 정의하면서,16 인간, 특히 그리스도인은 성

---

13) Hipps, *The Hidden Power of Electronic Culture*, 92.

14) Hipps, *The Hidden Power of Electronic Culture*, 92.

15) Simon Chan, *Liturgical Theology : The Church as Worshiping Community* (Downers Grove, IL : IPV Academic. 2006) 40.

16) Graham R. Hughes, *Reformed Sacramentality* (Collegeville. MN : Liturgical Press. 2017), 37.

직자이건 그렇지 않건 관계없이 이 땅에서 보이지 않는 하나님을 가시적으로 나타내는 성례전성을 다른 어떤 물리적 형태보다 많이 갖고 있다고 말한다. 인간은 하나님의 형상으로 창조되었고, 성육신한 하나님이신 예수 그리스도는 인간으로서 하나님을 온전하게 나타내는 길을 여셨기 때문이다.[17]

그리스도인들은 종종 그들이 보여주는 삶의 모습 때문에 기독교를 싫어하거나 하나님을 믿지 않거나 아예 관심을 두지 않게 되었다고 말하는 사람들을 접한다. 그럴 때마다 그리스도인들은 하나님과 기독교를 진정으로 알고 싶다면 불완전한 그리스도인들을 보지 말고 그들이 믿는 예수 그리스도를 보거나 기독교의 공식 텍스트인 성경을 읽어 볼 것을 제안하곤 한다.[18] 그러나 세상 사람들이 예수 그리스도를 어떻게 볼 수 있는가? 하나님을 모르는 사람들이 성경을 왜 읽겠는가? 세상 사람들은 자신들이 일상에서 매일 접하는 교회라는 공동체의 구성원인 평범한 그리스도인들의 삶을 매개체, 즉 미디어로 삼아 기독교가 어떤 종교인지, 기독교가 믿는 하나님이 어떤 분인지를 알고, 경험하고, 판단하게 된다. 따라서 그리스도인들이 삶에서 살아가는 방식은 매우 중요하다. 물론 그리스도인들의 삶은 불완전하다. 그러나 매우 강력한 메시지이다. 마셜 매클루언Marshall

---

17) Huges, *Reformed Sacramenality*, 62-88.
18) Hipps, *The Hidden Power of Electronic Culture*, 91. Hipps의 경험담은 많은 그리스도인이 살아가면서 많이 겪는 일이라고 생각한다.

McLuhan의 표현처럼, 미디어는 메시지이기 때문이다.[19] 따라서 복음의 메시지는 무엇보다도 교회의 구성원인 그리스도인들이 세상에서 살아가는 방식으로 나타난다.[20]

기독교 역사의 초기 300여 년은 기독교의 황금기나 전성기 또는 이상적인 시대라고 불릴 정도로 당시 기독교는 놀라운 성장을 했다. 예수 그리스도께서 승천할 당시 120명에서 많게는 수백 명에 불과했던 그리스도인들의 수는 콘스탄티누스 황제가 개종할 무렵에는 수백만 명에 이를 만큼 늘어나 있을 정도였다. 이처럼 초기 시대의 기독교는 놀라운 성장률을 보여줬기 때문에 이에 관심을 두고 연구하는 학자들이 많고, 제각기 다양한 성장 요인을 제시한다. 그러나 그들이 공통되게 언급하는 가장 중요한 성장 요인 중 하나는 바로 초기 시대 그리스도인들이 일상을 살아갔던 삶의 방식이다. 비록 예수 그리스도의 삶처럼 완전하지는 못했지만, 그들이 보여준 도덕적이고 윤리적인 삶, 소외된 자들을 귀히 여기고 우대하는 삶, 약하고 병든 자들을 헌신적으로 돌보는 삶의 모습은 당시 세상의 지배 문화, 당시 사람들의 살던 삶의 방식과는 충분하고 현저하게 달랐기 때문이다.[21] 많은 이교도는 하나님의 미디어로서 복음을 체화하며

---

19) Marshall McLuhan, *Understanding Media : The Extensions of Man*, 김상호 역, 『미디어의 이해: 인간의 확장』(서울: 커뮤니케이션북스, 2011), 31-56.

20) Hipps, *The Hidden Power of Electronic Culture*, 92.

21) Gerald Sittser, *Resilient Faith*, 이지혜 역, 『회복력 있는 신앙』(서울: 성서유니온. 2019): Bart D. Ehrman. *The Triumph of Christianity : How a Forbidden Religion Swept the World*, 허영은 역, 『기독교는 어떻게 역사의 승자가 되었나』

살아가는 그리스도인들의 삶의 방식을 매개로 그들을 초청하시는 하나님의 사랑과 은혜의 메시지를 분명하게 접했고 구체적으로 경험했고, 그 초청에 응답했다. 그 결과 교회는 성장했다.

초기 시대의 그리스도인들은 세상에서 하나님의 미디어로서 충실히 살아갈 수 있었던 주된 이유는 바로 그들의 예배가 예배의 목적에 충실한 예배였기 때문이다. 즉, 예배하는 자들을 하나님의 미디어로 변화시키어 하나님께 영광을 돌리도록 그들이 훈련받고 실습할 수 있도록 돕는 예전, '리터지'liturgy였기 때문이다.

2) 리터지(예전)로서의 예배

초기 그리스도인들에게 예배는 그들이 세상에서 하나님의 미디어로 살아갈 수 있도록 형성하는 훈련장이었다.[22] 제럴드 싯처Gerald Sittser는 초기 그리스도인들에게 예배는 삶의 작은 부분, 하나의 영역에 지나는 것이 아니라 새로운 삶의 방식으로 살아가도록 만드는 삶의 중심이었다고 강조하면서 다음과 같이 말한다.

초기 그리스도인들에게 예배란, 그것을 중심으로 자기 삶을 정비하고 조직하는 공동체 훈련이었다.… 그리스도인들은

(서울: 갈파라고스, 2019): Rodney Stark. *The Rise of Christianity*, 손현선 역. 『기독교의 발흥』(서울: 좋은씨앗. 2016) 등을 참조하라.

22) Alan Kreider, *The Patient Ferment of the Early Church* (Grand Rapids : Baker Academic. 2016) 221.

예배에 의존하고, 이들의 세계는 예배를 중심으로 돌아가며, 정기적인 예배 훈련에 헌신했다. 예배는 그리스도인의 신앙을 표현하는 작은 일부분이 아니라 그 신앙의 핵심이었는데. 예배 덕분에 그들의 삶이 생명의 중심이신 삼위일체 하나님을 중심으로 정비되었기 때문이다.… 예배는 증거와 봉사를 위한 훈련이었다. 예배는 미덕을 개발해 주었다. 예배는 예수님의 제자로 세상에서 어떻게 살아야 하는지를 보여주었다.[23]

초기 그리스도인들에게 예배라는 훈련장은 그들이 하나님의 백성으로 세상에서 살아가야 하는 삶의 방식, 복음의 메시지를 체화하는 방법을 이론으로만 가르치는 교실 같은 훈련장이 아니었다. 그들의 예배는 그들이 하나님의 미디어로서 세상에서 실천practice해야 하는 삶의 방식을 미리 반복해서 실습practice해보도록 기회를 주는 그런 훈련장이었다.

예배의 주된 목적 중 하나가 변화라면 예배를 세상에서 실천해야 하는 삶의 방식을 미리 실습해보도록 돕는 훈련장으로 이해하고 실행하는 것은 매우 중요하다고 생각한다. 어떤 과제나 사명을 잘 수행하려면, 그것을 미리 여러 차례 실습해보는 것은 당연하다. 그리

---

23) Gerald Sittser, *Resilient Faith*, 이지혜 역, 『회복력 있는 신앙』(서울: 성서유니온, 2319) 204, 218.

스도인들의 주일예배가 사명을 전제하는 파송으로 마무리된다면, 그들은 세상에서 그 사명을 잘 감당할 수 있도록 예배에서 그것을 미리 실습해봐야 한다. 존 버크하트John E. Burkhart에 따르면, 그리스도인들은 예수 그리스도처럼 세상에서 사랑과 공의와 평화의 삶을 살아야 하는데 그들이 그러한 삶의 방식을 실천하기 위해서는 예배에서 먼저 그것을 실습해봐야 한다. 그래서 그는 예배를 '리허설'이라고 표현한다.[24]

하나님의 선택된 미디어로서, 하나님과 세상 사이를 매개하여 일상에서 하나님을 세상에 나타내는 삶의 방식을 실천하는 것이 예배하는 자들인 그리스도인들의 사명이라면, 예배에서 그러한 삶의 방식을 미리 실습함으로써 훈련받아야 한다. 즉, 그리스도인들의 예배는 실습하는 장이 되어야 한다. 어떻게 하면 교회는 실습장으로서의 예배를 실천할 수 있을까? 연구자는 예배를 '리터지'liturgy로서 이해하고 실행하는 것이 가장 먼저 필요하다고 생각한다.

예배를 의미하는 주요 영어단어 중 하나인 'liturgy'는 그리스어 단어인 leitourgia에서 유래했다. 우리말로 대개 예전 또는 전례로 번역되는 liturgy는 많은 사람에게 형식을 매우 중시하여 인쇄된 규정에 따라 진행되는 예배의 형태를 뜻할 때가 많다.[25] 그러나 초기 시대의 그리스도인들에게 leitourgia는 그러한 의미가 아니었다. 그들

---

24) John E. Burkhart, *Worship : A Searching Examination of the Liturgical Expereince* (Philadelphia : Westminster Press. 1982), 31-33.
25) Duck, *Worship for the Whole People of God*, 4.

에게 이 단어는 공동체 전체가 공동체 안에 있는 자들은 물론 공동체 밖에 있는 자들을 위해 능동적이고 적극적으로 참여하는 예배를 가리키는 용어였다. 본 논문에서는 위에서 언급한 예전이나 전례라는 단어가 가져오는 제한된 의미를 피하고자 liturgy를 그대로 음역해서 '리터지'라는 단어를 사용하도록 하겠다.

Leitourgia는 원래 세속 용어로, 사람들이 다른 이들의 유익을 위해 행하는 일을 의미했다. 신약 성경은 leitourgia의 이러한 본래의 의미를 가져와서 다른 이들의 유익을 위한 사람들의 봉사나 섬김을 표현하거나 그러한 봉사나 섬김을 행하는 사람들을 가리킬 때 leitourgia 혹은 그로부터 파생된 단어를 사용했다. 이에 더해, 신약 성경은 예배제사와 관련된 제사장의 직무를 언급할 때도 이 단어를 사용했다.[26] 제사장의 직무는 백성의 유익을 위한 일이었기 때문일 것이다. 초기 그리스도인들은 자신들의 예배를 leitourgia, 즉 리터지로 표현했다. 그들에게 예배는 예배하는 자들이 자기 자신의 유익만이 아니라 교회 공동체 안에 있는 다른 사람들과 세상에 있는 사람들의 유익을 위해 제사장으로서 함께 공동체적으로 참여하는 일이었기 때문이다. 이런 의미에서, 제임스 화이트 James White는 리터지를 그리스도의 몸에 속한 모든 신자가 공유하는 만인 제사장직의 진수 quintessence라고 묘사한다.[27]

---

26) Daniel I. Block, *For the Glory of God: Recovering a Biblical Theology of Worship* (Grand Rapids: Baker Academic. 2016), 22.

27) James F. White, *Introduction to Christian Worship* (Nashville: Abingdon.

만인 제사장직이라는 표현은 말 그대로 모든 신자가 제사장이고, 따라서 제사장의 직무를 수행해야 한다는 개념을 뜻한다. 그러나 후스토 곤잘레스Justo Gonzdlez가 주기도문의 '우리 아버지'라는 문구를 설명하면서 지적하듯이, 만인 제사장직은 "각 신자가 자신의 제사장으로 섬긴다는 뜻이 아니라, 각 신자가 다른 모든 신자들 위한 제사장이라는 뜻"이다.[28] 그리고 모든 신자가 세상을 위한 제사장으로 살아가야 한다는 뜻이다. 제사장의 직무는 하나님과 사람들 사이를 잇는 것이다. 하나님과 사람들을 잇는다는 말은 그 둘이 매우 다르다는 사실을 내포한다 특히 사람들에게 하나님을 대신해서 말하고 행동함으로써, 그들이 하나님의 사랑과 은혜를 경험하고, 하나님을 만나고, 하나님께 돌아오도록 하나님과 그들 사이를 매개하는 미디어의 역할을 하고, 이를 통해 하나님께 영광을 돌린다. 사도 베드로는 베드로전서에서 신자들을 왕 같은 제사장이라고 칭하면서 세상에 하나님의 아름다운 덕을 선포하고2:9 선한 일을 통해 하나님께 영광을 돌리는 것이 그들의 사명이라고 말한다.2:12

세상에서 하나님의 제사장. 하나님의 미디어로 살아가려면, 위에서 언급했듯이 먼저 예배라는 훈련장에서 제사장과 미디어로서 실습해 보는 일이 필요하다. 매튜 캐밍크Matthew Kaemingk와 코리 윌슨Cory B.

2000), 32.

28) Justo L. Gonzalez-250 *Teach Us to Pray: The Lord's Prayer in the Early Church and Today*. 오현미 역, 『초기 교회에서 배우는 주기도문』(서울: 이레서원, 2022) 47-48.

Willson은 그리스도인들이 세상에서 하나님의 제사장으로 살아가는 것은 자연스럽게 되지 않는다고 말히면서 주일예배에서 제사장으로 살아가는 법을 연습하고 훈련받아야 함을 강조한다.29

예배는 하나님과 그리스도인들의 만남이자 대화라고 종종 정의되지만, 직접적으로 일어나는 만남과 대화는 아니다. 따라서 예배의 특정한 순서나 순간에 누군가가 하나님을 대신해서 말하거나 행동해야 한다. 사람들은 그 누군가의 말과 행동을 매개로 하나님의 말씀을 듣고 하나님을 만난다. 대개 그 누군가는 목사나 예배 인도자로, 그들이 예배에서 하나님과의 만남을 매개하는 미디어로서 가장 중요한 역할을 하는 것은 사실이다.30 그러나 예배에서 하나님과의 만남을 매개하는 미디어의 역할이 목사나 예배 인도자에게만 국한되지는 않는다.31 정도의 차이는 분명히 있지만, 예배하는 모든 자는 서로를 위한 미디어의 역할을 행할 수 있다. 모두 그리스도의 몸의 지체들이기 때문이다.

몸의 지체는 몸에 속한 일부분이지만 몸의 주인을 대표하거나 나타내기도 한다. 예를 들어, 나의 입, 나의 손은 나를 대표하고 나타낸다. 내가 입으로 무언가를 말하면 내가 말하는 것이고, 내 손이 무언

---

29) Matthew Kaemingk and Cory B. Willson, *Work and Worship*: *Reconnecting Our Labor and Liturgy* (Grand Rapids: Baker Academic. 2020) 57.

3 0) Hughes, *Reformed Sacramenality*, 167-68, 172.

3 1) 김상구, "회중의 적극적인 참여와 책임 있는 예배를 위한 모색", 한국복음주의실천신학회, 「복음과 실천신학」10 (2005): 231.

가를 만지면 내가 만지는 것이다. 나의 입과 손이 나와는 별개로 말하고 만지는 것이 아니다.

이런 의미에서, 그리스도의 몸의 지체들로서 우리가 함께 모여 예배할 때, 우리는 서로에게 그리스도를 나타내는 미디어가 될 수 있다. 나의 따뜻한 시선을 통해 누군가가 하나님의 따뜻한 시선을 느낄 수 있고, 나의 반가운 인사를 통해 누군가가 하나님의 환대를 경험할 수 있다. 반대의 경우도 마찬가지다. 누군가의 시선, 반가운 인사를 통해서 내가 하나님의 따뜻한 시선과 환대를 경험할 수 있다.

우리는 하나님이 예배하는 우리와 함께하시고, 우리를 지켜보신다고 믿는다. 그러나 집에서 홀로 온라인예배에 참여할 때는 마치 하나님이 우리와 함께하지 않으시고, 우리를 보고 있지 않으시다고 여기는 것 같다. 예배하는 우리의 태도와 자세가 흐트러지고 복장에 별 신경을 쓰지 않을 때가 많기 때문이다. 그래서 많은 교회는 온라인예배를 위한 지침을 제공하면서, 예배에 임하는 올바른 태도와 자세, 심지어 복장에 관해서도 안내하지만, 잘 지켜지는 것 같지는 않다. 그러나 같은 온라인 예배라도 다른 사람들과 한곳에 모여 참여할 때는 태도와 자세, 복장에 좀 더 신경을 쓴다. 교회에서 대면으로 공동체가 함께 모여 예배하는 경우엔 더욱 신경을 쓴다. 이러한 차이를 보이는 이유가 무엇인가? 무엇보다도 함께 예배할 때는 서로의 시선을 의식하기 때문이라고 생각한다. 부정적으로 생각하면, 이러한 모습을 사람의 시선을 의식하는 외식과 가식으로 여길 수 있다. 그러나 긍정적으로 생각하면. 공동체가 함께 모여 예배할 때, 하나님이 우리와 함께하시고 우리를 지켜보신다는 사실을 함께 예배하는 이들의 존재와 시선을 매개로 더욱 강하고 구체적으로 느끼기 때문이라고 볼 수도 있다. 바울이 고린도 교회의 교인들에게 몸을 살피라고 했던 권면고전 11:29은 식탁에 함께 앉은 자들을 부활하신 주님의 가시적 임재로 여기라는 권면이었다.32

우리 그리스도인들은 세례받은 자들로 그리스도를 옷 입었다.갈 3:27 우리가 옷 입은 그리스도는 우리의 대제사장이시다. 따라서 우리는 그리스도처럼 제사장으로서 살아야 한다. 그리스도라는 옷은 우리에게 매우 크기에 그 옷에 맞도록 우리의 몸을 성장시켜야 한다. 즉, 훈련이 필요하다. 예배를 리터지로 이해하고 실행한다는 것은 세상을 위한 제사장과 미디어로 준비되기 위해 먼저 서로를 위한 제사장과 미디어로서 예배에 참여하는 것을 의미한다. 즉, 리터지로서의 예배란 다른 무언가나 누군가를 매개로 한 하나님과 나의 만남에 관한 것만이 아니라, 나를 매개로 한 하나님과 다른 이들과의 만남이라는 사실을 인식하고 참여하는 예배를 의미한다. 이러한 이해를 바탕으로 예배할 때, 그 예배는 세상에서 하나님의 제사장과 미디어로서 살아가는 방식을 미리 실습하는 훈련장이 될 것이고, 그러

---

32) William H. Willimon, *Word, Water, Wine and Bread*: *How Worship Has Changed Over the Years*. 임대웅 역 , 『간추린 예배의 역사』(서울: CLC. 2020) 46.

한 예배를 통해 그리스도인들은 세상에서 하나님의 선택하신 미디어로서의 삶을 좀 더 충실하게 살아가게 될 것이다.

3) 예배 순서 및 요소: 예

Ruth Duck은 예배를 리터지. 즉 세상에서 실천해야 하는 새로운 삶의 방식을 미리 실습하는 훈련장으로 이해하면, 예배에서 무엇을 어떻게 해야 하는지를 좀 더 구체적으로 생각해 볼 수 있을 것이라고 말한다.33 초기 시대의 그리스도인들은 그들의 예배를 이렇게 이해했던 것 같다. 세상에서 하나님의 미디어로서 실천해야 하는 삶의 방식을 예배에서 미리 실습하기 위해 특정한 의식들을 실행했다. 그들의 예배만이 아니다. 우리의 예배에도 교회라는 공동체를 대안 공동체로 형성하기 위한 다양한 순서 및 요소가 있다. 문제는 그것을 인식하지 못하고 실행한다는 데 있다. 교회를 대안 공동체로서 세우기 위해 그리스도인들로 하나님 나라의 삶의 방식을 미리 실습하도록 고안된 그러나 지금은 제대로 실천되지 않는 것들도 있는 몇 가지 예를 살펴보고자 한다.

평화의 입맞춤: 오늘날 교회에서는 실천하고 있지 않지만, 초기 그리스도인들에게 평화의 입맞춤은 신자들 사이에서 행하는 인사 그 이상이었다. 그것은 세상에서 새로운 삶의 방식을 실천하도록 돕는

---

33) Duck, *Worship for the Whole People of God*, 7-16.

실습이었다. 당시 그리스-로마 사람들에게 입맞춤은 내집단과 외집단을 구분하고, 사회적 계층과 지위를 상징하고, 계급을 나타내는 그런 의례였다.34 그러나 교회는 이 행위를 차용하고 복음의 빛으로 재해석하는 문화화의 작업을 통해 예배에서 사람들을 하나님의 선택된 미디어와 제사장으로 훈련시키는 의례로 발전시켰다. 당시의 사회문학적 배경을 고려할 때, 아무리 교회 안이라고 하더라도 신분과 배경이 다른 사람들과 입맞춤한다는 것은 쉽지 않았을 것이다. 예를 들어, 사회적 신분이 상대적으로 높은 이들이 자신들보다 신분이 아주 낮은 이들, 노예와 같은 이들과 입을 맞춘다는 것은 무엇보다도 체위 때문에 참기 힘들었을지도 모른다. 그러나 평화의 입맞춤이라는 반복되는 실습으로, 사회적 신분에 상관없이 각 사람 안에 거하시는 그리스도를 보는 훈련을 했고, 그리스도 때문에 자신과 다른 이들을 귀히 여기고 섬기는 실습을 하게 되었을 것이다. 동시에 어떤 이들은 세상에서는 상상할 수도 없는 그러한 입맞춤의 행위를 통해 사회적 기준에 상관없이 자신들을 사랑하고 만져주시는 하나님을 경험했을 것이다. 예배에서 평화의 입맞춤을 반복적으로 하면서 훈련했기 때문에, 그리스도인들은 세상에서도 신분을 뛰어넘고, 자신의 한계를 뛰어넘는 섬김과 사랑을 실천함으로써 하나님을 매개하는 미디어의 삶을 살아갈 수 있었을 것이다.

---

34) Kreider, *The Patient Ferment of the Early Church*, 214-15.

중보기도와 찬양: 폴 브래드쇼Paul Bradshaw는 교회의 기도특히 매일 공적 기도가 크게 교회적cathedral 기도와 수도원적monastic 기도로 나뉠 수 있다고 말한다. 교회적 기도와 수도원적 기도는 여러 가지로 달랐는데, 그중 하나는 교회적 기도가 중보와 찬양에 집중한 기도였다는 것이다. 교회적 기도는 교회 공동체가 자신들을 제사장의 공동체로 이해하면서, 모든 피조물을 대표하여 하나님께 찬양과 감사를 드리고, 세상의 구원을 위해 중보하는 외향적인 행위로 기도를 이해하며 실천한다.35 브래드쇼는 오늘날 교회의 기도에서 교회적 기도의 특성이 많이 약해졌음을 지적하면서 교회적 기도의 회복을 강조한다.

현대의 많은 교회는 세상과 이웃을 섬기기 위해 다양한 일들을 하지만, 존 웨스터호프John Westerhoff와 윌리엄 윌리몬William Willimon이 강조하듯이 교회가 세상을 위해 할 수 있는 가장 위대한 섬김은 중보기도이다.36 중보기도는 교회를 하나님의 선택된 미디어와 제사장으로 훈련 시키는 중요한 의례였다. 그리스도인들에게 중보기도가 중요한 책무라는 사실은 세례받은 자들만이 교회의 중보기도에 참여할 수 있다고 기록한 순교자 유스티누스의 저술과 기타 여러 문헌에서 발견된다.37 예배를 리터지, 즉 자신들의 유익만을 위한 것

---

35) Paul F. Bradshaw, *Two Ways of Praying* (Maryville, TN: OSL Publications. 2008), 5-8을 보라.

36) Westerhoff and Willimon, *Liturgy and Learning Through the Life Cycle*, 81.

37) Ruth A. Meyers, *Missional Worship*, *Worshipful Mission* (Grand Rapids: Eerdmans, 2014), 119.

이 아니라 세상을 위한 일로 이해한 그리스도인들에게 중보기도는 매우 중요했다.

　　모든 종교에는 제사장의 역할을 하는 이들이 있다. 그들은 자신들의 종교가 지향하는 이상적인 나라를 소개하고 안내한다. 그리스도인들은 하나님께서 세상의 모든 영역에서 왕이시라는 사실을 선포하고 하나님 나라를 실현해야 하는데, 그 시작은 찬양이라고 생각한다. 브루그만은 찬양의 목적을 "세계를 건설하는 일"이라고 표현한다. 그에 따르면, 하나님의 백성은 규칙적이고 반복적인 찬양 행위를 통해서 하나님께서 "선하게 경영하시는 놀라운 세계를 유용하고 믿을 수 있도록 이끌어주는 상상력의 행위 속으로 빠져든다."38 그리고 찬양을 통해 하나님께서 공의와 정의로 통치하실 그 세계를 선포함으로써, 모든 피조물에 평화와 소망을 가져온다.39 동시에 그리스도인들은 불의와 고통으로 가득한 세상의 나라들에서 신음하는 자들을 위해 그 나라들이 하나님의 통치하심을 온전히 받아들이도록 간구한다. 그래서 찬양과 중보기도는 연결된다. 찬양과 중보기도는 우리가 이 세상에 속한 백성이 아니라 하나님 나라의 백성임을 그 자체로 보여준다. 찬양과 중보기도는 눈에 보이는 것에 만족하기

---

38) Walter Brueggemann, *Worship in Ancient Israel: An Essential Guide*. 차준희 역, 『고대 이스라엘의 예배: 핵심 가이드』(서울: 대한기독교서회 ,2016), 84, 85.

39) Maryann Madhavathu, "Being Formed at the Church's School of Prayer: Role of the Liturgy of the Hours in the Ongoing Formation of Christian Faithful," *Studia Liturgica* 47 no 2 (2017): 41.

를 거부하고, 그 이상의 일을 기대하도록 만들기 때문이다.40 찬양과 중보기도는 세상을 향한 하나님의 사랑과 약속을 선포하고 표현하면서 하나님의 세상을 향한 관심에 우리로 동참하게 만든다.41 그리스도인들은 함께 하나님을 찬양하고, 다른 이들을 위해 기도하면서 하나님 나라의 종말론적인 소망을 확인한다.42

교회가 하나님 나라를 선포하고 세상이 하나님의 통치를 받도록 중보기도를 해야 하는 하나님 나라의 제사장 공동체라면, 그리고 찬양과 중보기도로서 제사장 공동체로 세워지는 훈련을 하게 되는 것이라면, 교회의 찬양과 기도는 하나님과 그분의 나라에 관한 올바른 신학적 내용에 근거해야 하고, 따라서 교육이 필요하다. 우리가 어떤 내용의 찬양과 기도를 하느냐에 따라 하나님에 대한 우리의 생각과 이해는 달라진다. 그리고 찬양과 기도를 통해 하나님이 어떤 분인지를 알게 되면, 우리가 어떤 존재인지를 깨닫게 됨으로써 어떻게 살아야 하는지를 알게 된다. 즉, 삶이 달라진다.43 따라서 찬양과 기도의 내용과 그 안에 반영된 신학은 매우 중요하다. Maryann Mad-havathu는 교회가 그리스도인들이 올바르고 마땅한 내용으로 하나

---

40) James K. A. Smith, *Desiring the Kingdom*. 박세혁 역, 『하나님 나라를 욕망하라』(서울: IVP. 2009), 294-295.

41) Meyers, *Missional Worship. Worshipful Mission*, 108, 111.

42) Leanne Van Dyk, ed. *A More Profound Alleluia: Theology and Worship in Harmony* (Grand Rapids: Ee rd mans, 2005), 103.

43) Kevin W. Irwin, *Models of the Eucharist* (New York: Paulist Press, 2005), 29-30; 박찬호, "신학에서 기도의 위치에 대한 고찰", 「생명과 말씀」 제14권 제0호 (2016): 40.

님을 찬양하고 세상을 위해 기도할 수 있도록 커리큘럼을 제공해야 한다고 주장한다.44 여러 전통이 매일공중기도에서 신학훈련을 제대로 받은 성직자의 인도를 강조하고. 규정된 기도문을 사용했던 이유가 여기에 있다고 생각한다. 여하튼, 예배에서의 중보기도와 찬양은 그리스도인들은 세상에서 하나님의 미디어로서 살아가도록 훈련시키는 중요한 요소이다.

헌금: 순교자 유스티누스는 교회의 예배를 묘사한 가장 오래된 글의 저자 중 하나인데. 그는 예배 모임의 다섯 가지 고정적 요소 중 하나로 고아, 과부, 병자, 여러 이유로 어려움에 처한 이들과 감금된 이들을 위한 헌금을 들었다.45 헌금이 갖는 중요한 의미 중 하나는 새로운 경제, 대안적 경제의 구현을 조금이나마 보여준다는 것이다.46 헌금의 행위를 통해서 그리스도인들은 세상의 경제가 아니라 하나님 나라의 대안적 경제에 참여하는 훈련을 받는다. 네이선 미첼Nathan D. Mitchell은 하나님을 예배하는 것은 헌물 또는 헌금이라는 "이웃의 예전"에 의해 검증받는다고 말하면서, 그리스도인들의 예전을 형성하는 "기본적인 몸짓들은, 취하기보다는 수용하는 행위들

---

44) Maryann Madhavathu, "Being Formec at the Church's School of Prayer: Role of the Liturgy of the Hours in the Ongoing Formation of Christian Faithful." *Studia Liturgica* 47 no 2 (2017): 197-209에서 주장하는 논지이다.

45) Justin Martyr, *First Apology*, 67. 나머지는 사도들이 작성한 글 읽기, 정해진 지도자의 가르침, 빵과 포도주를 나누는 감사의 식사, 공적 기도이다

46) Smith, 『하나님 나라를 욕망하라』, 312-313.

이었고, 소유하기보다 버리는 행위들이었다"고 말한다.47 이는 오늘날 소비주의를 비롯한 세상의 지배 문화가 강조하는 것과는 전혀 반대되는 것으로, 그리스도인들은 특히 헌금을 통해 이를 실습하며 훈련받는다. 미첼은 하나님 나라의 백성은 이러한 행위를 반복하고 훈련함으로써 하나님 나라의 백성이라는 정체성이 유지되고 그런 존재로 만들어진다고 강조한다.

> 흠 없는 최고의 것이나 농산물과 가축의 첫 열매를 하나님께 바치라는 성서적 명령은 하나님의 백성은 그들이 하나님으로부터 받은 것만을 소유한다는 뜻이다. 이러한 상징적 행위를 통해서 이스라엘의 창조주이시며 [언약]의 주이신 하나님이 약속하시고 베푸시는 선물로서만, 정확하게 선물로서만 그 땅을 받는 것이다. 이스라엘의 정체성은 스스로 선택한 것이 아니다. 그것은 스스로 만들어낸 것도 아니고, 또한 스스로 부여한 것도 아니며, 하나님이 주신 것이다. 박탈의 의례적 행위, 즉 농산물과 가축 중에서 최고의 것을 하나님께 드리는 행위는 따라서 이중의 의미를 갖는다. 그중 하나는 이스라엘의 정체성을 보잘 것 없는 족속을 이집트의 속박으로부터 해방시켜 주신 하나님의 자비로운 기대하지

---

47) Nathan D. Mitchell, *Meeting Mystery*. 안선희 역, 『예배, 신비를 만나다』(서울: 바이북스, 2014), 158-159.

않았던 역사에 뿌리를 두게 한다는 것이다. 다른 하나는 하나님의 선민으로서의 이스라엘의 정체성이란 가장 좋은 것을 내어주는 것을 통해서만 유지된다는 것이다. 다시 말해, 땅땅에서 나는 가장 좋은 소출 및 가축 중에서 가장 좋은 것을 자신에게서 박탈해 가진 것이 없는 사람들, 특히 "이방인, 고아, 그리고 과부들"과 나눌 때에만 선민으로서의 정체성이 유지된다는 것이다.48

성찬: 교회가 대안 공동체로서 형성되는 데 있어 예전의례의 역할을 강조하는 제임스 스미스James Smith에 따르면, 기독교 예배는 그리스도인들이 지향하는 왕국을 관념적으로만 생각하도록 놔두지 않는다. 예배는 구체적인 신체적 행위를 반복적으로 행하도록 함으로써 그리스도인들이 하나님 나라의 시민으로서 특정한 방식으로 행동하게 하는 습관을 우리 안에 새겨넣는다.49 이러한 관점에서, 그리스도인들은 초기부터 성찬을 매우 중요하게 여겼다. 성찬은 예배에서 그 무엇보다도 구체적인 신체적 행위를 가장 많이 사용하는 의례이기 때문이다. 그리고 이를 통해 교회가 말하는 하나님 나라를 조금이나마 경험하고 실습하게 해 보는 장이었기 때문이다. 엘리스 워커Alice Walker는 "당신은 모든 사람이 앞으로 살기를 원하는 세상에

---

48) Mitchell, 『예배. 신비를 만나다』, 158.
49) Smith, 『하나님 나라를 욕망하라』, 85.

서 오늘 살아봐야 한다... 그렇지 않으면 당신이 원하는 세상은 절대로 만들어지지 않을 것이다"라고 말하는데,[50] 성찬이 바로 모든 사람이 살았으면 하는 하나님 나라를 오늘 조금이나마 경험하고 만들어가는 장소이자 시간이었다.

예를 들어, 우리 그리스도인들이 지향하는 하나님 나라의 특성 중 하나는 그리스도 안에서 "헬라인이나 유대인이나 할례파나 무할례파나 야만인이나 스구디아인이나 종이나 자유인이" 차별 없이 교제하는 모습이다.[골 3:11] 예배에서 우리는 하나님 나라의 이러한 특성을 주로 말씀을 통해 이성적으로 배운다. 그러한 나라를 상상하며 음악을 통해 함께 노래하기도 한다. 그러나 거기서 그치지 않는다. 그리스도인들은 성찬을 통해 부분적이지만 하나님 나라의 그러한 특성을 직접 경험하고 실천하는 훈련을 받는다. 상상하는 나라를 마음속으로 그려보는 데 그치지 않고 삶 속에서 구체적으로 실현해본다. 그리스도인들은 성찬을 통해 "헬라인이나 유대인이나 할례파나 무할례파나 야만인이나 스구디아인이나 종이나 자유인이" 차별 없이 한 식탁에서 같은 음식과 음료를 함께 먹고 마심으로써, 그리스도께서 이 땅에서 이미 시작하신 하나님 나라에 참여하는 훈련을

---

50) Alice Walker, *The Color Purple Collection*: *The Color Purple*. The Temple of My Familiar, and Possessing the Secret of Joy. ' you must live in the world today as you wish everyone to live in the world to come. That can be your contribution. Otherwise, the world you want will never be formed. Why? Because you are waiting for others to do what you are not doing; and they are waiting for you, and so on. The planet goes from bad to worse.'

받는다.

물론 쉬운 일은 아니다. 시간이 꽤 걸리는 훈련의 과정이 필요하다. 여전히 차별이 있는 식사의 모습을 보여 바울의 책망을 들은 고린도 교회의 모습에서 우리는 이를 잘 볼 수 있다.고전 11:17-34 그러나 구체적인 신체적 행위를 통해 반복적으로 훈련을 받으면서 그리스도인들은 하나님 나라의 시민으로서 세상의 사람들과는 다른 모습으로 형성되어 갔다.51 좋은 습관이 그들 안에 심어졌기 때문이다. 습관은 쉽게 만들어지지 않는다. 좋은 습관은 더욱 그렇다. 반복적인 신체적 행위를 통해 오래 훈련받을 때 만들어진다. 성찬이 강력한 형성적인 힘을 가진 의례라도 할지라도, 의례이기 때문에 반복되지 않으면 그 힘을 제대로 발휘할 수 없다.52 그래서 그리스도인들은 성찬을 매주 반복했다. 이처럼 초기 시대의 그리스도인들은 예배를 통해서 그중에서도 특히 성찬을 통해서 세상의 문화와는 전혀 다른 새로운 문화를 만들어갔다. 신분과 계급에 상관없이 함께 모여 식사하면서 차별 없는 교제를 나누는 그리스도인들의 모습을 보면서 세상 사람들은 충격을 받았다. 세상에서는 상상할 수 없는 문화를 보여줬기 때문이다.53 에드워드 뮤어Edward Muir는 의례의 기능 중 하나

---

51) Robert J. Banks, *Going to Church in the First Century*. 신현기 역, 『1세기 교회 예배 이야기』(서울: IVP. 2017)는 성찬을 포함한 예배가 교회를 세상에서 경험할 수 없는 공동체로 형성하고 있던 모습을 잘 묘사하고 있다.

52) Smith, 『하나님 나라를 욕망하라』, 116, 125.

53) Alan Kreider, *Worship and Evangelism in Pre-Christendom*. 허현 역, 『초기 기독교의 예배와 복음 전도』(논산: 대장간, 2019), 73-74.

가 기존 세상에 대안적 세상의 모델을 제시하는 것이라고 말한다.54 교회는 예배, 특히 성찬이라는 의례를 통해서 새로운 왕국의 모델을 제시해 왔고, 또 실습했다. 이처럼 성찬은 공동체적일 뿐 아니라 물리적이고 신체적이고 감각적이기 때문에, 그리스도인들. 특히 초대 교회의 그리스도인들은 서로의 눈을 보고, 손을 잡고, 몸을 안고, 체취를 맡고, 입을 맞추고, 하나의 빵과 잔을 나누어 먹고 마시면서, 교제했고 그러한 교제 속에서 하나님과 교제했다. 아니, 하나님께서 그들의 그러한 교제를 통해 그들과 교제하셨다.55 성찬은 예배가 추구하는 하나님과의 공동체적인 만남을 더욱 구체적으로 경험하도록 한다.

교회력: 브루그만이 예언자적 상상력에서 오늘날 교회가 처한 상황을 소비주의로 표현할 정도로 소비주의는 매우 강력한 지배 문화이다. Dell de Chant는 소비주의가 신학 경제와의 적절한 관계 속에서 얻게 되는 이 세상에서의 물질적인 성공과 번영에 대한 내러티브와 의례획득, 소비, 처분이라는 세 단계로 구성된 소비 행위, **영웅** 가난과 무명의 시절을 극복하여 물질적인 부와 유명세를 획득한 기업가, 운동선수, 연예인 등과 같은 유명인들, **제사장과 사제**어떤 상품을 소비해야 경제와 올바른 관계를 맺고. 세상에서 물질

---

54) Edward Muir, *Rituals in Early Modern Europe* (New York : Cambridge University Press. 2005), 5.

55) Andrew Wilson, *Spirit and Sacrament : An Invitation to Eucharismatic Worship* (Grand Rapids: Zondervan. 2018), 65.

적인 성공과 번영을 누리는 삶은 어떤 삶인지를 보여주는 홈쇼핑 호스트, 연예인, 운동선수와 같은 이들, **거룩한 장소소비 행위가 이뤄지는 쇼핑몰과 같은 곳** 등을 가진 종교라고 말한다. 그리고 휴일holidays을 거룩한 날holy days로 여기며, 그 날들을 중심으로 소비에 집중하도록 하면서, 소비주의의 리듬에 따라 소비자로서 형성한다고 말한다.

브루그만은 소비문화가 역사를 포기한 대가로 이루어진 것이라고 비판한다.[56] 소비주의는 지속할 수 없는 이 땅에서의 인간 번영에 대한 신학을 전달하기 때문이다.[57] 브루그만은 "신앙 전통을 회복하고 나아가 그 전통을 문학적응에서 벗어나는 주요한 일로 인정할 때에야 비소로 교회는 행동이니 믿음에서 힘을 발휘할 수 있다"라고 강조하는데,[58] 이런 측면에서 예수 그리스도의 삶과 죽음, 사역 등에 대한 주제를 상기시키도록 돕는 교회력 사용은 좋은 방법이 될 수 있다. 그래서 로버트 웨버Robert Webber와 제임스 스미스를 비롯한 여러 학자는 교회력 사용이 소비주의 문화에 대항하며 교회를 대안 공동체로 세우는 하나의 강력한 방법이 될 수 있다고 주장한다.

몇 가지 예를 살펴봤지만, 이 외에도 예배에는 교회를 대안 공동체로 형성하고, 실습으로 훈련시키는 많은 순서 혹은 요소가 많다.

---

56) Brueggemann, 『예언자적 상상력』, 50.
57) Smith, 『하나님 나라를 욕망하라』, 142; Brueggemann, 『예언자적 상상력』, 50.
58) Brueggemann, 『예언자적 상상력』, 50.

그러나 안타깝게도 오늘날 교회는 이러한 인식을 제대로 하지 못하는 것 같다. 위에서 언급했듯이, 예배를 세상에서 실천해야 하는 새롭고 대안적인 삶의 방식을 미리 실습하는 훈련장으로 이해하면, 예배의 순서와 요소에 대해서 좀 더 진지하게 고민하게 될 것이다.

3. 나가는 말

로드니 클랍은 문화를 "사람들이 특정한 삶의 방식을 가지도록 만드는 과정"[59]이라고 한 스티븐 롱D. Stephen Long의 정의를 인용하면서 문화는 곧 '삶의 방식'이라고 이해한다. 그리고 이런 관점에서, 교회가 독특한 문화를 가진 공동체일 뿐 아니라, 교회 자체가 문화라고 강조하면서 다음과 같이 말한다.

교회는 문화로서 자신만의 언어와 문법을 가진다. 교회의 언어와 문법에서는 사랑, 봉사 같은 단어가 매우 중요하고 특정한 규칙을 정확하게 따르며 사용되어야 한다. 문화로서의 교회는 자신만의 삶의 방식을 따르고 고수한다. 교회의 삶의 방식은 성찬이라는 특별한 방법을 통해 배우게 되는 식사의 방식, 예수 그리스도의 모범을 통해 배우는 용서라는 특별한 방법으로 갈등을 다루는 방식, 생물학적인 번성

---

59) D. Stephen Long, *Living the Discipline* (Grand Rapids : Eerdmans, 1992), 9, quoted in Rodney Clapp, *A Peculiar People* : *The Church as Culture in a Post-Christian Society* (Downers Grove,IL: InterVarsity Press, 1996), 75.

보다는 전도라는 방법으로 자신을 영속시키는 방식 등을 포
함한다.60

클랩의 말은 교회가 "모든 목회 행위 속에 대안 공동체를 불러내
고 형성하고 개혁하는 개혁하는 방식을 반영해야 한다"라는 브루그
만의 주장과 결을 같이 하는 것 같다.61교회는 다양한 사역으로 교회
라는 공동체를 대안 공동체로 형성하고 또 그래야 한다. 그러나 연
구자는 그 시작은 예배라고 생각한다. 싯쳐가 강조했듯이, 그리스도
인들에게 예배는 기독교가 시작했을 때부터 삶의 작은 부분이 아니라 새로
운 삶의 방식으로 살아가도록 만드는 삶의 중심이기 때문이다. 예배
는 우리의 믿음을 표현하는 장으로 그치지 않는다. 예배의례는 믿음
의 결과가 아니라 원인이고,62 "기독교 신앙의 표현이나 예증이 아
니라 그 모체"이기도 하다.63 초기 그리스도인들은 예배를 그렇게
이해했기에, 예배를 구성하는 순서나 요소, 실행하는 방식에 대해
많이 고민했던 것 같다. 교회가 대안 공동체가 되기 위해서는 신자
들이 세상에서 하나님의 선택된 미디어로서 새로운 삶의 방식을 실
천할 수 있도록 예배에서 먼저 서로에게 하나님의 미디어 역할을 실

---

60) Clapp, *A Peculiar People*, 89-90; cf. Long, *Living the Discipline*, 9.

61) Brueggemann, 『예언자적 상상력』, 50.

62) Lawrence A. Hoffman, *The Art of Public Prayer: Not for Clergy Only* (Woodstock, VM: skylight Paths Publishing, 1999), 117.

63) Smith, 『하나님 나라를 욕망하라』, 207.

습해볼 수 있는 특정한 실행을 고안하는 일에도 연구와 노력이 필요하다고 생각한다.

4. 예언자적 목회와 선교

문지웅 목사(청년신학아카데미 공동대표)

교회가 그동안 물량과 시간, 인적 역량을 쏟아부었던 소위 타문화권 선교^{해외선교}가 코로나로 인해 새로운 국면을 맞고 있다. 한국 교회의 사회적 신임도가 계속해서 낮아지는 와중에 선교Mission의 본질과 선교행위missions에 대한 근본적인 성찰이 필요하다.

새로운 돌파를 하는데 있어서 커다란 장애는 어설픈naive 양비론이나 양시론 등이다. 균형이라는 이름으로 기계적 중용지도中庸之道를 얘기하는 것도 선교의 난국을 극복하는데 결코 도움이 되지 않는다. 시의성 없는 기계적 중용은 무의미할 뿐 아니라 위장된 경건이다. 그때 그 상황에서의 하나님의 말씀을 찾고 따르는 시의성이 예언자적 영성과 상상력의 핵심이기 때문이다.

복음전도와 사회적 관심^{실천} 모두 중요하다거나 한쪽으로 기울어지지 않도록 통전을 이뤄야 한다는 말도 기존의 선교를 극복하는데 크게 도움을 주지는 못하는 것 같다. 실제 콘텍스트와 결부되지 않은 통전 담론은 관념적 수사에 그치고 만다.

1. 하나님의 선교와 교회의 선교

교회의 확장이 하나님 나라의 확대라고 볼 수 없다. 교회는 선교의 주체라기보다 선교의 대리인agent이다. 교회는 '하나님께서 주도하시는' 세상의 구원샬롬을 반영하는 첨병이자 전시display 백성이다.1

교회의 선교는 하나님 나라의 가치정의와 자비, 평등적 자유를 구현하기 위해 실행되어야 한다. 중국 현지에서의 선교가 거의 불가능하게 된 상황을 비롯하여 코로나로 인한 선교사들의 귀국이나 해당 지역에서 선교 사역의 위축 등을 볼 때, 비자발적이긴 하지만 선교의 모라토리엄일시중지이 필요한 것 같다.2 하나님의 통치를 이루는 선교냐 아니면 교회 이식과 확장의 선교냐에 대한 근본적인 성찰과 에누리 없는 평가를 해야 한다. 이를 통해 선교가 해외 나가는 것만이 능사가 아님을 재확인하고 선교를 의미 있게 재형성re-shaping하여 하나님의 선교에 복무하는 교회의 선교가 될 수 있는 계기를 만들어야 한

---

1) 크리스토퍼 라이트의 두 권의 책은 하나님의 선교 혹은 선교하시는 하나님에 대한 로잔/복음주의 진영의 온건한 입장을 보여준다. 『하나님의 선교』(서울: IVP, 2010), 『하나님 백성의 선교』(서울: IVP, 2012)

2) 선교의 모라토리엄이란 "현재의 선교사역을 재고하고 오랫동안 해온 선교사역을 지속하는 것이 선교의 바른 방식인지를 살펴보는 자유"를 의미하며, 더 나은 선교를 위해 필요한 것이다.(케네스 로스 외 엮음, 에큐메니컬 선교학(서울: 대한기독교서회, 2018), 691.)

다.

(1) 서구선교의 한계 극복

영혼을 구원하기 위해 육신을 노예로 삼았다고까지 혹평되는 스페인과 포르투갈의 식민지 개척과 가톨릭 선교의 문제를 차치하더라도 19세기부터 시작된 서구의 선교는 불행하게도 제국주의와 병행했다. 고대 이스라엘과 초대교회는 제국의 이야기를 하나님의 이야기로 대응하며 대안의식과 대안 공동체 구현을 위해 싸웠던 것과 크게 대비된다.

제국주의 함께 병진並進했던 서구의 선교는 힘과 무력武力의 선교였다. 유럽문화에 대한 배타적 자부심과 백인우월주의의 인종주의가 묻어나오는 선교이기도 했다. 북미로 넘어간 선교는 실용과 효율에 바탕을 둔 목표target 중심의 선교였다. 이 모든 것들은 극복해야 할 선교들이다.

교회의 선교는 피 흘리기까지 죄와 싸우는 선교가 되어야 한다. 선교는 한 사람의 구원전인의 회복이든 한 마을의 구원이든지 불의와 부당함 속에서 살아가는 곳에서 자유민으로 존재할 수 있도록 궁리하고 씨름한다. 빵이냐 복음이냐는 선교의 자리에서 판단하면 된다. 그러기 위해서 교회는 하나님이 사람이 되신 성육신의 도道를 충만하게 체화하여 그들현지인 안에서 그들과 함께 그들을 통한 선교가 되도록 성찰하고 평가해야 한다.

한국선교는 서구선교와 얼마나 다른가? 세속적 가치에 찌들어 있는 한국의 그리스도인들이 물질적 차원의 우월성을 기준으로 현지인을 비하하는 생각이 말로써 표현된 경우 한국교회의 영적 도덕적 신학적 피폐함을 자기반성 하지 않는 채 한국교회를 이식하려는 선교운동은 예언자적 정신에 의해 교정되어야 한다.

(2) 선교적 제자도는 예언자적 영성을 담고 있어야

교회의 선교가 타문화 지역에서 예배당 짓는 것으로 축소된 시절이 있었다. 외형주의 선교의 대표적인 부작용이었다. 한국교회가 그럴 수밖에 없었던 수준에서 나온 당연한 귀결이었다. '준비되지 않은 선교사가 파송된 지역민족의 저주'라는 말처럼, 교회의 선교는 앞서 상술한 선교의 통전성으로 무장하지 않을 때 열매 없는 무화과나무의 후과後果를 맛볼지도 모른다.

교회의 선교는 사람의 변화가 행동양식, 가치를 넘어 세계관의 회심까지 도달해야 한다는 확고한 신념이 있어야 한다. 하나님 나라 복음에 대한 총체적인 이해, 예언자적 상상력3으로 성숙해지는 것 등 인간의 전인적 변모transformation와 육성formation에 대한 철학이 분명해야 한다. 특히 가난과 불의가 판을 치는 선교지역에서 현지 지도력을 세울 때 예언자적 상상력영성은 중요한 요소다.

---

3) 월터 부르그만, 김기철 역, 『예언자적 상상력』(서울: 복있는 사람, 2009) 참조.

2. 섬김Diakonia과 돌봄으로서의 선교

한국 사회는 다문화 사회로 빠르게 바뀌고 있다. 다양한 민족과 종교 및 문화가 들어와 있다. 교회의 선교에 있어서 그 어느 때보다도 복음의 포용성을 내재화하여 다문화적인 이질적 요소를 인정하고 수용해야 한다. 인구의 4% 정도의 200백 만 명 외국인들이 한국 사회에서 살고 있다. 2035년에는 500백 만 명이 될 것으로 예측하고 있다. 다민족 시대에 맞는 하나님의 선교는 사랑으로써 역사하는 믿음을 통해 다민족들이 한국 사회에 안전하게 살고 뿌리내릴 수 있도록 '섬김디아코니아의 선교'를 해야 한다.4

(1) 선교는 이웃을 향한 신실함

선교가 이웃현지인의 필요에 전략적으로 반응하는 것이라면 교회는 이웃의 필요felt needs를 도우면서 '더 복된 필요'real needs를 공유할 수 있다. 교회가 사각지대와 주변부로 밀려나간 이웃 옆에 있어줌은 우는 자들과 함께 울 줄 아는 사랑의 힘이다. 최근 보육원에서 나온 청년의 죽음은 '보육원 이후 돌봄 선교'가 중요하고 시급함을 일깨워주었다. 제사장적 영성의 강점으로 간주되는 돌봄 사역이 빠진 함정은 외형적 필요만을 좇아다닌 것이었다. 선교에서 예언자적 영성의 역할은 정작 하나님이 보시기에 필요하고 각별한 긍휼의 대상이

---

4) 구자용, "갈라디아서 4장 21-31절의 하갈과 사라의 비유에 대한 선교적 읽기," 「신학사상」195(2021/겨울), 한신대학교 신학사상연구소, 58.

되는 돌봄과 섬김의 잃은 양을 찾게 하는 것이다.

김달성 목사의 '포천이주노동자센터'는 열악한 농촌 비닐하우스에서 일하는 외국인 노동자들의 실태를 계속 알리고 이들의 인권과 경제적 권리 보호를 위해 최전선에서 섬기고 있다.5 김종일 목사 부부의 성남과 경기도 광주에서 도서관 운동과 주말한글학교도 좋은 사례다. 교회가 지역에서 같이 살고 있는 다문화 가정에 대한 실효적인 섬김을 기획하고 실행할 수 있는 선교의 새로운 기회가 왔다.

다민족 외국인들은 교회의 이웃이고 그들의 자녀들은 문화와 언어의 장벽을 넘어 한국사회의 일원으로 살아갈 수 있도록 지역 교회가 지역아동센터나 방과 후 학습 프로그램을 운영할 수 있겠다. 어머니들을 위한 상담과 한국어 교육은 교회가 할 수 있는 최선의 선교다.

청년 1인 주거시대는 새로운 흐름이지만 고독사의 위험 요소도 함께 안고 있다. 혼밥하는 청년들과 함께 식탁교제로 향연 속에서 상호 돌봄의 연결 고리를 만들고, 상담과 여행까지 만들어 갈 수 있도록 사랑의 애씀이 절실하다.

---

5) 겨울에 난방 없는 비닐하우스 숙소에서 자다가 얼어 죽은 캄보디아 여성노동자 속헹씨 사건은 인권의 사각지대에 있는 이주 노동자의 열악한 상황을 단적으로 보여주었다. 퇴직금 떼어먹기의 일상화, 산재의 위험에 몰리는 안전무시의 작업 현장, 산재신청마저 방해받는 상황, 불법체류자로 만드는 신분 위협에 의한 노예적 노사관계 등, 이들이 해결하기 어려운 문제를 돕고 있다.

(2) 생명, 평화의 마을 만들기

하나님의 백성으로서 교회는 어떻게 서로 공동체 안에서 살아갈 것인지 더 나아가 신앙 공동체 밖의 사람들과 어떻게 함께 살아갈 것인지에 대해 질문하며 산다. 맘몬과 소비주의라는 거대한 조류 속에서 교회는 예수 따름을 통해 형성된 '품격character의 도덕적 공동체'로서 정치적 참여를 한다.[6]

교회는 선제적으로 생명의 공동체, 샬롬의 공동체로서 세상에 존재한다. 교회의 대안적 삶은 이웃에게도 호환 가능한 실효적 실체를 자신이 속한 마을 속에 공유한다.[7] 교회는 생태적 회심의 열매로서 물질에 대한 무분별한 남용이 아니라 '경외하는 사용'을 통해 주어진 자원을 함부로 사용하지 않고 단순하고 공평하게 사용한다. 왜냐하면 현재의 극단적 소비주의는 되돌릴 수 없는 상처를 남길 수 있기 때문이다. 교회의 단순한 삶의 방식은 이 땅의 모든 피조물의 생명을 사랑하는 것이다.[8]

교회만이 깨어서 생명과 샬롬정의로운 관계을 파괴하는 마을을 위해 기도할 수 있다. 기후위기를 넘어 기후재앙으로 번지고 있는 이

---

6) 박우영, "도덕적 주체 형성과 사회 참여 주체로서의 교회 이해: 래리 라스무센의 생명공동체를 위한 기독교윤리를 중심으로," 「신학사상」197(2022/여름), 한신대학교 신학사상연구소, 286-287.

7) 캄보디아 김기대 선교사의 이삭공동체는 생태, 경제, 교육의 모델을 제시하며 총체적 선교의 모델이 될 수 있다.(https://cafe.daum.net/SSAD/R0Vh/761).

8) 래리 라스무센, 한성수 옮김, 『지구를 공경하는 신앙』(서울: 생태문명연구소, 2017) 참조

땅마을의 생태적 사회정의 구현을 위한 교회의 다양한 실천이 있어야 할 시간이다. 이런 면에서 교회가 사회선교사를 육성하고 파송하는 것을 적극적으로 검토하고 실행해볼만 하다.

3. 선교적 교회론 missional church

교회는 모이는 것에클레시아과 흩어지는 것디아스포라을 역동적으로 결합하되 이 둘의 나태한 균형보다는 '흩어지기 위해 모인다'는 원칙에 충실할 때 교회의 선교적보냄 받음 진면목에 충실하게 된다. 예언자적 목회가 하나님의 말씀원하심을 먼저 들은 후 회중들과 공유하는 것처럼, 선교적 교회는 신적 사명을 가지고 일상과 일터 및 자신의 관심 영역에 '보내어져서'파송되어서 하나님의 현존을 장막치려고 한다. 선교적 교회는 아브라함이 가는 곳마다 야웨의 단을 쌓았던 것처럼 대상적 삶의 방식caravan life을 지향한다. 카페, 학교, 회사 등 어떤 공간이든 모일 수 있는 곳에서 쉐키나의 광휘光輝를 추구한다.

선교적 교회는 하나님이 원하시는 세상에 참여할 비전과 뜻을 가진 자들의 모임이다. 사람들의 고통이 들려지는 곳에 애통의 언어로 반응하며 구조화된 불의로 훼손된 아우성 소리를 헤아리고 공론화하고 희망의 현실을 불러온다. 예언자적 목회교회가 타자의 울부짖음과 참혹한 일이 발생한 곳에 동참하려는 것이라면 선교적 교회는 세상의 고통, 일상적 삶의 자리 및 반복적으로 돌아가는 일터에서 교회로 존재하려는 점에 있어서 이 둘은 유사하다.

(1) 선교적 제자도는 회중을 일터 선교사(BAMer[9])로 보내는 것

로잔 정신은 통합된 선교integrated mission가 세상에서 하나님의 목적을 이루기 위해 그리스도인이 그리스도께 순종하는 모든 영역을 하나로 묶는다고 고백한다. 그렇다면 교회의 선교는 하나님의 선교적 백성을 일터 속에서 하나님 나라 복음의 가치를 따라 살도록 격려한다. 하나님 나라 복음은 세상 속에서 위대한 진가를 구현하기 때문이다.[10]

교회의 선교 역사는 세상에 대한 날카로운 분리의 시간이 있었고, 세상과의 공존이라는 적응을 거쳐 세상성worldliness을 극복하기 위해 일터에서 선교적 증인으로 살아가는 것으로 변화하고 있다. 선교적 제자도는 노동하는 존재로서 인간이 일터에서 부르심과 생존, 창조성의 실현과 세상을 이롭게 하는 일에 보냄 받은 자로 살아가는 것이다. 일상 선교의 영성으로 훈련된 사람들은 땀과 수고로 얼룩진 노동과 일에 대한 자위적 의미부여가 아니라, 창조를 완성해 가고 구속하는 힘으로 일터를 살아가려고 한다.

(2) 공동선 경제 구현을 위한 선교적 실행

주류 경제학은 놀랍게도 '분배' 문제를 다루지 않는다. 이성은 효

---

9) https://youtu.be/WzzM3UsvfjA 건축디자인 전문가로 일터에서 선교적 삶을 사는 실례 참고

10) 백충현, "로잔운동에서 크리스토퍼 라이트의 '하나님의 선교'(the Mission of God)에 관한 연구,"「신학사상」196(2022/봄) 참조

율 지상주의를 낳고 '효율의 통치'를 모두가 싫든 좋든 받아야 한다. 소유적 자유만을 추앙하는 곳에는 인간의 존엄성_{하나님의 형상}은 유지될 수 없다.[11]

　교회의 선교는 모든 사람들이 일용할 양식을 걱정하지 않는 희년 세상을 지향한다. 예언자적 교회는 양극화와 불평등이 부의 과도한 독점으로 발생한다고 생각한다. 하나님 나라 복음은 '가장 나중에 온 사람들에게도' 동일한 품삯을 주는 이상한 경제학이다.[12] 선교는 세상을 구원하시려는 하나님의 마음이 도처에서 드러나고 교회가 그 첨병으로 하나님의 선교에 시중드는 것이다.

---

11) 이영환, 10회 청년신학아카데미(2022 가을강좌), 공동선 자본주의, 1회차 2회차 발제문 참조
12) 존 러스킨, 곽계일 역, 『나중에 온 이 사람에게도』(서울: 아인북스, 2020) 참조

5. 예언자적 목회와 청년사역

문지웅 목사(청년신학아카데미 공동대표)

   '청년 없이 교회 없다'라는 슬로건은 중요하고도 시급한 리트머스 시험지와 같다. '청년'이란 단어는 목회 철학과 사역자 정신에 담고 있어야 할 언어다. 이것은 청년사역/청년목회는 전략적 지향이어야 하고, 교회의 온전성과 미래성을 점검해 주는 중요 지표다. 청년은 교회에서 커피 타며 교회 일에 동원되는 대상이어서는 곤란하다. 청년은 하나님 나라통치를 위해 부르심 받아 세상의 구원을 이루어가시는 하나님과 동역자로서co-worker 돌봄과 육성 formation의 주인공이어야 한다. 청년 목회는 비합리적인 투자를 진지하게 기뻐한다.

1. 청년들이 모이고 싶은 교회의 특징

   한국교회는 외형적이고 양적인 성장기를 지나 쇠퇴냐 정예화의 시간이냐의 기로에 서 있다. 돈도 있고 사람도 있고 영향력이 있을 때는 잘 볼 수 없었던 것들이 정체기에 들어서면 성찰을 통해 뉴노

멀로 가게 된다. 부족해봐야 뭘 원하는지 알게 되고, 잘 나가고 있다가 정체되고 인원이 없어 삐걱거릴 때 기존의 전제와 관행을 의심하고 해체하여 새로운 변화를 모색한다. 현재의 변화된 선교환경에 타당하고 적실한 이야기를 만들 수 있다.

지나온 30년 동안 한국교회의 청년사역은 목표^{비전} 중심으로 '오직 열정'으로 '묻지마 돌진'을 했었다. 돌아보면 감성주의적인 찬양과 설교, 무지의 나눔이 된 소그룹 등이 잔존해 있다. 오직 교회당, 오직 모임이 지나간 자리에는 반지성주의에 물든 근본주의적 복음이해의 깊은 골이 파여 있었다.[1] 그러나 하나님 나라 복음은 개인전도와 사회적 실천^{관심}을 통전한다.

(1) 경청과 안전한 공간

청년정신과 예언자 의식은 현상유지를 당연하거나 불가피한 것으로 선전하고 강제하는 지배의 식에 의심하고 해체하려는 점에 있어서 비슷하다. 예언자 정신은 불의에 고통 겪는 자들과 차별과 무시를 당해야 하는 사람들을 향한 통감^{痛感}과 울부짖음이 있다. 청년사역자는 헤아려 본 슬픔으로 현재 겪고 있는 타자의 억울하고 좌절된 현재의 삶에 대한 공감적 이해가 있다. 차이에 대한 수용, 다양성을 즐기며 어떤 얘기라도 상대방이 살아온 이야기를 존중한다. 동감

---

1) https://www.youtube.com/watch?v=q1QRE_Hq1kI&t=1217s, 청년신앙 운동 30년을 비판적으로 다루며 함량 높은 청년사역의 혁신 방향을 다룬다.

同感과 경청이 있는 곳은 어느 누구도 안전하다고 느낀다. 어떤 이야기라도 수용되고 듣고자 하는 곳은 기쁘고 행복한 시간이다. 연애와 결혼, 주거와 출산 포기를 강요하는 시대지만 새로운 대안의식으로 위험한 상상력을 도발하려는 청년기백을 느끼는 곳이면 다시 새로운 방식으로 뭔가를 벌릴 수 있으리라! 한번 실패에 아웃 되어야 하는 세상이지만 두 번째 세 번째 실패에도 격려와 두툼한 뒷배가 있는 곳이면 기죽지 않고 계속 실험할 수 있다.

(2) 실천성경해석학과 콘텍스트가 살아 있는 성경읽기[2]

청년의 시기는 말을 걸어오는 말씀과 만나야 하는 시간이다. 해석학적 공동체 속에서 읽어낸 말씀이 존재와 삶을 지배하는 변형transformation을 서로 경험해야 한다. 청년의 때는 보내어진 자리에서 살아내기 위해 성경을 함께 읽는해석하는 자리다. 청년신앙은 '만물을 새롭게 했다'고 선언하신 부활의 그리스도 안에서 세상과 직면하고 세상에 참여engagement한다. 세상에 맞서기 위한 말씀묵상, 세상을 새롭게 하려고 읽는 말씀수련은 오늘의 문제, 이곳에서 횡행하는 모든 거짓과 불의에 대하여 '위대한 거부'를 배운다.

성령의 조명하심에 힘입어 읽고 묵상하는 말씀훈련은 제국의 이야기와 대립하며, 하나님의 이야기로 수놓아진 대안적 공동체의 피

---

2) 위기에 처한 청년사역 혁신을 위해 대안적 신학 콘텐츠 60개를 5년에 걸쳐 생산했다. 청년신학아카데미, 『미래 전환기 청년사역을 위한 대안신학 모색』(2022) 참조.

속에 흐르는 생명의 소리다. 그동안 QT 운동, PBS개인 성경공부, 소그룹 성경공부 등 청년말씀운동은 사적 경건에 치우쳤거나 그때의 의미에 편중했거나소위 '주석질'이라 부르는 공자님 말씀처럼 지당하고 뻔한 말이었기 때문에 시의적이고 오늘의 문제에 답을 주는 일에서 멀어졌다.

2. 교회는 어떻게 청년의 민생문제와 씨름해야 할까?

하나님의 구원은 샬롬이 인간과 인간사회에 충만하게 퍼지는 것이다. 샬롬의 원래 의미는 전쟁이 없는 상태인데 온전한 관계가 제공하는 정상적인 상태를 말한다. 샬롬은 희년사회의 다른 이름이다.3 구원의 원형적 모델이 출애굽이라면 평등적 자유의 심화와 확장이야말로 하나님이 원하시는 세상의 상태이며 가꾸어 가야할 방향과 내용이다.

교회는 하나님 나라 현존의 첫 맛이자 첫 열매先取, anticipation로서 청년 세대의 살림살이에 관심하고 겨자씨를 심어야 한다. 양극화와 불평등의 파도를 어느 정도 잠재울 수 있는 하나님 나라의 대안적 경제를 알리고 실험해야 한다.

(1) 신용협동조합을 통한 무이자 무담보 대출

금융화된 자본주의는 이자를 낳는 자본주의를 훨씬 능가하여 가

---

3) 김근주 외, 『희년』(서울:홍성사, 2019) 참조.

공자본의 물신성을 이미 강고하게 구축했다. 노동이 만든 상품에 의해 인간이 소외되는 것뿐만 아니라, 시장경제의 절대화, 인간 삶의 희생과 가치의 탈색과 전도顚倒를 불가피한 정당화로 선전하고 있다.[4] 교회는 사람의 고통을 전혀 생각하지 않는 자본의 유아독존식의 약탈적이고 식인적인 세상을 균열내기 위한 경제신학의 대항적 몸부림으로 무이자, 무담보를 기반으로 한 청년 대출을 청년선교 차원에서 실행할 필요가 있다.

교회 개척 7년째 되는 서향교회는 개척 초기부터 '고엘뱅크'라는 신용협동조합식의 금융시스템을 설립하여 6년째 운영하고 있다.[5] 희년은행 같이 비영리단체의 대출 사업은 있지만 특정 하나의 지역교회에서 독립적인 신용협동조합 형태로 청년 대출을 해 주는 곳은 극소수다. 이제는 교회가 돈으로 말해야 하는 시대가 되었기 때문이다.[6]

(2) 청년공동주거 공간 만들기

---

4) 정용택, "금융화된 자본주의 시대의 경제신학: 물신숭배 비판을 중심으로," 「신학사상」 198(2022/가을) 참조.
5) 서향교회 고엘뱅크는 2017년 1월 1일 창립하여 2022년 10월 1일 현재 조합원 60명, 5년간 총 대출 72건, 총대출자 31명, 대출 총액 약 1억 9백 만 원이었다. 대출항목은 학자금과 주거비가 많았고 의 료비와 생활비, 여행경비와 수리비 및 창업자금 등 이었다.
6) 서향교회 청년들이 자발적으로 만든 '싸맘따(싸우자 맘몬 따위야의 약칭)'라는 대안적 경제 실험실이 있다. 월수입의 5%를 모아서 소득분위가 낮은 사람대로 나누는 것이다. 1년 6개월째 실험 중이다.

농담 반 진담 반으로 교통 요지에 있는 대형교회 소그룹 공간을 평일에 청년창업 공간으로 무료 개방하면 비록 개독교 시대이지만 회개의 합당한 열매 중 하나가 되어 교회 이미지 만회의 계기7를 만들 수 있을지도 모른다는 얘기를 하곤 했다. 도시 교회들이 게스트하우스를 사숙私塾형 청년주거공간으로 만들어서 지방에서 올라온 청년들이나 유학이나 취업하러 온 조선족이나 외국 청년들에게 안정되어 독립할 때까지 무상 주거대여를 해 주면 어떨까? 비어 있는 목사관을 리모델링하거나 다시 지어서 청년/청년부부 조건별 무상 주거 제공을 하는 것도 어려운 시대의 성육신적 청년선교가 될 수 있다.

3. 청년 육성

예언자적 상상력을 바탕에 깔아야 아브라함 헤셸이 말했듯이, "온화함은 기만일 뿐이며, 과격한 태도만이 현실에 맞닿을 수" 있다. 월터 브루그만도 예언자적 목회prophetic ministry의 교회를 세우고 견지하려면 저항의 몸짓과 깊은 희망의 행위가 필요하고 이를 위한 안목과 통찰을 가진 목회 리더십의 중요성을 언급했다.7

(1) 생활형 수련회와 화랑도식 청년여행

---

7) 월터 브루그만, 김기철 역, 『예언자적 상상력』(서울: 복있는 사람, 2009), 38-39.

인간 존재의 변화는 개념과 이미지를 교체할 때 가능하다는 것이 인지적 교육을 중시하는 그룹의 주장이다.[8] 동양적 교육은 아무래도 암묵지 같은 도제식 삶을 본받는 훈련을 중요하게 생각한다. 이 둘의 조합을 수련회 속으로 담아낸다면 2주 정도 출퇴근 할 수 있는 일정표로 교통이 편리한 곳을 빌려서 하는 방법이다. 2주 전체 참석하지만 일터에 나가지 않는 사람들은 매일 오전에 말씀 연구를 한다. 직장인들은 2주 전체 수련 장소에서 출퇴근한다. 저녁 시간은 1주차는 구약 한 권 2주차는 신약 한 권을 심화성경연구 양식/템플릿을 따라 연구한다.

국토의 산하를 다니며 호연지기를 키웠던 신라의 화랑들처럼 요즘 청년들에게는 경청과 안전한 공간에서 일상과 일터의 이야기를 나누고 하나님 나라 복음을 공유할 시간 확보가 필요하다. 주일예배와 소모임은 시간이 충분하지 않기 때문이다. 군대에서 1년에 한 번씩 대대적인 부대 전체 전술훈련이 있는 것처럼, 청년여행은 수련회가 아닌 다른 방식으로 마치 무제無題처럼 일정을 대충 정하고 떠나는 것이다. 통상 여행은 피로를 풀고 먹고 마시면서 스트레스를 해소하고 다시 귀가하여 일터에서 사는 것이라면 청년여행은 기를 받고 성찰을 통해 자기를 알아차리고 역사의식을 갖고 공동선을 추구한다.

---

8) 달라스 윌라드, 윤종석 역, 『마음의 혁신』(서울: 복있는 사람, 2022), 6,7장 참조

(2) 청년 연구자 네트워크 청년사역

지성적 경건learned piety으로 훈련된 청년이 예지叡智로 충만하여 더 나은 세상을 꿈꾸며 더 개벽된 사회를 열망하도록 격려한다. 예언자들이 희망의 새로운 현실을 그리며 경탄하듯, 사명을 갖고 보냄받은 일터와 전문 영역에서 '성찰하는 실천가'로 살아가도록 육성한다. 예언자적 청년사역은 청년들이 깊고 넓은 책읽기와 금기 없는 질문과 대화의 치열 함으로 현상유지의 유혹을 극복할 수 있는 초인超人다움을 만드는 것이다.9 청년신학 연구자 모임, 중국인 신학 공부 중인 석박사들 네트워크, 지배신학 극복을 위한 논문 공모전 등 혁신과 개벽을 위한 꾸준한 투자와 지원이 절실하다.

기독교세계관학술동역회의 기관지 〈신앙과 삶〉은 격월로 나오지만 항상 청년세대의 고민과 실천을 다루고 있다. 시대의 아픔을 해결하기 위한 청년연구자들의 진지한 연구와 실천의 글들이 공유된다. 한 예로 탁장한은 도시 빈민의 반성적 빈곤을 주제로 학위 논문을 쓰기 위해 실제로 빈곤 밀집 지역 쪽방촌에서 살면서 4년째 관계를 맺고 내부 관찰자로 살면서 빈곤타파를 위한 연구 성과를 세상에 알릴 날을 고대하고 있다.10

---

9) 청년의 시기에 짧게 잡으면 10년 길게 보면 20년 동안 다루고 내재화해야 할 주제들은 다음과 같다; 불평등의 문제, 양극화의 원인과 실마리, 양성평등과 젠더 이슈, 분단체제 극복을 위한 과제, 기득권 카르텔 세력을 해체하기 위한 민주적 실천, 시민적 제자도, 기독교 사회민주주의 연구, 지배신학에 맞선 인물연구.

10) 탁장한, "쪽방에 사는 한 젊은이의 당부", 「신앙과 삶」, 통권235호(2022.9+10 월호)

(3) 시민적 제자도

교회교육은 맘몬과 소비주의 및 금융자본의 약탈/식인적 자본주의를 무분별하게 추종하지 않고, 성서적 가르침을 따라 하나님의 뜻을 분별하고 올바른 실천을 격려해야 한다. 참된 제자로 산다는 정의와 공평에 대한 목마름과 민감함으로 시민사회의 일원으로 존재하는 것이다. 비판적 성인 학습을 통해 세계를 주체적으로 인식하고 민주주의적 가치를 확대하는 일과 공동선에 참여하게 한다.[11]

시민적 제자도는 신자유주의의 능력주의 교육론으로 강제하며 적응하도록 길들이는 교육론과 소수의 힘 있는 자들이 혜택을 누리는 교육론을 비판할 수 있다. 문제 제기식 교육은 대화와 소통을 통해 진정한 지식을 축적하고 예언자적인 시선과 혁신적 사유를 통해 주체적인 인간으로 세워간다.[12]

〈토의 질문〉

1. 사변적 17세기 개혁주의가 지배하는 한국교회에서 청년사역이 제대로 작동하지 않는 원인과 대안을 10분씩 얘기해 주세요.

---

11) 유은주, "포스트 코로나 시대의 정의 실천을 위한 탈인습적 기독교 성인 교육: 정의에 대한 기독교 적 재개념화를 중심으로," 「신학사상」 195(2021/겨울), 한신대학교 신학사상연구소, 405.
12) 김영호, "파울로 프레이리의 의식화 교육론을 통한 기독교 공공교육론," 「신학사상」 195(2021/겨울), 한신대학교 신학사상연구소, 375.

Ⅳ. 공동선 경제학의 탐구

1. 공동선 경제학을 위한 예비적 탐구

이영환 명예교수(동국대학교)

1. 주류 경제이론에 대한 비판적 고찰

현재 주류 경제이론은 신고전파 경제학으로서 핵심 개념은 시장 균형과 효율이다. 미시적 차원이든, 거시적 차원이든 시장은 항상 안정적인 균형 상태로 수렴하는 내재적 속성을 가지고 있으며, 일정 조건하에서는 효율적인 자원배분을 달성할 수 있다는 가설이 이론의 핵심이다. 이것이 현실과 동떨어진 가설이라는 것은 주류 경제학자들도 인정하지만 이론적 정합성에 천착하는 관행과 주류 경제이론에 도전할 경우의 불이익으로 인해 여전히 신고전파 경제학은 주류 경제이론으로서의 위상을 차지하고 있다.

이런 이유로 주류 경제이론에 대한 반박은 대체로 비주류 경제학자들이나 다른 이론을 전공한 사람들에 의해 이루어지고 있는 실정이다. 이들 가운데 주류 경제학자들도 무시할 수 없는 주장을 담은 저서들이 여러 권 출판되었는데, 그 중 다음 저서들은 관심을 가질

만하다.

- 데이비드 오럴, 『경제학 혁명』, 행성:B웨이브 2011
- 존 퀴긴, 『경제학의 유령들』, 21세기북스 2012
- 마크 뷰캐넌, 『내일의 경제』, 사이언스북스 2014

2. 금융자본의 부상과 문제점

1971년 8월 미국 대통령 리처드 닉슨의 '달러의 금태환 정지'선언 이후 국제금융시장의 변동성과 불확실성이 크게 증가했는데, 이로 인해 파생상품거래가 급격히 증가하기 시작했으며 동시에 자산의 증권화가 실행되면서 금융자본의 시장 지배력이 갑자기 증가하기 시작했다.

여기에 덧붙여 시카고대 밀턴 프리드먼 교수의 주주가치를 중시하는 주주혁명과 신자유주의 정책이 득세하면서 정보화와 세계화의 메가트렌드를 이용해 금융자본의 전성시대를 구가해왔다. 2008년 금융위기에도 불구하고 금융자본의 시장 지배력은 오히려 증가하고 있으며, 앞으로 인공지능의 발달과 함께 더욱 강력한 영향을 발휘할 것으로 예상되고 있다. 이런 관점에서 금융자본의 부상 과정과 향후 전망에 대해 살펴볼 필요가 있다.

- 피터 필립스, 『자이언트』, 다른 2019

- 로버트 실러, 『새로운 금융시대』, 알에이치코리아2013
- 마리아나 마추카토, 『가치의 모든 것』, 민음사2020

3. 불평등 문제의 통합적 이해

부와 소득의 불평등은 인류역사 이래 항상 존재해왔던 현상이지만, 특히 2008년 금융위기 이후 주목을 받기 시작했다. 불평등을 완화하려는 근시안적 정책으로 인해 서브프라임 사태가 발생했고, 이것이 금융위기로 이어졌다는 비판 때문이다.

주류 경제이론은 분배 문제가 철저하게 배제되어 있기에 이 문제를 심각하게 다룬 연구결과가 없었던 것이 불평등 문제에 대한 학문적 접근에 제약으로 작용해왔는데, 이런 상황을 일거에 타파한 것이 바로 프랑스 경제학자 토마 피케티의 『21세기 자본』과 조셉 스티글리츠 교수의 『불평등의 대가』를 비롯한 일련의 비판적 글과 대담이었다. 이제 불평등 문제는 자본주의의 존립과 관련된 중요한 쟁점으로 부각되고 있으며, 세계적 빈민구호단체인 옥스팜Oxfam은 매년 연차보고서를 통해 이 문제의 심각성을 널리 알리고 있다.

- 토마 피케티, 『21세기 자본』, 글항아리2014
- 조셉 스티글리츠, 『불평등의 대가』, 열린책들2013
- 앵거스 디턴, 『절망의 죽음과 자본주의의 미래』, 한국경제신
  문2021

• 리처드 윌킨슨, 『불평등 트라우마』, 생각이음2019

4. 인공지능 시대 자본주의의 딜레마

4차 산업혁명의 핵심 기술은 인공지능이라는 데 모두가 동의할 정도로 앞으로 인공지능이 정치, 경제, 사회 전반에 미칠 영향력은 상상을 초월한다. 20세기 초 전기의 발명보다 훨씬 더 큰 충격을 가할 것이라는 게 전문가들의 중론이다.

인공지능과 로봇의 결합으로 일자리가 사라질 것이라는 암울한 전망이 있는 반면, 과거 늘 그랬던 것처럼 오히려 일자리가 늘어날 것이라는 낙관론도 있다. 그렇지만 모두가 동의하는 것은 일자리 양극화에 따라 소득의 불평등은 더욱 심해질 것이라는 점이다. 게다가 인공지능이 인간 수준으로 발달한다면, 즉 범용인공지능AGI가 개발된다면 문자 그대로 거의 모든 영역에서 인간을 대체할 수 있다. 그렇지 않으면 범용인공지능이라는 용어 자체가 모순이다. 노동이 사라진다면 자본과 노동의 분리에 기반을 둔 자본주의 체제 자체에 커다란 변화가 불가피하다. 이 문제는 앞으로 계속 관심의 대상이 될 수밖에 없다.

• 케일럼 체이스, 『경제적 특이점이 온다』, 비즈페이퍼2017
• 맥스 테그마크, 『라이프 3.0』, 동아시아2017
• 카이후 리, 『AI 슈퍼파워』, 이콘2019

5. ESG 투자와 이해관계자 자본주의

기후변화와 팬데믹의 위기에 직면한 현 상황은 세계경제를 통제하고 있는 금융자본의 전략에 변화를 촉구하고 있다. 그래서 등장한 것이 ESG 투자를 통해 기업이 환경, 사회, 지배구조를 고려한 경영을 하도록 인센티브를 제공하는 것이다. 이것은 기업이 이해관계자 가치를 추구하는 조직으로 변신하는데 있어 중간 단계 역할을 할 수 있다는 점에서 고무적이다.

1970년 이후 기업의 목적은 주주가치를 극대화하는 것이라는 분위기가 형성되어 있었기에 이해관계자가치를 추구하자는 주장은 주목을 받지 못했다. 그러나 주주가치를 추구하는 것이 기후변화에 대처하는 것과 충돌하는 것이 명백한 상황에서 주주가치를 극대화하는 기업 경영은 더 이상 지속가능하지 않다는 분위기가 형성되고 있다. 이것은 자본주의의 미래를 위해 다행스러운 일이다.

- 클라우스 슈밥, 『클라우스 슈밥의 위대한 리셋』, 메가스터디 북스2021
- 클라우스 슈밥, 『자본주의 대예측』, 메가스터디북스2022

6. 공동선 자본주의의 가능성과 과제

공동선은 정치, 사회, 경제 및 종교 분야에서 가장 오래된 가치임에도 불구하고 최근에는 사회적 담론에서 거의 자취를 감추었다. 여기에는 물질만능주의와 금융자본의 시장 지배, 그리고 극단적인 개인주의가 크게 작용한 것으로 보인다. 이런 상황에서는 공동선을 강조하는 것이 사회주의나 전체주의를 선동하는 것으로 오인되는 경우가 종종 발생하기 때문에, 학자들도 공동선을 논의의대상으로 삼지 않았던 것으로 보인다

그런데 하버드대 정치철학자 마이클 샌델이 『정의란 무엇인가』와 『돈으로 살 수 없는 것들』에서 강조했듯이 공동선에 대한 사회적 담론 없이는 공동체가 와해될 수 있는 지경에 이르렀다. 소득 불평등과 사회 양극화의 심화, 금융자본의 무한 수익률 추구, 인공지능 시대의 파괴적 혁신, 이 모든 현상들이 동시에 개인의 삶의 압박하는 현 상황에서 인간으로서 존엄한 삶을 영위하기 위해서는 공동선에 대한 사회적 담론이 활성화되지 않으면 안 된다. 이를 통해 공동선 자본주의로의 순조로운 이행이 가능한지 검토해야 할 것이다.

- 크리스티안 펠버, 『모든 것이 바뀐다』, 앵글북스 2020
- 마이클 샌델, 『돈으로 살 수 없는 것들』, 와이즈베리 2012
- 케이트 레이워스, 『도넛 경제학』, 학고재 2018
- 로버트 라이시, *The Common Good, Afred Knopf* 2018

2. 금융의 진화와 금융자본주의의 지배

이영환 명예교수(동국대학교)

1. 화폐의 진화: 화폐경제의 출현

화폐의 의의와 문제점: 화폐_{통화, 돈}는 회계의 단위, 교환의 수단, 가치의 저장 기능을 갖고 있으면서 일반적인 구매력을 가진 것을 말한다. 과거 주화에서 출발해 금화, 법정화폐, 암호화폐로 발전할 가능성이 있다. 미래에는 중앙은행이 통제하는 디지털 화폐가 널리 통용될 것이다. 모든 주권 국가는 독자적인 화폐를 갖고 있으면서 환율을 매개로 다른 화폐와 교환된다. 환율은 각국 화폐의 가치를 측정하는 기준으로서 시장의 모든 가격들에 영향을 미치는 가장 중요한 가격이다. 화폐는 물물교환의 비효율을 해소하기 위해 자생적으로 출현했다는 설이 유력했으나 권력자가 조세징수와 전쟁비용 조달을 위해 고안했다는 설이 더 설득력이 있다. 그렇다면 화폐는 태생적으로 중앙집권적인 특성을 갖는다. 이것은 화폐가 사회적 합의의 산물로서 상상의 질서에 해당한다는 견해와 배치된다.

법정화폐의 본질: 정부가 보증하는 화폐통화인 법정화폐는 중앙은행과 상업은행을 통해 시중에 공급되어 경제활동에 필요한 유동성을 제공한다. 화폐는 본질적으로 부채라는 사실을 인식해야 한다.

화폐의 진화: 일렉트럼에서 비트코인까지. 일렉트럼은 기원전 7세기 터키에 있었던 고대왕국 리디아에서 사용되었던 최초의 주화다. 고대 그리스의 드라크마와 로마의 데나리온이라는 주화로 발전했다. 중세 장원경제는 기본적으로 자급자족경제로서 화폐의 유통이 제한적이었으며 화폐의 침체기라고 할 수 있다. 15세기 대항해시대 이후 유럽 여러 나라에서 금본위제가 확립됨으로써 내재 가치를 갖는 금화가 유통됨.화폐 money 2차 세계대전 후 정부가 보증하는 법정화폐가 글로벌 표준이 되었음.통화 미래에는 암호화폐가 대세가 되어 분산자본주의를 선도할 것인지는 의문.

2. 금융의 진화: 은행의 출현

금융의 의의: 차입과 대부, 자본과 투자, 현재와 미래의 연결

금융의 본질은 연결에 있다. 연결 방식에 따라 직접금융과 간접금융으로 구분된다. 핀테크 혁명은 이런 연결 방식을 다원화하는 기능을 수행한다. 직접금융은 중개기관없이 자금의 차입자와 대부자가 직접 거래하는 금융으로서 주로 주식시장과 채권시장을 통해 이루어진다. 자금 공급 〈-〉 자금 수요.주식시장, 채권시장 등

간접금융은 양자 사이에 중개기관이 개입하는 금융으로 은행, 보

험회사 등이 이에 해당된다. 나라마다 직접금융과 간접금융의 비중에 차이가 있다.

은행을 비롯해 보험회사, 신용카드회사 등. 전통적인 금융중개기관들은 과점적 지위를 이용해 수익을 얻어왔으므로 일종의 지대추구행위에 안주해왔다고 할 수 있다. 주식 채권을 거래하는 자본시장은 직접금융시장으로서 투자은행이나 자산운용사는 간접금융시장과 같은 방식으로 수수료를 징수하지는 않지만 채권이나 주식발행 및 기업공개 자문, 그리고 대규모 블록딜 과정에 관여하면서 많은 수수료를 챙겨왔다. 나라마다 직접금융과 간접금융의 비중이 다르다. 영미식 금융시장에서는 직접금융의 비중이 높은 반면, 유럽식 금융시장에서는 간접금융의 비중이 높다. 우리나라의 경우 경제개발과정에서 간접금융의 비중이 높았던 전통으로 인해 미국식 금융시장제도를 채택했음에도 여전히 직접금융의 비중이 낮다.

금융의 과거: 특권과 지대추구의 전형

5,000여 년 전 수메르 문명이 남긴 점토판에는 보리를 대여하고 훗날 돌려받는 상품 대차 거래의 기록이 남아있다. 십자군 전쟁에서 큰 활약을 했던 성전기사단의 환어음사업을 필두로 14세기 이탈리아에서 처음 은행이 탄생한 이래 은행을 중심으로 한 금융은 소수 특권층에게 유리한 방향으로 작동해왔으며 지금도 그러하다. 1668년 최초의 중앙은행인 스웨덴 릭스방크가 탄생한 이래 상업은행은

중앙은행의 감독을 받는 한편 일반인을 대상으로는 독과점적 지위를 유지해왔다. 상업은행은 신용창조 기능 및 중개인으로서 부과하는 각종 수수료를 바탕으로 안정적인 수익을 누려왔다. 상업은행의 신용창조를 통한 통화 발행 특혜에 따른 책임이 막중하다.

성전기사단(템플 기사단)과 금융의 발달

십자군 전쟁 중 1119년 프랑스 귀족 위그 드 파앵을 우두머리로 9명의 기사가 성지 순례자들을 보호한다는 목적을 가지고 성전 기사단을 창설했다. 교황과 왕실로부터 확보한 자금을 밑천으로 대출 활동과 어음 업무를 시작해 유럽과 중동 지역에 1,000여 개의 분점을 보유한 조직으로 발전했다. 이런 점에서 금융의 발달에 기여한 바크다. 13세기 후반 성전 기사단은 유럽에서 가장 부유한 조직으로 발전했는데 장원과 영지가 약 9,000곳에 달했으며, 연간 수입이 600만 파운드를 넘었다. 당시 영국 왕실의 연간 수입이 3만 파운드에 불과했다. 천위루의 『금융으로 본 세계사』 참조

프랑스 왕명에 의해 1307년 10월 13일 금요일을 기점으로 성전 기사단이 무차별적으로 체포, 처형된 후 기사단은 해체되었고 이들이 보유했던 막대한 자금의 행방은 오리무중이 되었기에 이를 둘러싸고 다양한 음모론이 등장했다. 마이클 해그의 『템플러』 참조

금융의 현재: 그림자금융의 부상과 증권화

1971년 달러의 금 태환 정지 이후 브레튼우즈체제의 붕괴 및 이에 따른 변동환율제의 확산으로 글로벌 금융시장의 변동성과 불확실성이 크게 증가했으며 지금도 여전하다. 1970년대 이후 파생금융상품시장의 활성화와 그림자 금융을 대표하는 투자은행의 부상은 밀접하게 연관되어 있으며 이런 관계는 지금도 그대로 유지되고 있다. 증권화는 과거 대부자-차입자 간 고정된 채권-채무 관계 대신에 고정소득에 대한 청구권을 시장에서 거래할 수 있도록 유동성을 제공했다. 그 결과 거래량과 회전율이 상승하면서 금융시장의 변동성은 더욱 커졌다. 인터넷 시대에도 금융부문은 가장 낙후된 영역으로 남아있다. 인공지능 시대에는 금융이 어떻게 변할지 주목된다.

미국 연방준비제도의 탄생과 의문

건국 초 미국에서는 중앙은행의 독점에 대한 반감이 상당히 컸던 탓에 중앙은행 성격의 미합중국 제1은행과 제2은행은 순차적으로 20년이라는 한시적 기간 동안만 허용된 후 모두 폐지되었다. 그런데 1907년 금융위기가 발생하자 당시 금융계 거물이었던 제이피 모건의 노력으로 금융위기가 수습된 후 미국 조지아주 해변의 제킬 섬에서 은밀한 논의 후에 1913년 연방준비제도가 탄생했다.

연방준비제도의 탄생과 성격에 관한 책으로는 에드워드 그리핀의 *The Creature from Jekyll Island*가 가장 널리 알려져 있다. 그리핀은 음모론 관련 책의 저자로 유명하기에 그의 주장이 설득력이 떨어진다는 비판도 있다. 그럼에도 이 책은 학계에서 언급하지 않는 연방은행의 탄생 비화에 대한 정확한 정보를 제공하고 있다는 점에는 이견이 없다. 우리나라에서 널리 읽혔던 쑹훙빈의 『화폐전쟁 1』에서 연방준비제도에 관해 언급한 부분은 거의 모두 그리핀의 주장에 근거하고 있다.

3. 금융자본의 지배: 세계경제 통제 시스템

금융자본의 세계경제 통제에 대한 과학적 연구: 스위스 취리히 연방공대 연구팀은 금융자본의 세계경제를 통제하는 힘에 대해 네트워크 이론에 입각한 최초의 과학적 연구를 수행했으며 그 결과를 2011년에 발표했다. 이 연구의 핵심 메시지는 극소수의 금융기관들이 지분소유를 통해 세계경제의 주축을 이루고 있는 대부분의 기업들을 통제하고 있다는 것이다.

이 연구에 의하면 1,300만 개에 달하는 기업 소유권 관계는 43,000개의 초국적 기업들과 관련되어 있다. 그리고 이들 TNC로부터 60만 개의 노드와 100만 링크를 도출할 수 있었다고 한다.

세계 최대 자산운용사 블랙록은 2021년말 기준 약 10조 달러의 자산을 운용하고 있다. 기후변화로 주목받고 있는 ESG투자/ESG경영도 블랙록이 주도하고 있는데 이는 앞으로도 금융자본이 세계경제를 통제할 것이라는 점을 암시한다.

3. 불평등 문제의 통합적 이해

이영환 명예교수(동국대학교)

1. 불평등 개념의 통합적 이해

불평등의 정의: 불평등^{평등}과 유사한 개념들과의 관계를 생각해볼 필요가 있다. Equality는 평등, Fairness는 공평, Justice는 공정으로 번역되는데 이 단어들 간에 미묘한 차이가 있다. 경제학에서는 주로 평등 불평등의 관점에서 부와 소득분배 문제를 접근하지만 때로는 공평 불공평의 관점에서 접근한다. 대표적으로는 2017년 노벨 경제학상을 받는 앵거스 디턴 교수를 들 수 있다. 공정^{불공정}은 사회가 정의로운가 하는 차원의 문제이므로 가장 포괄적인 개념으로 equality와 fairness를 포함하는 개념으로 간주된다. 형평^{equality}은 공평하게 대우한다는 의미이기 때문에 공평과 구분하기가 어려운 경우가 대부분인데, 대체로 결과에 초점을 맞춘다는 점에서 약간 차이가 있다. 정치, 법, 경제, 교육 등. 다양한 영역의 상황, 그리고 과정과 결과 중 어디에 초점을 맞추는가에 따라 이 개념들 가운데 하나를 적용하

는 것이 타당하다.

불평등, 무엇이 문제인가?

(1) **불평등 정의 문제:** 불평등은 기회의 불평등과 결과의 불평등으로 구분할 수 있다. 전통적으로 결과의 불평등은 불가피한 것으로 간주되었고, 모든 초점은 기회의 불평등을 낮추는데 맞춰져 왔다. 기회의 평등만 보장되면 이로부터 발생하는 결과의 불평등은 용인할 수 있다는 견해가 지배적이었으나, 실제로는 그렇지 않다는 반론도 강하다. 불평등 연구의 권위자인 앤서니 앳킨슨은 결과의 불평등도 무시할 수 없다는 주장을 펼쳤다. 복잡계 경제학의 시뮬레이션 연구에 의하면 모든 경제주체가 능력과 재산 등 모든 면에서 동일한 조건에서 출발한 경우라도 시간의 경과에 따라 우연과 행운 등 작은 요인들이 누적되면서 결국 매우 불평등한 상황으로 귀결된다는 것이다. 이에 관련해서는 에릭 바인하커의 『부는 어디에서 오는가』를 참조하라. 이것은 〈80/20〉법칙 또는 파레토 법칙으로 알려진 '사회구성원 20%가 부의 80%를 차지한다'는 격언과도 맥을 같이 한다. 이런 의미에서 앳킨슨은 결과의 불평등에도 관심을 가져야 한다고 말한다.

(2) **불평등의 종류:** 불평등에는 **좋은 불평등**창의적 노력을 통한 부의 축적과 관련과 **나쁜 불평등**지대추구를 통한 부의 축적과 관련이 있다. 따라서 불

평등을 무조건 비난할 수는 없다. 불평등은 완전히 해소할 수 있는 문제가 아니므로 사회적으로 용납 가능한 불평등과 용납 불가능한 불평등을 구분할 필요가 있다. 이 구분의 근거는 UN헌장과 민주국가의 헌법에 명시된 인간의 존엄성을 비롯한 기본권에서 찾을 수 있다. 이런 기준을 만들기 위해서는 건전한 사회 규범이 필수적이다. 이런 의미에서 각 사회의 실정에 맞는 공동선을 확립할 필요가 있다.

(3) **불평등과 빈곤**: 자본주의가 어떤 경제 시스템보다 빈곤문제 해결에 기여했다는 데는 자유주의 경제학자들을 포함해 대부분 전문가들이 동의한다. 빈곤의 극복과 분배의 불평등은 별개의 사안이다. 자본주의는 불평등을 더욱 악화시키는 내재적 성향을 갖고 있다. 역사적 데이터를 이용해 이 문제를 실증적으로 분석한 대표적인 학자가 토마 피케티로서 『21세기 자본』에서 불평등의 근본 원인이 자본주의 자체에 내재되어 있다면서 실증 자료를 통해 이 사실을 검증했다. 빈곤은 꾸준히 완화되었지만 불평등은 악화되어 왔다.

2. 주류 경제학에서 분배 문제의 위상

한계생산성과 능력주의: 생산과정에 투입되는 생산요소_{자본, 노동 및 토지 등}가 생산에 기여한 정도는 한계생산성에 의해 측정되고 이에 따라 요소가격이 형성된다. 이 논리에 의하면 시장에서 수요와 공급의 법칙에 의해 노동, 자본 및 토지 서비스의 가격이 형성되고 요소공급자의 소득이 결정되므로 분배 문제란 존재하지 않는다. 이것이 주류 경제학의 기본 입장이다. 주류 경제학에서 임금 W은 경제적인 노동시장에서 한계생산성 MP에 기초한 노동에 대한 수요와 한계비효용에 기초한 노동자의 노동공급에 의해 결정된다. 이때 다음 관계식이 성립한다: $P \times MP = W \rightarrow MP = W/P$실질임금

이 관계식에 의하면 실질임금은 노동의 한계생산성에 의해 결정된다. 같은 원리가 토지와 자본에 모두 적용되는데 이것을 한계생산성이론이라고 부른다. 그런데 MP는 측정이 어렵기에 현실에서는 반대 논리가 적용될 뿐만 아니라 MP를 분배이론의 근거로 이용하려면 완전 정보와 완전경쟁이라는 불가능한 조건이 전제되어야 타당하다. 이런 이유로 능력주의에 의문이 제기되는 것이다.

주류 경제학의 관점을 옹호한 대표적이 학자로는 시카고대학교의 밀턴 프리드먼 교수와 로버트 루카스 교수를 들 수 있다. 1976년 노벨 경제학상 수상자인 프리드먼 교수는 『자본주의와 자유』에서 소득분배와 관련해 다음과 같이 말했다. "자유시장 사회에서 소득분배를 정당화하는 직접적인 윤리 원칙은 '각자에게 본인과 그가 소유한 도구들이 생산한 바에 따라' 분배하는 것이다."

1995년 노벨 경제학상 수상자인 루카스 교수는 2004년 〈The Industrial Revolution: Past and Future〉에서 다음과 같이 말했다: "건

전한 경제학에 해로운 것 중 가장 유혹적이면서 가장 독성이 강한 것은 분배 문제에 초점을 맞추는 것이다... 지난 200여 년에 걸친 산업혁명 과정에서 발생했던 수많은 사람들의 복지 향상은 부자로부터 가난한 사람에게 소득을 직접 재분배한 것에 조금도 기인하지 않았다. 현재 생산된 것을 분배해주는 다른 방법을 찾음으로써 가난한 사람들의 삶을 개선할 수 있는 잠재력은 명백한 무제한적인 생산 증가의 잠재력에 비하면 아무것도 아니다."

그는 기회가 있을 때마다 경제학에서 가장 중요한 것은 생산성 향상을 통해 경제성장을 달성하는 것이며, 그러면 분배문제는 자동적으로 해결된다고 주장했다. 그러나 현실은 그의 주장을 지지하지 않는다. 이런 경우 현실을 이론에 맞추는 것이 아니라, 이론을 현실에 맞춰야 하는데, 주류 경제학은 여전히 이 점에서 한계를 보이고 있다.

능력주의에 대한 비판: 능력주의 또는 성과주의는 자본주의 시스템에서 분배를 정당화하는 논리적 근거를 제공하고 있으며, 한계생산성이론의 현실 버전이라 할 수 있다. 그렇지만 이 원칙의 타당성에 대해서는 많은 의문이 제기되어 왔다. 이 용어는 1958년 영국 사회학자 마이클 영의 저서 『능력주의의 부상』에서 처음 사용했는데, 능력주의로 인한 디스토피아를 경고하려는 목적에서 썼다.

미국 버클리 대학교의 골드만 스쿨의 석좌교수 로버트 라이시는

『자본주의를 구하라』에서 능력주의의 허점을 다음과 같이 비판했다: "급여가 자기 가치를 결정한다는 개념은 대중의 인식에 매우 깊이 박혀 있어서 소득이 매우 적은 것은 전부 자기 잘못이라고 생각한다. 자신의 머리가 좋지 않거나 성격에 결함이 있는 등 개인의 실패라고 생각하고 수치를 느낀다. 엄청난 소득을 올리는 사람들은 같은 맥락에서 자신이 특별히 현명하고 매력적이고 우월하다고 믿는다." 또한 다음과 같이 지적했다: "급여가 자기 가치를 결정한다고 믿는 사람이라면 지난 30년간 일반 근로자 대비 미국 대기업 CEO의 급여가 치솟은 까닭을 설명할 수 있어야 한다... 전반적으로 CEO의 급여는 1978년부터 2013년까지 937%가 상승했지만, 일반 근로자는 10.2% 증가했을 뿐이다."

미국 하버드 대학의 정치철학자 마이클 샌델 교수는 『공정하다는 착각』에서 능력주의의 문제점을 종합적으로 비판하면서 다음과 같이 제안했다: "오늘날 양극화된 정치 환경을 넘어 길을 찾으려면 능력주의의 장단점을 따져볼 필요가 있다... 엘리트층에 대한 분노가 민주주의를 위험 수준까지 밀어내게 될 때, 능력에 대한 의문은 특별히 중대해진다. 우리는 우리의 갈등 지향적 정치에 필요한 해답이, 과연 능력의 원칙을 더 믿고 따르는 것인가 아니면 계층을 나누고 경쟁시키는 일을 넘어 공동선을 찾는 것인가에 대해 자문해 봐야 할 것이다."

샌델은 특히 영국의 브렉시트와 2016년 미국에서 도널드 트럼프가 대통령에 당선된 사건을 능력주의에 대한 대표적인 반발로 평가한다. 그는 무엇보다도 능력주의가 개인의 능력을 온전하게 측정하는 이데올로기가 아니라는 점을 조목조목 밝힌 후 오만을 버리고 겸손을 택하라고 충고했다.

토마 피케티도 『21세기 자본』에서 다음과 같이 지적했다: "경영진의 급여가 한계생산성으로 결정된다면, 기업 성과의 변화는 외부적 요인과 거의 관련이 없어야 하고 오로지 혹은 주로 비외부적 요인에 좌우되어야 한다. 그러나 실제로는 정반대의 상황이 나타나고 있다. 경영진의 급여가 가장 빠른 속도로 상승하는 것은 외부적인 요인들로 매출과 이익이 증가할 때다."

3. 효율과 평등 관계의 재조명

효율과 평등은 상충적인가? 주류 경제학에서 가장 중요한 가치는 효율이다. 이것은 효율적인 자원배분을 통해 개별 주체의 최대 만족과 최대 경제성장의 달성을 위한 전제조건이다. 다른 경제 시스템과 대비해 자본주의 시스템의 장점은 효율에서 찾을 수 있다. 효율과 평등 간의 관계에 대한 본격적인 논의는 미국 경제학자 아서 오쿤의 저서 *Equality and Efficiency: The Big Tradeoff*에서 비롯되었다. 오쿤은 새는 양동이 논리를 바탕으로 불평등을 완화하려는 정책은 거의 성과가 없다고 주장했다. 즉 효율과 평등 간에는 상충관계가 존재한다는 것이다.

오쿤의 주장은 정계와 재계의 지배적인 이데올로기로 자리매김했으며, 이후 신자유주의 정책의 이론적 기반을 제공했다. 그런데 2008년 금융위기로 심각한 문제점이 드러났다. 금융위기를 유발한 원인인 서브프라임 사태의 근원은 불평등을 단기간에 해소하려는 정책 때문이라는 비판이 제기되었다.

효율과 평등은 상보적인가? 효율과 평등의 상충적 관계를 반박하고, 반대로 상보적 관계임을 역설한 대표적인 학자로는 조셉 스티글리츠, 로버트 라이시, 앤서니 앳킨슨을 들 수 있다. 스티글리츠 교수는 『불평등의 대가』에서 2008년 금융위기 이후 불평등이 악화됐으며, 이로 인해 생산성과 효율 면에서 막대한 손실이 발생했다고 주장했다. 그는 최근 저서 『불만 시대의 자본주의』에서도 특히 지대추구행위는 불평등을 악화시킬 뿐만 아니라 심각한 비효율을 초래한다는 점을 강조했다. 그는 미국 사회에 만연한 지대추구행위를 다음과 같이 강하게 비판했는데, 우리나라의 상황도 이에 못지 않다. 정권이 바뀔 때마다 천문학적 비리 문제가 불거지는 것이 증거다: "지대추구는 대개 국가의 생산력과 국민의 복지를 후퇴시키는 실질적인 자원낭비를 초래한다... 파이에서 더 많이 가져가려는 노력은 전체 파이 크기를 줄이는 부수적인 효과를 낳는다. 독점력과 특정 이익에 대한 세금 우대조치는 바로 이런 효과를 낸다."

부와 소득의 불평등 악화로 인한 영향은 단지 물질적 소비생활의 격차에 국한되지 않는다. 영국의 사회역학자 리처드 윌킨슨은 『평등이 답이다』에서 불평등은 기대수명, 건강, 비만, 폭력, 십대 출산, 교육 등 거의 모든 영역과 관련되어 있음을 강조하면서 상관관계 차원을 넘어 인과관계를 주장했다. 즉 불평등은 이런 영역에서 나쁜 결과를 초래하는 원인이라는 것이다. 경제학자 앵거스 디턴도 『절망의 죽음과 자본주의의 미래』에서 동일한 논증을 했다.

정치철학자 마이클 샌델도 『돈으로 살 수 없는 것들』에서 불평등의 악화에 따른 도덕적 문제를 지적했다. 기술 발달로 불평등은 단지 좋은 음식, 좋은 차, 좋은 집의 문제가 아니라 자녀 교육, 건강, 생명 연장 등 삶의 본질에 영향을 미친다는 것이다. 인공지능 시대에 이런 추세는 더욱 강화될 것으로 전망되며, 극단적 양극화로 이어질 가능성이 높다. 사회해체를 막기 위해서도 시장적 가치와 도덕적 가치의 조화를 모색해야 한다. 즉 이기심과 이타심의 조화를 촉진하는 인센티브 시스템이 필요하다. 샌델이 『공정하다는 착각』에서 주장했듯이 이것은 능력주의에 대한 겸손한 반성을 전제로 한다. 이것은 곧 기존의 야만적 능력주의를 넘어 계몽된 능력주의를 추구해야 한다는 의미다.

4. 불평등 완화를 위한 몇가지 제안

"누진적 글로벌 자본세를 도입해야 하며 의료, 교육 및 소득
재분배 영역에서 정부가 적극적인 역할을 하는 사회적 국가

를 지향해야 한다."_{토마 피케티}

"지대추구행위를 억제하고 금융자본의 힘을 통제하기 위해서는 제도와 경제규칙을 새롭게 개정해야 한다."_{조셉 스티글리츠}

"기술변화에 대한 대항력 증대, 고용 문제에 적극적 개입, 자본 공유, 누진 과세, 모두를 위한 사회 보장 등 구체적인 15가지 제안을 통해 불평등 문제를 완화시켜야 한다."_{앤서니 앳킨슨}

4. 인공지능과 자본주의 딜레마

이영환 명예교수(동국대학교)

1. 인공지능 기술에 대한 통합적 평가

인공지능 개발 간략사: 인공지능이라는 용어는 1956년 미국 다트머스 대학에서 열린 여름 워크숍에서 존 매카시 교수가 처음 제안한 이래 그대로 사용되고 있다. 이전에는 앨런 튜링의 사고기계, 노버트 위너의 사이버네틱스, 폰 노이만의 오토마타와 같은 명칭들이 혼용되다가 인공지능으로 단일화되었다.

인공지능에는 두 번의 암흑기가 있었는데, 이것을 "인공지능의 겨울"이라고 부른다. 첫 번째 겨울은 1974~1980년, 두 번째 겨울은 1987~1993년이었다. 인공지능에 대한 본격적인 연구 및 투자는 2010년 이후에 이루어졌으니 불과 10년 전의 일이다.

인공지능은 개발 초기 전문가 시스템과 인공신경망 접근이 경합했다. 꾸준히 인공신경망 접근을 지속했던 캐나다 토론토 대학의 제프리 힌튼 교수는 2012년 '이미지 인식' 국제경진대회에서 자신이 개발한 알고리즘으로 우승을 차지하면서 인공신경망 접근을 통한 인공지능 알고리즘 개발이 급부상하게 되었다.

딥러닝은 힌튼 교수의 알고리즘에 기반을 둔 기계학습의 일종으로서 지도 및 비지도학습이 있는데, 현재 인공지능 기술을 주도하는 학습법이다. 딥러닝은 인간의 신경망을 모방하는 것을 기반으로 하므로 2013년에 시작해 지금도 진행중인 미국의 〈두뇌 역설계〉 프로젝트와 유럽의 〈슈퍼컴퓨터를 이용한 뇌 시뮬레이션〉 프로젝트의 진전과 더불어 계속 발전할 것으로 예상되고 있다. 현재 딥러닝을 주도하고 있는 인물은 캐나다 토론토 대학의 제프리 힌트 교수, 몬트리올 대학의 요수아 벤지오, 미국 뉴욕 대학의 얀 르쿤 교수로서 이들은 2018년 튜링상을 공동으로 수상했다.

인공지능의 사회 경제적 의의: 인공지능은 파괴적 혁신의 아이콘으로 부상했을 뿐만 아니라 정치, 경제, 사회 전반에서 전대미문의 변화를 예고하고 있다. 특이점은 이런 변화를 상징하는 용어다. 인공지능에 대한 논의는 알고리즘 개발자들의 전유물이 아니며 철학, 경제학, 사회학 등 여러 분야의 전문가들이 통합적 관점에서 논의해야 하는 대상이다. 인공지능은 모든 분야에 적용될 수 있는 범용 기술로 일자리를 포함해 사회구조 전반에 영향을 미침으로써 민주주의와 자본주의의 근간을 흔들 수 있다. AI자본주의라는 용어에는 긍정적인 의미보다는 부정적인 의미가 더 많이 담겨 있다. 인공지능이 인류의 마지막 발명이 될지도 모른다는 우려가 지나치다고 보기는 어렵다. 인공지능으로 인한 존재적 위험은 비록 가능성은 낮더라도 무시해서는 안 된다. 특히 인공지능을 이용한 전쟁의 위험에 주목해야 한다.

2. 인공지능에서 인공의식으로

인공지능의 세 가지 유형: 약인공지능ANI, 범용인공지능AGI, 초인공지능ASI로 구별된다.

약인공지능ANI는 컴퓨터의 연산 능력을 이용해 특정 과제에서 인간보다 우월한 능력을 보여주는 인공지능을 말한다. 현재 인공지능 기술은 ANI 수준에 있지만, AGI 수준으로 발전할 가능성이 있다. 만약 AGI가 개발된다면 지능폭발을 통해 스스로 자신을 업그레이드함으로써 빠른 기간에 ASI로 발전할 것이다. 따라서 인공지능 기술의 관건은 AGI 수준에 도달할 수 있는지 여부다.

AGI는 모든 면에서 인간과 같은 능력을 가진 인공지능을 말한다. 이 수준의 인공지능은 인간의 감정, 느낌과 같은 주관적인 경험을 가질 뿐만 아니라 자아의식을 가질 수 있다는 점에서 논란의 대상이 되어 왔다. 한편 AGI라고 해서 모두 의식을 갖는 것은 아니라는 견해도 있다. 최근 관심의 대상인 오픈AI가 개발한 GPT-3나 구글이 개발한 LaMDA는 AGI로 가는 중간 과정으로 볼 수 있다. AGI가 개발되면 지능폭발이 일어나 초인공지능으로 발전한다는 시나

리오에 대해서는 전문가들 대부분이 동의한다. 쟁점은 과연 인간의 의식을 가진 AGI가 가능한가, 그렇다면 그 시기는 언제인가, 그리고 지능폭발이 일어난 후 인간이 초인공지능을 통제할 수 있는가 등이다.

ASI는 인간이 개발할 수 있는 가장 높은 수준의 인공지능이다. 많은 전문가들은 AGI의 개발이 불투명하므로 초인공지능은 사실상 불가능하다고 생각했는데, 최근 입장이 달라진 것처럼 보인다. 그만큼 인공지능 기술의 발전 속도가 빠르기 때문이다.

인공의식의 문제: 인공의식은 기계가 갖고 있는 의식, 즉 기계의식을 말한다. 이 개념은 의식이 반드시 인간의 뇌와 같은 생물학적 기질에 기반을 둘 이유가 없다는 데 기초하고 있다. 즉 실리콘 기질을 이용해서도 의식을 만들어낼 수 있다는 것이다. 지능과 의식이 별개인 것은 분명하지만, 지능은 대체로 의식을 바탕으로 한다고 보아야 할 것이다. 아메바 같은 단세포 유기체는 보통 의식은 없는 것으로 간주하지만, 범심론의 관점에서는 아메바도 미세하나마 의식이 있다. 따라서 인공의식도 인공지능과 밀접하게 연관되어 있으며, 인공지능이 일정 수준 이상으로 발전하면 인공의식이 출현할 가능성을 배제하기 어렵다. AGI는 인공의식을 가질 것으로 예상된다. AGI라도 인간 수준의 의식을 갖기 어려울 것이라는 반론도 있다. 이것은 AGI가 다양할 수 있다는 것을 의미한다. 나아가 인공의식은 인간

의 의식과는 전혀 다른 관점에서 접근해야 한다는 견해도 있다. 이 말은 기계가 의식적이라고 할 때 반드시 인간과 같은 주관적 체험을 의미하지 않을 수도 있다는 것이다.

인공의식 관련 논의는 대체로 세 가지로 분류할 수 있다: (1) AGI 라도 인공의식을 갖는 것은 불가능하다. (2) AGI는 인간과 같은 주관적 체험, 즉 "무엇과 같다는 느낌"을 가질 수 있다. (3) AGI가 의식을 갖는다면 인간과는 전혀 다른 속성을 가질 것이다. 탄소 기반의 의식과 실리콘 기반의 의식은 전혀 다른 속성을 보일 수 있다.

3. 자본주의 미래 전망: 몇 가지 고려 사항

자본주의 원리 VS 인공지능 원리: 자본주의 시장경제와 인공지능 알고리즘에 공통적으로 적용되는 원리로 도구적 합리성, 최적화, 인센티브를 들 수 있다. 이것은 인공지능 시대에는 자본의 비중이 더욱 커질 것임을 시사한다. 인공지능 시대는 빅테크의 시장 지배력이 더욱 강화되는 반면, 일자리는 점점 줄어들 것이다. 단기적으로는 일자리가 증가할 수 있지만 인공지능은 과거와는 다른 상황을 연출할 것이다. 인공지능이 모든 면에서 인간을 닮게 된다면 인간을 필요로하는 분야가 점점 사라질 것이므로 장기적으로는 일자리 소멸이 불가피하다. 자율주행차량의 경우가 대표적인 사례가 될 것이다. 일자리 관련해서는 아직 다른 견해들이 공존하지만 일자리 양극화에 대해서는 모두 견해를 같이한다. 이것은 불평등은 더욱 악화될 것임을 시사한다. 일자리 소멸과 일자리 양극화는 자본주의의 미래 전망이 매우 불투명하다는 것을 암시한다.

두 가지 특이점: 기술적 경제적 특이점

인공지능의 발달에 따른 기술혁신이 초래할 미래를 상징하는 용어가 특이점이다. 특이점은 원래 수학이나 물리학에서 사용되는 용어인데, 이를 기술과 관련해 사용한 최초의 인물은 수학자 폰노이만이었고 이것을 대중화한 사람은 레이 커즈와일이다. 그는 저서 『특이점이 온다』에서 특이점 이후 예상되는 엄청난 변화를 상세하게 묘사했다. 특이점은 기술적 특이점과 경제적 특이점으로 구분할 수 있다. 경제적 특이점은 기존의 경제질서로서는 해결할 수 없는 문제들이 드러나는 시점을 의미한다. 즉 기존의 자본주의 시장경제로서는 감당하기 어려운 문제들이 등장하는 시점을 말한다. 현재 심각한 문제인 부와 소득의 불평등 문제는 더욱 악화될 것이며, 시장의 역할 또한 크게 변할 것이고, 자본과 노동의 분리에 기초한 자본주의 시스템도 도전을 받을 것이다. 이 모든 변화를 한마디로 경제적 특이점이라고 표현한 것이다.

감시자본주의의 부상: 4차 산업혁명의 핵심 기술이 인공지능 기술이라는 것은 분명하다. 인공지능 기술이 다른 기술과 다른 점은 인간 자체를 상품으로 간주할 수 있다는 것이다. 역사학자 유발 하라

리는 저서 『21세기를 위한 21가지 제언』에서 정보기술과 생명기술이 결합해 인간을 해킹할 수 있게 되면 매우 심각한 문제가 발생할 수 있다고 경고했다. 인공지능 알고리즘이 자신보다 자기의 내면세계를 더 잘 알게 된다면 무슨 끔찍한 일이 벌어질지 상상하기 어렵다.

민주주의/자본주의의 위기와 대안: 4차 산업혁명이 진행되면서 파괴적 혁신의 전방위적 파급효과로 인해 민주주의와 자본주의의 존립이 상당히 위협을 받을 것이라는 우려가 점점 커지고 있다. 그 이유는 경제력 집중과 이에 따른 권력 집중 현상이 더욱 가속화될 것이라는 데서 찾을 수 있다. 미국에서는 일찍부터 민주주의가 쇠퇴하고 금권정치가 득세하고 있다는 비판적인 견해가 지지를 받고 있는데, 이는 미국에 국한되지 않고 전 세계적으로 확산되는 경향이 있다. 민주주의의 퇴조와 경제력 집중은 밀접한 상관관계를 보인다. 이런 경향은 앞으로 더욱 강화될 것이다. 인류의 미래를 위해서도 이에 대한 대비책이 절실하다. 기후변화, 팬데믹과 같은 외부 요인들, 그리고 불평등과 양극화 같은 내부 요인들이 상호작용하는 가운데 인공지능 시대에는 민주주의와 자본주의의 미래가 더욱 더 위태로워질 것이라는 점을 우리 모두 유념하지 않으면 안된다.

기술적 특이점이 도래해 기술적 유토피아가 실현됨으로써 모든 사회문제, 경제문제, 나아가 건강문제 및 죽음문제도 해결될 것이라는 지나친 낙관론을 경계해야 한다. 인공지능 알고리즘, 양자컴퓨

팅, 유전자편집을 비롯한 여러 첨단 기술들이 발달함으로써 여러 면에서 인류는 많은 혜택을 받을 것임은 분명하다. 그렇지만 이런 기술들이 일부 문제를 해결하는 한편, 다른 새로운 문제들을 만들어낼 수 있으며 그 가운데는 인류에게 존재적 위험을 초래할 수 있는 것도 있다는 점을 유념해야 할 것이다. 이것은 인공지능의 가치정렬 문제와 직접 연관되어 있다. AGI에 근접할수록 이 문제가 먼저 해결되지 않으면 안될 것이다. 생산성과 효율 극대화를 통한 물질적 경제적 풍요의 가능성과 불평등과 양극화의 악화 가능성이 공존한다는 사실 자체가 미래가 결코 낙관적이지 않다는 명백한 징조라 할 수 있다. 이 모든 것들을 감안할 때 파괴적 기술혁신의 장점을 최대한 살리면서 단점을 최소화하는 대안으로 공동선 자본주의를 모색해야 한다.

인공지능을 주축으로 하는 정보기술이 "데이터주의와 감시자본주의" 수준에 머물러 있는 한 정보기술은 궁극적으로 인류를 위기로 내몰 것이다. 즉 정치 경제 문화 등 사회 전반에 파시즘의 망령이 되살아나고 개인의 자유와 인간의 존엄성은 퇴조할 것이다. 또한 정보기술은 시장이 자본에 유리한 방향으로 작동하도록 유도하기 때문에 건전한 자본주의의 본질이 훼손될 수 있다는 점도 유념해야 한다. 이 시대가 요구하는 것은 개개인의 의식 전환에 기초한 새로운 문명의 건설이다. 이를 바탕으로 "경쟁과 협력의 조화"를 통해 "효율과 평등의 상보성"을 추구해야 할 것이다. 우주만물이 서로 연결되어 있으며 상호 작용하는 복잡한 세상에서 정보는 필요 불가결하다. 이를 바탕으로 개인과 개인, 사람과 자연 간에 긴밀하고도 좋은 관계를 유지하는 방법을 찾아야 한다. 정보기술이 이런 목적에 기여할 수 있다면 새로운 문명의 건설을 기대할 수 있다.

5. ESG 투자와 이해관계자 자본주의

이영환 명예교수(동국대학교)

1. 기업의 목적: 주주가치 VS 이해관계자가치

시장경제에서 정부와 기업의 위상: 시장경제는 시장 부문과 정부 부문으로 구성되며, 국가에 따라 차이는 있으나 정부부문의 비중은 GDP 기준 대략 30%에서 60% 사이에 있다. 시장경제의 발전을 위해서는 시장부문과 정부부문의 상호보완적인 역할이 중요하다. 로버트 라이시 교수가 『자본주의를 구하라』에서 지적했듯이 "시장 대 정부"의 대립의 관점에서 문제를 보는 것은 적절하지 않다. 작은 정부냐 큰 정부냐 하는 논쟁은 문제의 본질을 모호하게 한다. 정부는 일반적인 예상보다 훨씬 더 혁신에 기여할 수 있으며, 이런 측면에서 기업과 정부의 협력이 중요하다. 시장경제는 가치창출에 가장 적합한 시스템으로서 기업은 가치창출의 핵심조직이다. 정부는 가치착취의 오류를 피하고 기업의 가치창출을 도와야 한다.

기업의 역할과 쟁점: 기업은 국민소득의 생산 분배 지출로 묘사되는 모든 경제활동의 핵심 조직으로서 다양한 사람들의 다양한 이해관계가 충돌하는 현장이다. 기업 경쟁력이 국가 경쟁력이다. 4차 산업혁명을 선도하는 기업이 많은 국가가 세계경제를 주도할 것이다. 시장은 자생적 질서이고 기업은 인위적 질서의 측면이 강하며, 시장은 경쟁적인 상황에서 최선의 결과를 달성하지만 기업은 끊임없이 독과점적 지위를 추구한다. 이러한 시장과 기업의 역설적 관계를 어떻게 해결할지 고민해야 한다. 중요한 것은 경쟁시장을 육성하는 것이다. 루이기 진갈레스 교수의 『사람들을 위한 자본주의』를 참고하면 좋다.

기업의 진화: 법인의 탄생

자본의 공모를 통해 모험기업을 설립했다는 점에서 최초의 근대적 기업은 네덜란드 동인도회사1602년라 할 수 있다. 1717년 영국에서 발생한 남해거품 사건은 주식회사의 발전을 가로막는 분기점이 되었다. 거품 후유증으로 1720년 거품법이 제정되었고 이후 100년 가까이 새로운 주식회사가 설립되지 않는 암흑기가 지속됐다. 1842년 영국에서 회사법이 개정되고 1855년 유한책임법이 제정되면서 암흑기는 끝났다. 이후 주식회사는 비약적으로 발전해 글로벌 경제를 지배하고 있다. 주주는 투자한 금액의 범위 안에서만 책임을 진다는 유한책임은 위험을 감수하면서 비즈니스를 하려는 많은 기업가들에게 강력한 인센티브로 작용했다.

기업과 위험: 기업은 위험, 즉 리스크를 감수하면서 이익을 추구하는 조직이다. 15세기 대항해시대 이후 서양은 리스크를 감수하면서 세계 전역으로 진출해 식민지를 경영하였고, 제국주의 시대를 통해 막대한 부를 축적함으로써 지금의 주도적인 위치를 점하게 되었다. 금융사학자 니얼 퍼거슨이 저서 『시빌라이제이션』에서 지적했듯이 동양은 15세기 초 명의 영락제 시절 정화의 선단이 인도와 아프리카를 순방한 이후 개방정책을 포기하고 내부 권력 투쟁에 몰두한 것이 원인이 되어 오랫동안 서양의 지배를 벗어나지 못했다. 일본만이 메이지 유신 이후 개방정책을 통해 기업을 육성함으로써 서양의 지배를 극복할 수 있었다는 사실이 이를 뒷받침한다. 이런 의미에서 리스크에 대한 태도는 기업의 발달, 나아가 경제발전 과정에서 중요한 역할을 한다. 리스크를 감수할 능력이 없는 개인이나 조직, 나아가 사회는 새로운 가치를 창출하지 못하는 가운데 기존의 가치를 둘러싼 쟁탈전에 몰두하게 됨으로써 가치착취가 일상화된다. 리스크와 불확실성을 구분하는 기준은 미래의 상태에 대해 확률을 부여할 수 있는지 여부다. 확률을 부여할 수 있다면 정보의 역할이 중요하게 된다.

주주가치 VS 이해관계자가치

주주가치와 이해관계자가치는 비교적 최근의 개념이다. 기업은 위험을 감수하면서 이윤을 추구하는 영리조직인데, 이윤 개념을 일반화하는 것이 기업가치이고 이것은 곧 주주가치로 연결된다. 이윤을 추구하는 조직으로서 기업을 적극적으로 옹호했던 대표적인 경제학자 밀턴 프리드먼은 1962년 『자본주의와 자유』에서 기업의 목적은 이윤을 극대화하는 것임을 역설한 이후 지속적으로 이를 뒷받침하는 주장을 펼침으로써 주주가치 극대화의 이론적 근거를 제공했다. 프리드먼의 이러한 사고는 1980년대 주주혁명을 통해 널리 확산되었다. 이에 기여한 대표적 인물로 재계에서는 GE의 잭 웰치, 학계에서는 하버드대학교의 마이클 젠센 교수를 들 수 있다. 그런데 현시점에서 잭 웰치는 무자비하게 주주가치를 추구했던 경영자로 비판의 대상이 되고 있다. 주주가치 극대화나 이해관계자가치 극대화는 같은 시기에 부상했으나 신자유주의 정책과 맞물려 주주가치 극대화는 주주혁명으로 이어진 반면 이해관계자가치는 수면 밑으로 사라졌다. 증권시장에서 기업에 대한 평가는 주주가치 기준에 의해 이루어지고 있는 것이 현실이다. 이런 관행을 바꾸려면 사회 전반에서 기업에 대한 인식이 총체적으로 바뀌어야 한다. 동시에 금융부분과 기업부문의 협력과 상호이해가 선행되어야 한다.

주주가치와 이해관계자가치의 문제점: 주주가치는 주가라는 단일지표에 의해 측정되며, 이론적으로 주가는 할인된 현금흐름에 의해 결정된다고 간주하므로 측정이 용이하다. 주주가치 극대화를 위해서 기업의 CEO는 구조조정이나 인원감축을 수시로 단행하는 등 종업원과 소비자를 비롯한 다른 이해관계자들을 단지 수단으로 간주하게 된다. 20세기 '경영의 신'으로 존경받았던 미국 기업 GE의 잭 웰치 회장은 이런 기업 경영을 상징했으나 지금은 상황이 반전되었다. 이해관계자가치를 추구하는 것은 기업과 사회 모두를 위해 바람직한 면이 있으나 이 경우에도 CEO의 자의적인 판단이 개입할 소지가 있다. 기업의 CEO는 이해관계자가치를 추구하는 데 따르는 모호함을 이용해 개인적인 목적을 추구함으로써 도덕적 해이를 더욱 악화시킬 수 있다. 주주가치를 지지하는 사람들은 특히 이 점을 우려한다. 뒤죽박죽인 상태를 벗어나기 어렵다는 것이다. 이해관계자가치의 추구는 다양한 이해관계자들의 요구를 어떻게 조화롭게 수용하는가에 달려있는데, 이는 간단한 문제가 아니다.

주주가치와 이해관계자가치의 조화: 주주가치와 이해관계자가치 간의 구분이 불분명하다는 반론도 만만치 않다. 불분명한 것들을 대상으로 논쟁할 가치가 있는가? 장기적 관점에서 주주가치 극대화를 추구하는 것과 이해관계자가치를 추구하는 것은 본질적으로 다르지 않다는 주장이 설득력이 있다. 계몽된 주주가치를 추구해야 한다는 주장도 장기적 관점의 주주가치 극대화와 본질적으로 유사하다. 문제의 핵심은 기업이 "단기주의 VS 장기주의" 중 무엇을 채택하는

가에 있는데, 이는 기간 선택의 문제가 아니라 경영철학의 문제다. 사회통합의 관점에서는 이해관계자가치에 비중을 두는 것이 바람직하다. 기업은 시장을 위해 존재하는 것이며, 시장은 사회를 위해 존재하는 것이지 그 반대가 아니기 때문이다. 즉, 사회가 시장을 위해 존재하는 것이 아니며, 시장은 기업을 위해 존재하는 것이 아니다. 그렇다고 기업을 지나치게 구속하면 효율성과 역동성이 저하되므로 기업에 대한 규제는 신중하게 이루어져야 한다. 단순히 탐욕스러운 조직으로 접근해서는 안된다는 의미다.

2. ESG 투자의 시대적 의의

ESG 투자의 배경과 문제점: 환경, 사회, 지배구조의 머리글자를 모은 ESG 개념이 최근 세계경제의 핫이슈가 되고 있다. 이 개념 자체는 오래 전에 등장했으나 주목을 받지 못하다가 2016년 UN에서 '지속가능 개발 목표' 17개를 발표했는데 여기서 기업 경영의 지속 가능성이 큰 비중을 차지한 것을 계기로 세간의 주목을 받기 시작했다. 이런 상황에서 기후변화 문제가 글로벌 과제로 크게 부각되고, 2020년 코로나 19사태가 발생하면서 ESG 투자와 ESG 경영에 관한 관심이 표면으로 부상했다. 여기에 촉매 역할을 한 것이 세계최대 자산운용사 블랙록의 래리 핑크 회장이 2020년 초 CEO들에게 보내는 연례 서한에서 ESG를 강조한 것이다. ESG 투자는 기업이 ESG 경영을 하도록 인센티브를 제공함으로써 주주가치 대신 이해관계자가치를 추구하도록 유인하는 효과가 있다.

ESG 투자와 관련된 근본 문제는 금융자본을 관리하는 파워엘리트들이 먼저 ESG 투자를 강조했다는 점이다. 예를 들어 블랙록은 2020년 초 ESG를 강조하는 투자를 하겠다는 선언을 한 직후 석유 및 석탄 관련 기업에 대한 투자를 대부분 회수했다. 그렇지만 여전히 불분명한 부분이 상존하고 있다. 이들이 ESG 스코어를 어떻게 적용하는지 정확하게 알기 어렵다. 금융자본이 ESG 투자를 강조하는 데 맞춰서 기업이 ESG 경영을 선언하게 된 것이지 그 반대가 아니라는 사실에는 중요한 함의가 담겨 있다. 이 부분은 중요한 이슈가 될 수 있음에도 모든 미디어에서는 이 점은 지적하지 않고 있다. 이 문제는 토마 피케티 교수가 『21세기 자본』에서 적시한 자본수익률 r $\rangle$ 경제성장률 g 관계와 밀접하게 연관되어 있다. 피케티 교수가 밝힌 자료에 의하면 서구에서 지난 200년 이상 자본수익률은 평균 4~5%였던 반면, 경제성장률은 1~2%의 범위를 벗어나지 못했다. 이와 같이 장기적으로 r $\rangle$ g인 관계가 지속된다는 것은 부와 소득분배가 자본쪽으로 유리하게 진행된다는 것을 의미하며, 실제 결과가 이에 부합한다. 그래서 현재 불평등 문제를 더 이상 외면하기 어려운 상황인 것이다.

ESG 투자의 전망: 세계최대 자산운용사인 블랙록이 ESG 투자에 적극적이므로 다른 금융기관들도 ESG 투자에 동조할 수밖에 없다.

블랙록은 다양한 ETF를 이용해 ESG 투자 규모를 늘리고 있는데, 투자자들의 반응이 좋아 이런 추세는 계속될 것으로 보인다. 이런 상황이니 뱅가드 그룹을 포함한 다른 자산운용사들도 ETF를 이용해 ESG 투자를 늘리고 있다. ESG 투자는 기업이 ESG 경영을 추구하도록 인센티브를 제공하고 있는데, 이는 기업이 주주가치 대신 이해관계자가치를 추구하도록 유인하는 효과가 있다. 이런 의미에서 ESG 경영은 이해관계자 자본주의로 이행하는 중간 단계의 역할을 할 수 있다. 결국 블랙록의 래리 핑크 회장이 선언한 바와 같이 ESG 투자는 글로벌 자본주의 질서를 재편하는 데 중요한 역할을 할 수 있는 위상을 점하게 되었다. 이 분야는 계속 관심을 가지고 지켜볼 가치가 있다.

3. 이해관계자 자본주의 전망

이해관계자 자본주의의 가능성: 이해관계자 자본주의는 새로운 개념이 아니며, 이미 자본주의 황금기를 통해 그 가치가 입증되었다. 주주 자본주의가 확산된 것은 금융자본의 부상과 밀접하게 연관되어 있다. 기후변화와 팬데믹으로 존재적 위험이 증가하는 현 시대에는 주주 자본주의가 더 이상 지속가능하지 않다는 공감대가 형성되고 있다. 이해관계자 자본주의는 기업이 이해관계자가치를 추구하는 것을 전제로 한다. 시장경제를 선도하는 대표 기업들이 이 운동에 동참해야만 의미 있는 변화를 유도할 수 있다. 다행스러운 것은 글로벌 경제를 대표하는 빅테크 기업들과 월마트, JP모건체이스 같은 전통 기업들도 이에 동참할 의사를 분명히 밝힌 점이다. 고무적인 것은 주주가치를 지지했던 보수적인 단체들이 이해관계자 가치를 강조하는 선언을 하는 등 기업 환경이 변하고 있다는 사실이다.

이해관계자 자본주의의 문제점과 대안: 기업의 이해관계자는 종업원, 주주, 소비자, 공동체, 협력업체, 채권단, 환경 등 실로 다양하며, 때로는 이들 간에 이해관계가 상충된다. 또한 기업의 규모나 사업 내용 등에 따라 이해관계자들의 수준이나 다양성이 크게 다르기 때문에 이들에게 일반적인 원칙을 적용하기 어려운 경우가 비일비재하다. 주주가치는 이윤이라는 단일 지표로 측정할 수 있기에 '이윤극대화 = 주주가치 극대화'라는 공식이 성립하므로 기업경영에 반영하기 용이하다. 다만 금융자본의 시장 지배력이 커진 다음에는 분기별로 이윤을 보고해야 하는 부담으로 인해 단기주의 덫에서 빠져나오기 어려운 상황이 지속되었던 것이다. 그래서 분기 자본주의라는 냉소적인 표현이 등장했으며, 이에 따른 부작용으로 이해관계자 가치가 다시 주목을 받게 된 것이다. 이해관계자가치가 주목을 받고 있지만, 이해관계자가치를 극대화하기 위한 가이드라인을 설정하기 매우 어려운 실정이다. 이것이 현실적으로 큰 문제가 된다.

세계경제포럼을 비롯해 명망있는 국제기관들이 이해관계자가치를 측정하는 지표들을 개발하고 있으나 다양한 업종의 기업들에게 일괄적으로 적용하는 데는 분명 한계가 있다. 업종과 기업 규모에 따라 이해관계자들의 유형과 상대적 비중에는 차이가 있는데, 이런 요인들을 모두 반영하는 가운데 이해관계자가치의 극대화를 추구한다는 것이 비논리적인 무모한 시도로 보일 수 있다. 이해관계자들 간 이해관계가 충돌하는 경우 이를 조정할 수 있는 일반원칙이 필요하다. 만일 이런 원칙을 확립할 수 없다면 이해관계자들간의 충돌이 불가피한 현실에서 이해관계자가치를 추구하는데는 명백히 한계가 있다. 기업이 이해관계자가치를 추구하는 경우 전문경영자는 주주의 이익보다는 자신의 이익을 위해 행동할 가능성이 높아진다는 비판이 있다. 일리있는 지적이다. 주주가치를 추구하는 경우 대리인인 전문경영자는 주인인 주주를 위해 최선을 다하도록 하는 인센티브 시스템을 마련할 수 있지만 이해관계자가치를 추구하는 경우에는 이런 시스템을 마련하기 어렵다는 점 또한 수긍이 간다.

현실적으로 전문경영자가 이해관계자가치를 추구하도록 유도할 수 있는 장치를 고안하지 못한다면 전문경영자는 종전보다 더욱 자신의 이익에 봉사하는 방향으로 기업을 경영할 수 있다. 이 경우 기업은 물론 국민경제 전체가 비효율의 늪에 빠질 수 있다. 이런 점을 감안해 이해관계자가치를 측정하는 지표가 개발되어야 할 것이다. 이 모든 문제점들을 감안하고 문화적, 지역적 차이를 고려한다면 각 나라의 상황에 적합한 공동선을 확립함으로써 이해관계자들간 갈등을 조정하는 일반원칙으로 활용할 수 있다. ESG경영이 이해관계자 자본주의로 이어지고, 다음 단계로 공동선 자본주의로 발전해가는 것은 기후변화와 팬데믹, 그리고 인공지능 시대에 반드시 필요하다.

6. 공동선 경제의 가능성과 전망

이영환 명예교수(동국대학교)

1. 현재 상황과 미래 전망

주류 패러다임의 영향과 문제점: 17세기 과학혁명이 시작된 이후 과학적 물질주의라는 철학적 사조가 지배적 세계관으로 정착해 인간의 삶과 사고 전반에 큰 영향을 행사하고 있다. 주주자본주의와 금융자본주의로 대변되는 현재의 글로벌 경제는 과학적 물질주의의 경제적 버전이라고 할 수 있다. 과학적 물질주의가 지배적인 한 현재의 경제적 상황, 즉 극심한 불평등과 양극화가 완화되기를 기대하기 어렵다. 기후변화와 팬데믹 또한 과학적 물질주의에서 원인을 찾을 수 있다. 나아가 인공지능은 과학적 물질주의에 근거한 정보기술의 절정을 구현할 것이다. 이 모든 상황을 고려할 때 과학적 물질주의를 극복하는 철학적 세계관이 필요하다. 공동선의 추구는 그런 여정을 시작하는 첫 단계이다.

4차 산업혁명과 미래 충격: 4차 산업혁명의 특징은 빅데이터, 사물인터넷, 인공지능, 합성생물학, 유전공학, 로봇공학, 나노기술 등의 융합을 통해 우리 예상보다 훨씬 빠르게 파괴적 기술혁신이 이루어지고 있다는 점이다. 미국 실리콘밸리의 혁신기업가 피터 디아만디스는 『컨버전스 2030』에서 이 점을 실감나게 묘사했다. 4차 산업혁명의 핵심기술인 인공지능은 20세기 초 전기가 인류문명에 미친 충격보다 더 큰 충격을 줄 것으로 전망되고 있다. 일부 전문가들은 기술적 유토피아를 낙관하고 있는 반면, 다른 전문가들은 기술적 디스토피아를 우려하고 있다. 현실적으로는 극단적으로 대립하는 두 가지 상황이 공존할 가능성이 매우 높다. 이와 관련해 경제학자 에릭 브린욜프슨이 인류는 튜링 함정에 빠질 가능성이 매우 높다고 지적한 것은 적절하다.

일자리 문제에 대해서는 과거 사례처럼 새로운 일자리가 증가해 일자리 소멸을 상회함으로써 총체적으로 일자리가 증가할 것이라는 낙관론과 인공지능으로 인한 자동화의 특성으로 결국 일자리는 크게 감소할 것이라는 견해가 대립하고 있다. 그렇지만 인공지능의 성능이 향상될수록 자동화가 확대될 것이 분명하므로 궁극적으로 일자리가 소멸될 것으로 예상하는 것이 합리적이다. 자율주행차의 경우가 대표적인 사례가 될 것이다. 일자리 문제와 관련해 모두 동의하는 것은 일자리 양극화가 더욱 심해질 것이며, 이로 인해 소득 불평등이 더욱 악화될 것이라는 점이다. 브린욜프슨 교수가 말한

튜링 함정의 핵심은 바로 여기에 근거하고 있다. 인공지능 개발이 처음부터 인간의 지능을 보강하는 것이 아니라 인간 자체를 대체하는 방향으로 진행되어온 것이 문제의 근원이라는 것이다. 현재 인센티브 제도는 세액감면 등을 통해 자동화에 유리하게 되어 있기에 이 추세를 역전시키기 어려운 실정이다.

2. 인공지능 시대와 공동선

공동선의 의의: 공동선은 고대 그리스의 아리스토텔레스, 중세의 토마스 아퀴나스, 그리고 오늘날에는 마이클 샌델 등이 강조해온 개념으로서 정치, 철학, 종교, 사회, 경제 등 모든 방면에서 중요한 개념이지만 개인의 자유가 강조되고 다원주의가 주류를 이루면서 사회적 담론에서 자취를 감췄다. 인공지능 시대에 사회통합을 위해서 공동선에 대한 담론을 부활시킬 필요가 있다. 공동선은 포괄적이고 모호한 개념으로 시대와 사회에 따라 다양한 의미로 사용되어 왔지만 대체로 "사회구성원 모두에게 혜택을 주는 정신적 물질적인 모든 것"이라고 할 수 있다. 경제학에서 말하는 공공재나 공유자원도 공동선에 포함된다. 예컨대 도서관이나 공원이나 코로나19사태에서 부각된 공중보건 시스템도 공동선이다. 한편 정신적 관점에서 연대, 공감, 정의, 공평도 공동선에 포함된다. 이런 의미에서 공동선을 경제적 공동선과 도덕적^{정신적} 공동선으로 구분해서 논의하는 것이 대중에게 어필할 수 있는 효과적인 전략이다. 공동선 논의가 전체

주의로 이행하는 과정으로 전락한다는 우려를 불식시켜야 한다. 공동선은 계몽된 이기심이라는 점을 부각시켜야 한다. 공동선을 둘러싼 소모적인 논쟁을 피하기 위해서는 모두가 공감하는 공동악을 추방하는데 초점을 맞추는 전략이 효과적이다. 예를 들면 지대추구행위와 도덕적 해이는 대표적인 공동악이다. 특히 사회 전반에 만연한 도덕적 해이의 폐해를 과소평가해서는 안 된다.

왜 공동선을 논해야 하는가: 과학적 물질주의 패러다임의 절정을 구현할 인공지능 시대에는 극단적인 개인주의, 에고중심주의, 물질만능주의, 쾌락과 효율 추구와 같은 물질적 가치가 지배할 것이다. 연대, 공감, 협력과 같은 가치는 무시되는 경향이 강해지고 있다. 기술적으로는 초연결사회에 진입했지만 사람들의 관계는 피상적으로 변질되고 있으며, 에고중심의 사고가 만연하면서 우리의 삶 전반에 분리의식이 만연하고 있다. 모든 것은 상호의존하며 상호연결되어 있다는 고대 지혜와 첨단과학이 밝힌 진리를 회복하려면 공동선에 대한 논의가 재개되어야 한다. 이것은 목적이 아니라 과정으로 필요하다. 탈진실과 가짜뉴스가 범람하면서 종교적으로나 세속적으로 확증편향과 도그마에서 빠져나오기 어려운 상황이 지속되고 있으며, 인공지능 시대에 이런 추세는 더욱 강화될 것이다. 이런 이유로도 모두가 공감할 수 있는 공동선에 대한 사회적 담론이 필요하다.

3. 공동선 경제의 모색

공동선 자본주의의 가능성: 공동선과 자본주의는 상호 모순처럼 보이지만, 공동선과 개인주의가 상보적인 것처럼 자본주의와도 상보적인 관계를 유지할 수 있다. 금융자본주의가 초래한 자본주의의 위기상황, 그리고 인공지능 시대에 등장할 경제적 특이점을 고려할 때 새로운 자본주의 패러다임이 요구된다. 현재 주목을 받고 있는 ESG투자/ESG경영, 이해관계자 자본주의는 모두 현 자본주의의 문제점을 심각하게 받아들이고 있는 증거다. 자본주의의 대안으로 공유경제, 순환경제, 도넛경제 등이 거론되었지만, 모두 공동선 경제의 하위 개념이다. 모두에게 이익이 되는 경제를 추구한다는 윤리적 원칙을 구현할 수 있는 도덕적 태도와 이를 제도화할 수 있는 이성적 사유를 요구한다는 점에서 공동선 경제가 가장 포괄적인 개념이다. 이해관계자들간 갈등을 해소하려면 모두가 공감하는 공동선이 전제가 되어야 한다는 점에서 공동선 자본주의는 이해관계자 자본주의의 길잡이가 될 수 있다. 미국식 자본주의와 중국식 국가 자본주의라는 두 극단의 대안으로서 진지하게 검토되어야 한다.

효율과 평등 관계의 재조명: 자본주의 역사에서 가장 중시되었던 가치는 효율이며, 이를 바탕으로 인류는 엄청난 물질적 풍요를 달성했다. 효율을 극대화하도록 유인하는 각종 인센티브 시스템이 큰 역할을 했다. 현재 글로벌 경제를 통제하고 있는 금융자본은 단기주의 관점에서 기업이 효율을 극대화하도록 종용함으로써 오직 효율만이 중요하다는 인식을 널리 확산시켰다. 이로 인한 부작용은 소득과 부의 극심한 불평등으로 귀착되어, 모든 사회문제와 갈등의 원천이 되고 있다.

최근 일부 경제학자들이 효율과 평등은 상충적이 아니라 상보적이라는 주장을 펼치는 것은 중요한 의미가 있다. 효율은 경제, 평등은 사회를 지탱하는 두 기둥인데 이 두 가지 가치가 상호보완적이라면 여기서 자본주의와 민주주의를 회복하는 실마리를 찾을 수 있기 때문이다. 이것은 자연스럽게 협력과 경쟁이 상호보완적이라는 인식으로 이어지며, 나아가 공동선의 추구로 귀결된다. 효율과 평등의 상보적 관계를 확인하는 작업은 공동선 경제로 나아가는 디딤돌 역할을 할 수 있다. 현재 주목을 받고 있는 ESG투자 지표에 이런 내용이 반영되어야 할 것이다. 실제로 〈매킨지 글로벌〉의 보고서에 의하면 이런 관계를 수용한 기업의 실적이 더 좋았다. 이와 관련된 데이터를 더 많이 축적해야 할 것이다.